COLORFUL AFRICA

컬러풀 아프리카

컬러풀 아프리카

검은 대륙에서 **마지막 기회의 땅으로**

매일경제 컬러풀 아프리카 프로젝트팀 지음

매일경제신문사

| 발간사 |

"지금 아프리카에 투자하지 않는 것은 1990년대에 중국에 투자하지 않는 것과 같고 2000년대에 인도에 투자하지 않는 것과 같다."

세계적 컨설팅기업 맥킨지는 지난 〈2010년 아프리카 투자전략 보고서〉에서 아프리카 진출의 중요성을 이렇게 설명했다. 미래의 부가 아프리카에 달려 있다는 얘기다.

2011년으로 18회째를 맞은 비전코리아 국민보고대회 주제를 아프리카로 잡은 것도 이 때문이다. 매일경제는 지난 1997년부터 신문 창간일에 맞춰 국가 어젠다를 제시하는 '국민보고대회'를 개최하고 있다. 국민보고대회는 주요 분야별로 대한민국이 앞으로 나아가야 할 나침반 역할을 할 수 있는 국가경영 컨설팅 프로젝트다. 특정 주제에 대해 액션플랜을 제시하고 실행에 옮길 수 있도록 도움을 주고 있다.

2011년 국민보고대회는 암울했던 블랙 아프리카의 과거를 딛고 새롭게 재탄생하고 있는 '컬러풀 아프리카'에 대해 이야기했다.

최근 북아프리카 국가들의 민주화 열기는 전 세계의 주목을 받고 있다. 북아프리카가 중동권에 속해 있지만 사하라 이남 지역인 블랙 아프리카까지 민주화의 훈풍이 불어 아프리카 대륙의 지속 가능한 경제성장에 긍정적인 영향을 미칠 것으로 기대한다.

매일경제가 아프리카에 대한 토론의 장을 마련한 것은 더 늦기 전에 아프리카에 대해 더 많은 관심을 기울여야 한다고 굳게 믿고 있기 때문이다. 2011년 1월 스위스 다보스포럼에서 만났던 토니 블레어 전 영국 총리는 "앞으로 아프리카를 지켜보길 바란다. 새로운 새벽이 머지않았다"며 아프리카의 성장잠재력을 강조했다.

아프리카는 10억 명의 인구를 가진 잠재력이 큰 시장으로 외국인들의 투자가 급격하게 늘고 있다. 지난 2000년 98억 달러 수준이었던 외국인직접투자(FDI)액이 2010년 682억 달러가 됐다. 아프리카에 대한 투자자들의 확신이 커지고 있음을 보여주는 증거다. 아프리카는 '젊고 역동적이고 성장하는(Young, Vibrant, Growing)' 시장이다. 젊은 아프리카인들은 풍부한 노동력을 제공하고 있다. 전 세계 광물자원의 3분의 1이 아프리카에 묻혀 있다. 경작할 수 있는 땅도 충분하다. 아프리카 지도자들은 21세기를 '아프리카 세기'라고 본다.

중국과 미국 등 전 세계 주요국들이 자원과 시장 확보를 위해 대대적인 물량공세를 펼치고, 외교력을 동원해 아프리카에 적극적인

구애를 하는 것도 바로 이 때문이다.

아프리카에는 사업기회도 많다. 매년 인프라에 투자되는 비용만 720억 달러에 이른다. 남아공 등 11개국을 철도와 도로로 연결하고 항만을 개발하는 등의 메가 프로젝트도 진행되고 있다. 7대 무역대국, 13위 경제대국으로 성장한 한국 경제가 또 한 번 퀀텀점프를 하기 위해서 꼭 필요한 미개척 시장이 아프리카다.

아프리카 에티오피아는 한국전쟁 때 하일레 셀라시에 황제가 근위병 6,000명을 파병해 우리를 도왔다. 에티오피아는 개인적으로도 인연이 깊다. 내가 고등학생일 때 에티오피아 대사로 부임하신 부친을 따라 아디스아바바에서 4년간 생활했다. 당시 에티오피아 국민 생활수준은 한국보다 훨씬 나았다. 그러나 40년이 흐른 지금, 에티오피아는 최빈국의 늪을 벗어나지 못한 반면 우리는 기적을 만들었다.

그래서 아프리카는 한국을 원한다. 한국의 경제발전 경험과 의식개혁을 가져온 새마을운동을 배우고 싶어 한다. 한국과 아프리카는 원조나 공략의 대상이 아니라 상호 윈윈하는 파트너, 친구가 돼야 한다. 아프리카가 원조보다 지속 가능한 경제성장을 원하기 때문이다. 한국도 1인당 GDP 5만 달러, 세계 7대 경제대국 목표를 달성하기 위해 아프리카가 필요하다. 이 두 국가가 만족할 수 있는 윈윈 전략이 바로 동반성장이다. 동반성장의 파트너 컬러풀 아프리카는 컬러풀 코리아의 또 다른 이름이다.

마지막으로 이 책이 아프리카에 대한 편견을 버리고 새롭게 아프
리카를 인식할 수 있는 계기가 되기를 바란다. 매일경제도 앞으로
아프리카 전문가포럼을 설립해 아프리카에 대한 지속적인 관심을
불러일으키는 데 노력할 것을 거듭 약속드린다.

매일경제신문·MBN

회장 장 대 환

동반성장의 파트너 아프리카

아프리카에서 세계 각국의 총성 없는 전쟁이 진행되고 있다. 20세기 초 제국주의 시대, 열강들의 아프리카 진출이 무력을 앞세운 식민지 쟁탈전이었다면, 21세기는 자원과 시장 확보를 위한 무역전쟁이 벌어지는 시기다. 20세기 식민지 쟁탈전 무기가 아프리카인을 굴복시키기 위한 총과 대포였다면 21세기 무역전쟁 무기는 아프리카의 마음을 얻기 위한 돈이다.

가장 큰 선물보따리를 풀고 있는 나라는 단연 중국이다. 아프리카의 자원 부국 콩고민주공화국(DR콩고)은 지금 '또 하나의 중국'이다. 공사장마다 중국 건설 노동자들로 넘쳐난다. 매일경제 컬러풀 아프리카 프로젝트팀의 취재 결과 DR콩고에서 일하는 중국 건설 노동자들만 17만 명, 이들을 위해 생겨난 식당 등에서 일하는 사람들까지 합치면 20만 명이 넘는다. 중국은 DR콩고 전역에서 종합병원 31개와 소형병원 145개, 종합대학 2개를 짓고 있다. 항구 도시 마타디에서 수도인 킨샤샤를 거쳐 제2의 도시 음부지마이로 이어지는 3,200㎞의 철도 공사도 중국이 맡아서 해주고 있다. 이 모든 공사가 중국과 DR콩고가 맺은 단 한 건의 계약 때문에 이뤄지고 있다.

지난 2008년 중국철도공사와 중국수리수전건설집단공사(Sinohydro)는 DR콩고와 29억 달러의 패키지 딜을 체결했다. 중국은 DR콩고로부터 1,000만 톤의 구리와 60만 톤의 코발트를 확보하는 대신 병원, 철도 등의 인프라 건설을 해주기로 한 것이다.

중국의 아프리카 투자 금액은 지난 2005년 이미 월드뱅크의 투자 규모를 넘어섰다. 지난 2006년 중국의 아프리카 인프라 투자 금액이 71억 달러를 기록한 후 매년 50억 달러 이상씩을 투자하고 있다.

미국의 석학 즈비그뉴 브레진스키 교수는 《거대한 체스판》이라는 책에서 미국의 대외정책 핵심 목표를 '안정적인 석유 확보'라고 했다. 이런 측면에서 미국 대외정책도 중동 지역에서 아프리카로 서서히 무게 중심이 옮겨지고 있다. 미국이 아프리카 지역에서 수입하는 석유가 중동 지역에서 수입하는 양보다 많아졌기 때문이다. 미국이 아프리카 기니만에 해군기지를 건설하는 것도 에너지라인을 지키기 위해서다.

아프리카에서 국가 간 자원 확보 경쟁만 벌어지는 것은 아니다. 미래시장 선점을 위한 민간기업들의 '비즈니스 전쟁'도 펼쳐지고 있다. 실제 아프리카 경제 성장에서 자원분야가 차지하는 비중은 갈수록 줄어들고 있는 반면 소비·유통과 통신, 관광 등 민간부문의 비중은 커지고 있다. 지난 2002년 경제 성장에서 자원분야가 차지하는 비율이 37%에서 2007년 24%로 줄어든 반면 소비·유통부문은 7%에서 13%로 늘어났다.

외국인의 직접투자(FDI)도 아프리카로 봇물 터지듯 쏟아지고 있다. 유엔무역개발회의(UNCTAD)에 따르면 2000년 98억 달러에 불과했던 아프리카 FDI가 2008년 721억 달러로 8년 새 8배 가까이 늘었다.

2009년 한 해 동안 글로벌 금융위기 후폭풍 여파로 아프리카 FDI 절대액이 585억 달러로 줄었지만 글로벌 전체 FDI에서 아프리카가 차지하는 비중은 5.2%로 2008년(4.0%)보다 오히려 늘었다.

아프리카 경제가 잠에서 깨어나니 아프리카인들도 달라지고 있다. DR콩고 수도 킨샤사 중심지 곰베(GOMB) 지역에서 북쪽으로 10분 거리에 있는 여객터미널 비치 은고빌라. 지역민들에게 비치로 불리는 이 여객터미널은 콩고강을 사이에 두고 마주 보고 있는 콩고와 DR콩고를 왕래하는 보따리장수 '코멕상'들에게는 생명선 같은 곳이다. 매일경제 컬러풀 아프리카 프로젝트팀이 이곳을 방문했을 때 콩고 지역에서 막 배가 들어와 짐을 부리는 보따리장수로 인산인해였다.

이곳 현지 언어인 잉갈라어로 '바테키 밈봉고'로도 불리는 코멕상들이 30도를 웃도는 무더위 속에서 어른 키를 훌쩍 넘는 짐을 등에 지고 쉴 새 없이 움직이고 있었다. 콩고에서 DR콩고로 들어오는 물품은 의류 등 생필품이 대부분이고 DR콩고에서 콩고로 나가는 물품은 건축자재, 식료품 등이다.

장 폴 무세니 DR콩고 이민국(DGM) 소장은 "비치는 콩고강을 사이에 두고 세계에서 가장 가까운 국경(7㎞)을 접하고 있는 콩고와 DR콩고 간 주요 무역거래 장소"라고 설명했다. 무세니 소장은 "일반적으로 코멕상들은 양쪽 지역에서 이틀 정도 머물며 가져온 물건을 팔고 자국에서 필요한 물건을 사들여 판매하는 형태로 무역을 하고 있다"고 덧붙였다. 비치 은고빌라 여객터미널에는 하루 총 12차례 정기선이 양국을 왕래한다. 큰 배의 경우 승선객 200명 가운데 절반 정도가 코멕상이다. 그는 "한국의 발전된 모습을 TV로 시청했는데 DR콩고도 아프리카 역내 교역 등을 통해 한국처럼 발전했으면 한다"며 "코멕상들이 다루는 교역물건 중 중국산만큼 한국산이 많아졌으면 좋겠다"고 기대감을 보였다.

아프리카의 성장모멘텀이 커지면서 외부 투자는 물론 최근에는 이처럼 아프리카 역내 교역과 투자도 큰 폭으로 늘어나고 있다. 〈2010 세계은행 인베스트먼트〉 보고서에 따르면 블랙 아프리카로 유입되는 외국인직접투자(FDI) 금액 중 역내 FDI 비중이 2000년 5% 수준이었지만 2008년 22%대로 급증했다. 역내 자금을 토대로 2,250건의 인프라스트럭처, 텔레콤, 광산, 에너지 프로젝트들이 아프리카 각 지역에서 펼쳐지고 있다.

2011년 다보스포럼의 키워드 중 하나가 아프리카였다. 세계 경제의 새로운 해법을 아프리카에서 찾아야 한다는 공감대가 형성

됐다는 얘기다. 다보스포럼에서 "세계 경제 성장은 프런티어 마켓 (Frontier Market)이 이끌어 간다"는 아프리카 정상들의 주장에 반론을 제기하는 목소리는 거의 들리지 않았다.

탄자니아, 세네갈, 남아프리카공화국 대통령들은 직접 다보스포럼에 참석해 "아프리카가 지난 10년간 연평균 5%에 달하는 높은 경제성장률을 달성했다"며 "인구 10억 아프리카시장의 잠재력에 주목할 것"을 요청했다.

특히 제이콥 주마 남아공 대통령은 자원시장과 소비시장을 겸비하고 있는 자국에 대한 투자가 높은 이익으로 이어질 것이라고 강조했다. 이들은 선진국들이 프런티어 마켓과의 동반성장(Inclusive Growth)을 해야 한다고 덧붙였다

분명 아프리카가 달라지고 있다. 물론 아직도 내전과 부패, 기아와 질병이 곳곳에서 도사리고 있다. 하지만 리스크 요인에만 집중하면 새로운 기회를 잡을 수 없다. 특히 아프리카가 우리를 필요로 하는 정도보다 우리에게 아프리카가 필요한 정도가 더욱 크다.

더구나 아프리카와 대한민국은 동반성장을 위한 최상의 파트너다. 무엇보다 아프리카의 많은 국가들이 반세기 만에 가난을 극복하고 글로벌 경제 강자로 우뚝 선 한국을 배우고 싶어 한다. 지난 1960년 한국의 1인당 GDP는 156달러 수준으로 아프리카와 비슷했지만 수출주도형 경제개발에 성공해 선진국 대열에 합류했다. 하지만 상당수 아프리카 국가들은 아직도 최빈국 상태에서 벗어나지 못하고 있다. 아프리카가 한국에 주목하는 이유가 바로 여기에 있다.

압둘라이 자네 유엔아프리카경제위원회(UNECA) 사무총장은 "아프리카에 영감을 줄 나라는 유럽도 중국도 일본도 아닌 바로 한국"이라고 말했다.

정부건, 기업이건, 아니면 개인이건, 만약 지금까지 아프리카를 무시해왔다면 분명히 생각을 다시 해봐야 할 때다. 아프리카에 이런 속담이 있다. "나무를 심어야 할 가장 좋은 시기는 20년 전이었다. 그 다음으로 좋은 시기는 바로 지금이다." 아프리카의 문은 바로 지금 두드려야 한다.

이 책은 아프리카에 대한 선입견을 버리고 아프리카에 대한 새로운 인식을 심어주기 위해 기획된 책이다. 아프리카를 동반성장 파트너로 삼아 함께 성장해나가기를 원하는 많은 기업, 개인들에게 아프리카를 새롭게 바라보는 지침서가 되기를 기대해본다.

매일경제 컬러풀 아프리카 프로젝트팀

:: CONTENTS

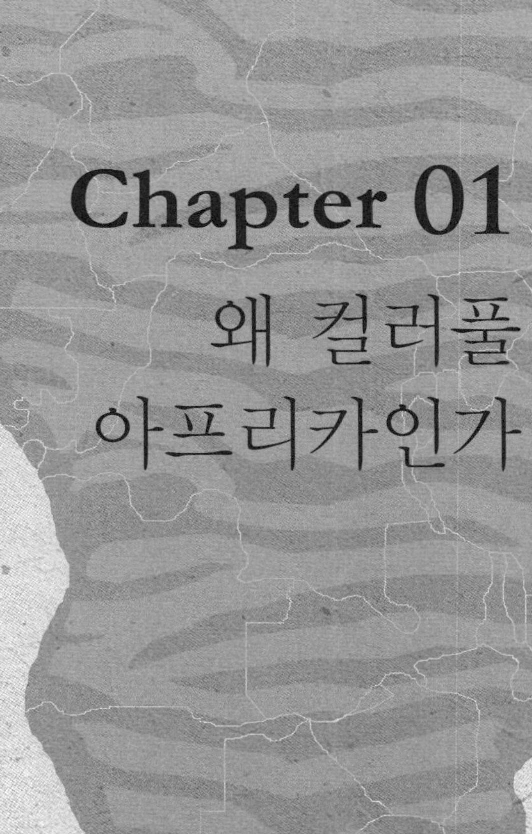

Chapter 01

왜 컬러풀 아프리카인가

우리 눈에 비친 아프리카는 어떤 모습일까?

아프리카 하면 아직도 빈곤, 질병, 내전, 부정부패 등과 같은 암울한 단어들만 떠오르는가? 코끼리, 사자 등이 어슬렁거리는 〈동물의 왕국〉이나 〈라이온킹〉과 〈아웃 오브 아프리카〉와 같은 영화에서 묘사되는 낭만의 대륙으로만 보고 있지는 않은가? 오랫동안 아프리카에 대한 잘못된 정보와 오해로 이 지역에 살고 있는 아프리카인에 대해 편견과 비하는 하지 않았는가?

2000년 이전까지 아프리카는 '암흑의 대륙'이었다. 정치적으로나 경제적으로 암울한 '블랙 아프리카' 시기였다. 내전과 국경분쟁 등 정치적 소요사태가 끊이지 않고 지속됐다. 경제적으로 전 세계 최빈국 34개국 중 29개국이 아프리카 국가였다. 이처럼 아프리카 대륙은 '절망의 대륙'으로 낙인 찍혀 선진국 원조에만 의존하는 대륙으로 남아 있었다.

그러나 최근 아프리카가 변화하고 있다. 2000년대 들어 정치가 안정되고 경제는 세계에서 가장 빠른 성장세를 보이고 있다. 아프리카의 풍부한 자원과 이를 바탕으로 한 외국인직접투자(FDI)의 증가, 민주정부의 출범, 국가관리체계 선진화(Good Governance) 등을 통한 경제 발전은 국민들에게 할 수 있다는 자신감을 불어넣어 주고 있다.

2011년 1월 매일경제 컬러풀 아프리카 프로젝트팀이 현지에서 바라본 아프리카는 역동적이며 성장하고 있는 매력적인 시장으로 부상하고 있었다. 실제로 최근 아프리카의 경제 성장세는 놀라울 정도다. 2000년대 초까지 3%대에 머물렀던 성장률이 2004년을 기점으로 글로벌 경제위기가 터졌던 2008년을 제외하고 매년 5~6%의 고성장세를 지속하고 있다.

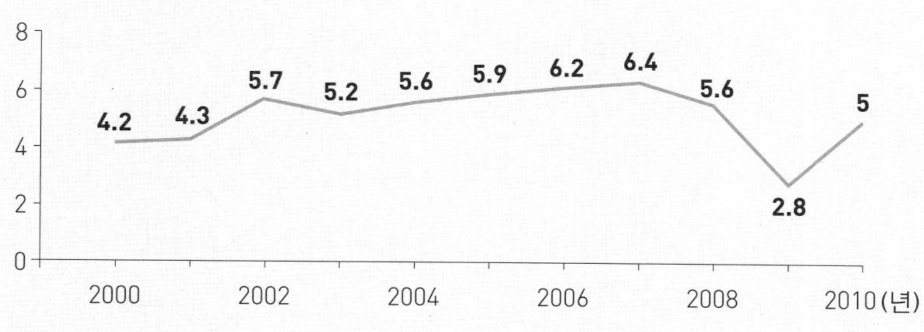

월드뱅크는 아프리카 지역이 **2011년**에도 **5.5%**의 강한 성장세를 이어갈 것으로 전망했다. 경제예측기관 글로벌 인사이트는 **2020년**까지 **10년**간 아프리카 연평균 성장률 전망치를 **5.8%**로 내다봤다. 이는 전 세계 평균(**3.9%**)보다 **1.9%** 포인트 높은 수치다.

GDP 성장률

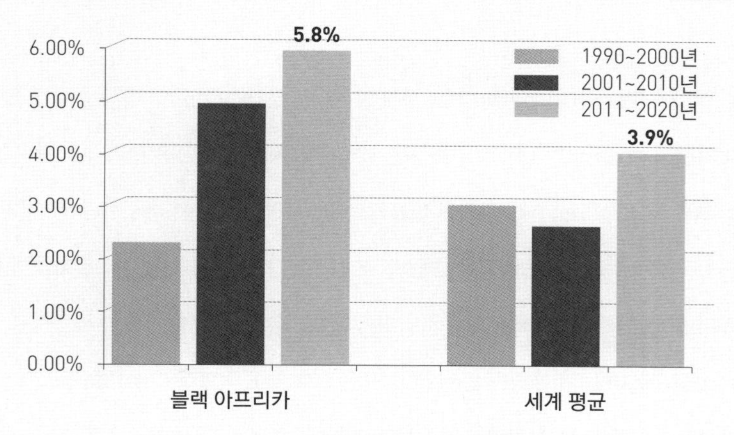

자료: 월드뱅크

고성장 톱10 국가(2011~2015년)

순위	국가	성장률
1	중국	9.5%
2	인도	8.2%
3	**에티오피아**	**8.1%**
4	**모잠비크**	**7.7%**
5	**탄자니아**	**7.2%**
6	베트남	7.2%
7	**콩고**	**7.0%**
8	**가나**	**7.0%**
9	**잠비아**	**6.9%**
10	**나이지리아**	**6.8%**

또한 IMF가 앞으로 5년간 전 세계에서 가장 높은 성장률을 보일 것으로 기대되는 GDP성장률 상위 10개국에 에티오피아, 모잠비크, 탄자니아 등 사하라 이남 아프리카 국가 7개 나라가 포함될 정도로 아프리카 경제 성장에 대한 기대감이 커지고 있다.

에티오피아 아디스아바바에 본부를 두고 있는 유엔아프리카경제위원회(UNECA) 압둘라이 자네 사무총장은 "해외투자가 폭발적으로 늘어나는 한편 정치적 안정과 경제개혁에 힘입어 아프리카가 전 세계에서 아시아에 이어 두 번째로 급성장하는 지역으로 탈바꿈하고 있다"고 강조했다. 남아공의 세계적 화학업체 사솔의 회장을 역임했던 맥스 시슬루 남아공 국회의장은 "글로벌 수요가 폭증하고 있는 광물자원이 대거 매장돼 있는 곳이 아프리카다. 또 아프리카는 10억 명의 인구를 기반으로 역동성이 넘치는 젊은 시장이고 성장하는 시장"이라고 강조했다.

시슬루 의장은 "한국 등 아시아 경제신흥국을 아시아 호랑이라고 부르는 것처럼 우리는 아프리카를 아프리카 사자로 본다. 사자들이 움직이기 시작했다"며 "21세기는 아프리카 세기(**Century of Africa**)가 될 것"으로 자신했다.

이처럼 아프리카는 과거 고난과 희망이 없는 대륙이라는 이미지에서 탈피하고 있다. 다양한 종족과 인종들이 분쟁과 폭력보다는 공생하는 법을 차츰 알아나가면서 과거 어두웠던 이미지에서 벗어나 성장 잠재력을 갖춘 '컬러풀 아프리카'로 재탄생하고 있다. 성장 한계에 직면한 한국이 또 한 번의 도약을 위해 꼭 필요한 시장이 바로 아프리카다.

소비시장 아프리카

2011년 1월 17일 월요일 오후 케냐 나이로비 중심가 모이애비뉴에 위치한 사파리컴 매장. 1,700만 가입자를 확보하고 있는 케냐 제1의 이동통신사업자 사파리컴 매장 진열대에는 삼성, LG, 노키아, 애플 등 다양한 브랜드의 휴대폰들이 주인을 기다리고 있었다. 갤럭시S, 옵티머스, 아이폰 등 스마트폰은 물론 갤럭시탭도 눈에 띄었다. 매장 안은 한 발짝도 제대로 내딛기 힘들 정도로 고객들로 북새통이었다. 핸드폰을 구입·개통하려면 최소 1시간 정도는 줄을 서야 한다는 매장 직원의 이야기가 허투루 들리지 않았다.

나이로비 터스키 T몰 2층 전자제품 매장 진열대에도 최신 3D LED TV부터 스마트폰까지 최신 제품이 가득 들어차 있다. 2010년 11월 출시된 삼성 갤럭시S 휴대폰 한 대 가격이 70만 원에 달하지만 케냐에서 월 300~400대가량 팔린다. 2010년 광케이블망이 대거 깔

리고 고객을 잡기 위해 통화료 인하 경쟁이 촉발되면서 핸드폰 판매량이 날개를 달았다. 2010년 케냐 2위 이동통신업체 에어텔이 통화료를 기존의 절반 가격인 분당 1실링으로 내렸다. 이에 선두업체인 사파리콤을 비롯해 텔콤, 유 등도 분당 3실링으로 통화료를 떨어뜨린 상태다. 통화료 인하에 힘입어 지난 2010년 삼성전자와 LG전자의 휴대폰 판매량이 전년에 비해 2배 이상 늘었다.

최정훈 삼성전자 케냐지사 차장은 "2010년 핸드폰 판매신장률이 전년에 대비 120%"라며 "갤럭시S 등 최신 스마트폰도 매장에 갖다 놓기만 하면 금세 팔린다"고 밝혔다.

2011년 1월 20일 DR콩고 수도 킨샤사에 위치한 LG전자 매장. 매장을 가득 메우고 있는 PDP, LCD TV 대형화면을 통해 2NE1의 뮤직비디오를 보던 27살의 젊은 청년 마칸구 씨는 연신 쩨시봉(아주 좋다)을 외쳐댔다. 마칸구 씨는 "한국 가전제품을 구매한 경험이 없지만 스타일과 내구성이 뛰어나다고 들었다"며 "매장에 와서 직접 화질을 확인하니 더 신뢰가 간다"고 밝혔다.

콩고의 브라자빌, 가봉 등 DR콩고 주변국을 관할하는 LG전자 컨추리 매니저 S.N 판데이 씨는 "두 달 전 문을 연 이곳을 포함, 킨샤사 지역에 모두 4개의 LG 매장이 있다"며 "비즈니스가 붐을 이루고 있어 2011년 안에 3개 매장을 추가로 열 계획"이라고 전했다.

경제성장 맥박 빨라지는 아프리카

　정정불안 등 불확실성의 먹구름에 덮여있던 아프리카 국가들이 2000년대 들어 지속 가능한 성장을 하는 배경에는 정치적 안정이 자리 잡고 있다. 지난 1990년대 아프리카는 내전 등 격변기에 휩싸여 있었다. 그러나 2000년대 들어 내전 빈도 수가 줄고 아프리카 각국에 민주정부가 들어서는 등 정치적으로 안정되고 있다. OECD에 따르면 에티오피아 등 아프리카 주요 25개국의 분쟁건수가 지난 1996년 한 해 동안 500건을 넘었지만 2000년대 들어 꾸준히 줄면서 연평균 200건 이하로 뚝 떨어졌다.

　치안이 회복되면서 남아공에는 요즘 24시간 문을 여는 맥도널드 매장 숫자가 늘고 있다. 얼마 전까지만 해도 불안한 치안 때문에 야간 활동인구가 적어 한밤중에 매장을 열 이유가 없었다. 하지만 치

아프리카 정정불안 지표

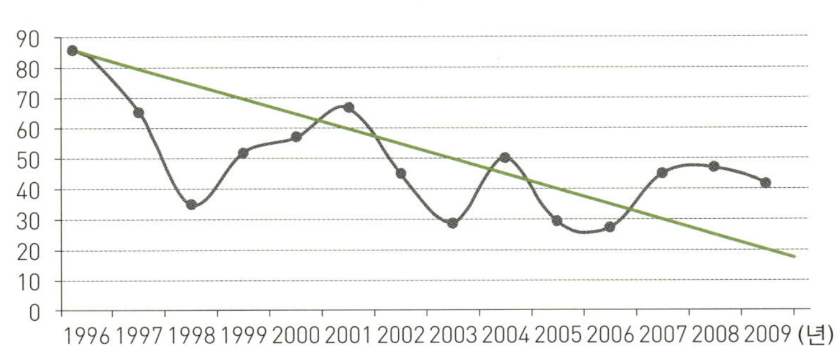

자료: OECD

안이 어느 정도 안정을 찾으면서 야간 활동인구가 늘어나고 있다. 야간 활동인구가 증가하다 보니 자연스럽게 24시간 영업을 하는 맥도널드 매장이 늘고 있다는 얘기다.

유엔아프리카경제위원회(UNECA) 압둘라이 자네 사무총장은 "더 많은 사람들이 참여할 수 있는 민주선거를 통해 정권을 수립하는 등 아프리카 국가들이 민주적 개혁을 이뤄나가고 있다"며 "피비린내 나는 내전을 겪었던 시에라리온과 라이베리아에도 지속 가능한 평화가 정착되면서 경제적으로 안정되고 있다"고 설명했다. 자네 사무총장은 "정치적 안정을 기반으로 아프리카의 경제 맥박(Economic Pulse)이 빨라지고 있다"며 "최근 아프리카 대륙을 돌아봤다면 건설붐, 정보통신산업 성장, 금융·소매업의 활력이 놀랍게 느껴졌을 것"이라고 덧붙였다.

남아공의 프로젝트 파이낸싱 기관인 IDC(Industrial Development Corporation)의 요르게 마이아(Jorge Maia) 리서치·인포메이션 책임자도 "상당수 아프리카 국가들이 지난 수 년간 정치·경제 개혁을 단행했고 경제 운용방식까지 투명해지면서 토종 기업들의 투자가 늘고 해외직접투자도 확대돼 아프리카 경제성장에 도움을 주고 있다"고 진단했다.

해외 직접투자가 급증한 것도 아프리카 경제의 고성장세를 이끌었다. 특히 2000년대 후반 들어 아프리카를 보는 해외 시각이 크게 달라졌다. 외국인들의 해외투자는 지난 2000년 98억 달러에서 2010년 680억 달러로 큰 폭 증가했다. 자원 가격이 꾸준히 상승하고 내전에 따른 정치 리스크가 감소하면서 투자 매력도가 상승했기 때문이다.

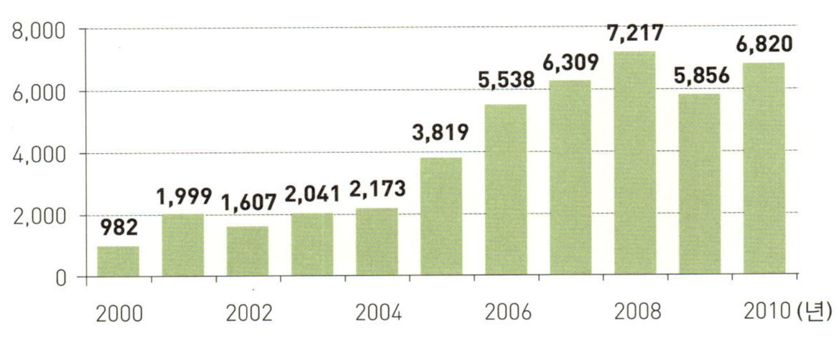

블랙 다이아몬드 급부상

아프리카에는 하루 수입이 2달러 이하인 빈곤층이 아직 전체 인구의 절반을 차지한다. 그러나 최근 정치적 안정을 기반으로 경제가 성장하면서 아프리카에도 '블랙 다이아몬드'로 불리는 아프리카 흑인 중산층이 확대되고 있다.

유엔아프리카경제위원회 조삼봉 수석경제관은 "얼마 전까지만 해도 블랙 아프리카 지역에는 최상위층은 소수에 그치고 대부분 빈민층이 차지해 중산층이라고 할 것이 없었다"며 "도시화와 함께 중산층이 갑자기 생겨나고 있다"고 밝혔다. 조 경제관은 "신도시가 들어서면서 최근 아프리카 도시화가 거의 중국 수준에 도달했고 인도보다 앞서 있다"며 "IMF도 2011~2015년 전 세계 경제성장률 상위

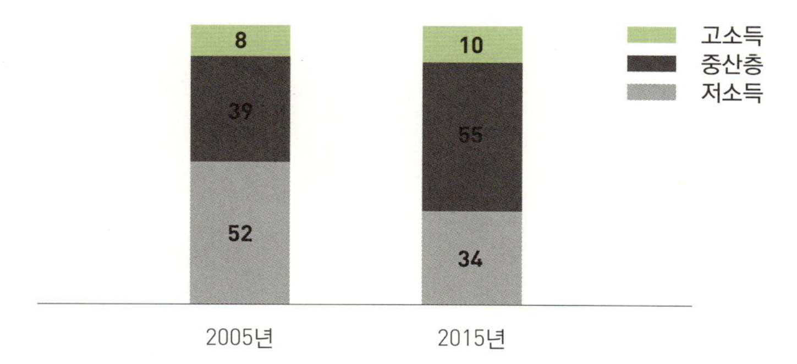

10개국 중 나이지리아 등 아프리카 국가들이 7개를 차지하는 등 아프리카 모멘텀이 커질 것으로 전망하고 있다"고 강조했다.

무리 엔큐브 AfDB 경제 분석가도 "아프리카에 중산층이 늘어나면서 이제 소비를 하기 시작했다"며 "이들의 소비가 아프리카 경제성장을 주도하고 있다"고 진단했다. 요하네스버그에 위치한 비트워터스랜드(University of the Witwatersrand)대학 치의학과 3학년 나호미에 무켄디 씨와 같은 학교 의학과 3학년 조슈아 키루바 씨는 "탄탄한 경제성장과 교육을 통해 신분상승을 할 수 있는 기회가 많아지면서 블랙 다이아몬드로 불리는 중산층이 확대될 수 있는 기반이 조성됐다"고 설명했다.

최근 사하라 이남 아프리카의 중산층이 중국·인도와 맞먹는 3억 1,300만 명에 달한다는 아프리카개발은행(AfDB)의 보고서도 발표됐다. 이 보고서에 따르면 아프리카 중산층은 지난 10년간 60% 증

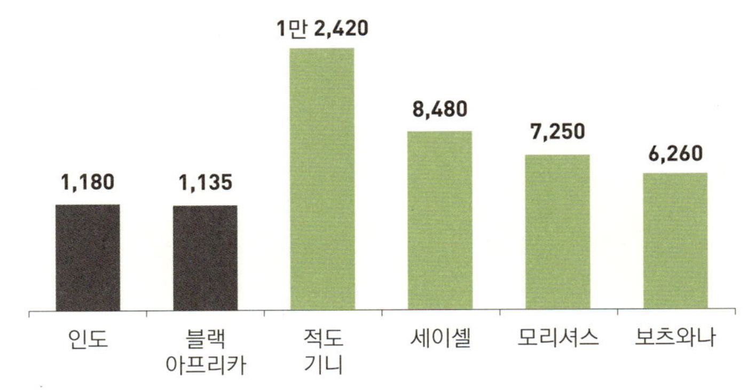

가했다. 이들이 창출해내는 수요가 아프리카 경제성장의 밑거름이
되고 있다. 2015년에는 아프리카인 2명 중 1명이 중산층에 포함될
전망이다.

확대되는 실질 구매력

경제성장을 기반으로 아프리카의 구매력도 커지고 있다.

신글로벌 소비시장으로 떠오르고 있는 인도와 비교해보자. 인도
의 1인당 국민총생산(GNI, 2009년 기준)은 1,180달러다. 블랙 아프
리카의 1인당 평균 GNI(1,135달러)와 별반 차이가 없다.

국가별로 적도기니의 1인당 GNI는 1만 2,420달러, 모리셔스
7,250달러 등 인도보다 GNI가 높은 블랙 아프리카 국가만 16개국

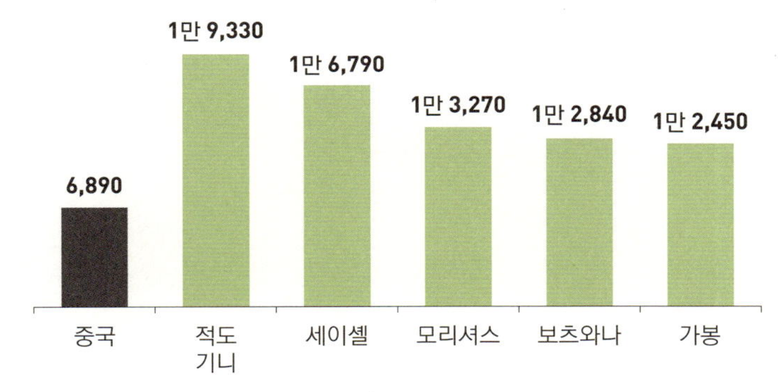

에 달한다.

실질 구매력기준으로 보면 아프리카 소비 잠재력은 더욱 커진다. 보츠와나 등 아프리카 6개국의 구매력 기준 1인당 GNI는 중국의 1인당 GNI(6,890달러)를 넘어선다.

더 많은 소비를 창출하는 도시화가 급진전되면서 아프리카에는 이미 인구 100만 명 이상 도시가 52개에 달한다. 세계은행에 따르면 2030년이 되면 아프리카 인구 2명 중 1명이 도시지역에 거주할 전망이다.

스탠더드차터드(SCB) 남아공 법인 사이먼 우드워드 이사는 "인도와 아프리카 인구 수는 비슷하지만 아프리카에는 2만 달러 이상을 버는 중산층 숫자가 인도보다 훨씬 더 많다"며 "실질 구매력을 갖춘 중산층 숫자가 3억 5,000~4억 명 수준인 아프리카가 글로벌 소비시장으로 부상할 것"으로 진단했다. 아프리카 소비자들의 지출

규모는 지난 2008년 8,600억 달러 정도였지만 2020년이 되면 1조 4,000억 달러로 급증할 전망이다.

비공식 소비확대 요인도 많다

아프리카시장은 비공식적이고 비조직적인 것이 특징이다. 따라서 비공식 경제 규모도 크다. 2006년 아프리카 전체 GDP 생산의 약 42%는 비공식 경제라는 통계가 있다. 대외에 발표하는 아프리카 공식 경제 규모보다 더 큰 실질 구매력이 존재할 수 있는 셈이다. 실제로 최근 아프리카 도시 지역에서 고급 평면 텔레비전 구매가 일반 브라운관 텔레비전 판매를 앞서고 있다는 점, 그리고 고급 핸드폰이 아프리카 곳곳에서 날개 돋친 듯 판매되고 있다는 점 등에서 숨겨진 소비잠재력을 간접적으로 파악할 수 있다. 특히 아프리카 소비 증가율이 GDP 성장률보다 훨씬 높은 11%에 달한다는 점에서 아프리카 비공식 경제의 위력을 알 수 있다.

이밖에 해외거주 아프리카인들이 송금하는 자금 유입도 아프리카 소비시장을 키우고 있다. 재외 아프리카인들이 연간 약 400억 달러가 넘는 돈을 아프리카 내에 송금을 통해 유입시키고 있는 것으로 알려지고 있다. 이 같은 송금액은 국가 인프라 정비를 위한 자금으로 활용되거나 소비자금으로 사용된다. 재외 아프리카인들의 송금이 증가할수록 아프리카 소비시장도 증가할 것이라는 예상을 할 수 있다.

아프리카 소비시장 잡아라

과거 아프리카를 선점한 기업들은 주로 원유나 크롬, 다이아몬드, 코코아 등 천연자원 확보를 목표로 삼았다. 하지만 최근 들어서는 지구상의 유일한 미개척 소비시장으로서 아프리카를 주시하는 기업들의 움직임이 두드러지고 있다. 아프리카 신흥소비층을 공략하려는 새로운 물결이다. 아프리카 소비시장이 커지고 있기 때문이다.

최근 월마트는 남아프리카공화국 할인점 체인 매스마트홀딩스 지분 51%를 24억 달러에 인수했다. 월마트는 이 회사를 아프리카시장 확장 교두보로 삼을 예정이다. 5년 내에 남부 아프리카 KFC 매장 숫자도 지금의 2배 수준인 1,200개로 늘어날 전망이다. 구글, 마이크로소프트 등도 아프리카 벤처기업 투자를 늘리고 있다. 스위스의 세계적 식품기업 네슬레 SA의 경우 지난 1927년에 아프리카에 첫 공장을 세운 후 2011년 현재까지 24개의 공장을 건립해 가동 중이다. 음료업체 디아지오 PLC는 아프리카 40개국에서 기네스와 보드카, 베일리스, 조니워커 등을 판매하고 있다.

영국 이동통신회사 보다폰은 1998년 아프리카에 진출했다. 당시 보다폰의 아프리카 진출 결정은 많은 비웃음을 샀다. 보다폰의 결정을 두고 산업계에서는 '아프리카인에게 휴대전화를 파는 것은 밍크코트를 파는 것보다 어려울 것'이라고 비웃었다. 그러나 비웃음을 곧 부러움으로 바뀌었다. 2005년 이후 아프리카 이동통신시장은 연평균 50%씩 성장했다. 보다폰의 아프리카 이동통신시장 점유율은 30%에 육박했다. 이후 보다폰의 성장에 자극받은 전 세계 이동통신 업체들이 아프리카로 진출하기 시작했다.

최근 케냐 통신시장에서 인도 바르티에어텔은 보다폰과 한판 혈투를 벌이고 있다. 더 많은 통신 가입자 확보를 위해 양사가 치열한 마케팅전쟁을 펼치면서 건당 문자 메시지 비용이 1페니까지 떨어졌다. 또 영국의 맥주 제조업체 SAB밀러는 에티오피아에서 생수업체를 인수한 후 에티오피아 내수시장을 공략하는 것은 물론 다른 나라에 생수를 수출하고 있다. 아프리카 잠재력을 간파했던 델몬트, 코카콜라, 유니레버 등 많은 다국적 기업들은 아프리카시장에서 매년 고성장을 구가하며 성장 과실을 따내고 있다.

또 최근 아프리카에 진출했거나 진출을 준비 중인 많은 기업들은 보다 장기적인 관점에서 투자에 나서고 있다. 앤디 본드 월마트 지역 담당 부사장은 "아프리카는 잠재력이 높은 시장"이라며 "우리는 10~20년 이후를 내다보며 준비를 하고 있다"고 말했다. 아프리카 53개국의 GDP 생산은 한국의 약 1.6배(2010년 기준)에 불과하다. 그만큼 성장할 수 있는 가능성이 크다.

아프리카에 부는 한류 바람

아프리카에 한류 바람이 불고 있다. 바람몰이의 주인공은 한국산 TV, 냉장고, 에어컨 등 가전제품과 휴대폰, 그리고 한국산 자동차다. 한국 브랜드가 성능·스타일·내구성은 물론 AS분야에서 독보적인 입지를 구축하면서 으레 한국산 가전제품과 한국산 휴대폰을 사용하는 것이 유행처럼 번지고 있다.

케냐 나이로비 최고급 쇼핑몰인 나쿠마트 웨스트게이트점도 사정은 마찬가지. 이곳 전자매장도 삼성, LG제품 위주였다. 최근 램톤스, 유로스타, 웨스트포인트 등 중국산 중저가 브랜드들이 치고 올라오고 있지만 아직 삼성과 LG를 따라오기엔 한참 멀었다는 진단이다. 쉬카 몬가 LG전자 매니저는 "냉장고, 세탁기, 에어컨 등 백색가전은 한국산이 점령한 지 오래됐다"며 "프리미엄 핸드폰시장도 LG, 삼성 등 한국산이 인기"라고 설명했다. 오승준 삼성전자 케냐지사 과장은 "2010년 TV 판매량이 60% 성장했다"며 "케냐 인구 4~5%가 고소득층으로 이들은 주로 한국산 프리미엄급 전자제품을 산다"고 말했다.

남아공 상업중심지 조벅(남아공 흑인들은 요하네스버그를 조벅이라고 부른다)의 신흥경제중심지 포웨이스 지역에 위치한 포웨이스 크로싱몰(Fourways Crossing Mall) 전자제품 양판점에서 만난 루카스 퀴카(Lucas Qika), 린디웨 퀴카(Lindiwe Qika) 씨는 맞벌이 부부다. 루카스 퀴카 씨는 "LG 플라즈마 TV와 홈시어터가 집에 있는데 이번에는 LG 양문형 냉장고를 사려고 매장에 들렀다"고 밝혔다. 왜 한국산 브랜드를 고집하느냐는 질문에 "한국산 브랜드는 성능 면에서 믿을 수 있고 AS가 좋기 때문"이라고 답했다. 조벅의 비즈니스 중심지 샌톤에서 20여 분 거리에 있는 전자제품 양판점 허쉬스(Hirsh's) 매장 영업직원 은쿨루레코 로데베(Nkululeko Rodebe) 씨는 "대다수 남아공 사람들이 한국산 제품이 프리미엄 브랜드라는 것을 잘 알고 있다"며 "LG 세탁기는 10년간 보증을 해준다. 그만큼 제품에 대한 자신감이 있기 때문"이라고 설명했다.

김성철 DR콩고 대사는 "DR콩고에서 LG 로고를 쉽게 발견할 수 있다"며 "빌딩에 설치된 에어컨들이 대부분 LG제품들이기 때문"이라고 설명했다.

특히 한국제품은 아프리카 현지 젊은이들에게 인기다. 앙골라 수도 루안다에 위치한 오스카히바스 법대 2학년 주디 드 씨는 "삼성·LG·현대차는 프리미엄 브랜드"라며 "그동안 한국을 잘 몰랐는데 한국산 제품과 광고를 접하면서 한국을 다시 보게 됐다"고 밝혔다. 거리 곳곳엔 삼성과 LG 핸드폰을 든 사람들의 모습을 심심찮게 볼 수 있다. 루안다 해변도로를 달리는 차량 중에도 반가운 브랜드들이 자주 눈에 띈다. 한국산 자동차다. 현대차와 기아차 브랜드를 단 차들이다. 베라크루즈, 투싼, 산타페, 스포티지 등 도로사정이 좋지 못한 아프리카에서 인기 있는 SUV차량들이 대부분이다. 앙골라 국영석유회사 소낭골이 자리 잡은 시내도로도 마찬가지다. 거리를 메운 차량들은 도요타 아니면 현대·기아차다. 장병일 주앙골라 한국대사관 서기관은 "2010년 팔린 신차 중 23~25% 정도가 현대·기아차"라며 "한국차 판매가 폭발적으로 늘고 있다"고 현지 상황을 전했다.

남아공 요하네스버그 샌톤에서 동북쪽으로 15km 지점에 위치한 브라이언스톤 현대차 매장의 코스타 아브구스티노스(Kosta Avgoustinos) 점주는 "차 자체의 뛰어난 성능을 기반으로 신속한 AS와 4년간 10만 km를 보증하는 워런티 프로그램이 인기를 끌면서 아프리카 최대 자동차시장인 남아공에서 현대차 시장점유율이 10%를 넘어섰다"고 자랑했다. 남아공에는 도요타, 폭스바겐 등 글로벌 자동차 메이커 8곳이 조립공장을 운영하고 있다. 이처럼 전 세계 자동차업체들이 모두 진출해 있어 경쟁이 치열한 시장이지만 현대차는 남아공시장에서 3위의 시장점유율을 유지하고 있다.

아브구스티노스 점주는 "소나타, 투싼, 기아의 스포티지가 남아공 올해의 차에 선정될 정도로 인정을 받고 있다"면서도 "공급부족 문제 때문에 판매에 애로를 겪고 있다"고 어려움을 털어났다. 그는 "지난 2010년 10월 소나타를 시판했는데 350대가 한 달 만에 다 팔려 버렸다. 그래서 추가로 300대를 더 가져왔지만 곧바로 소진돼 버려 현재 소나타 재고가 아예 없다"고 밝혔다. 그는 "소나타 외에 투싼도 팔 물량이 없다"며 "현재 예약대수를 감안하면 고객이 지금 주문해도 5개월쯤 후에나 차를 인도받게 된다"며 "공급만 원활하다면 더 많은 차를 팔 수 있는데 그럴 수 없어 아쉽다"고 하소연했다.

남아공에선 한국 가전제품 가져야 중산층

흑인 신흥 중산층 블랙 다이아몬드들에게 삼성, LG, 현대차 브랜드가 하우스홀드 네임이 된 지 오래다. 취재기간 중 남아공 가정 방문을 통해 이 같은 사실을 쉽게 체감할 수 있었다. 과거 남아공 백인들이 출입을 꺼렸던 흑인집단거주지역 소웨토. 이곳에 거주하는 시포 라데베 씨는 부인 포르티아 라데베 씨와의 사이에 두 딸을 두고 방 3개짜리 단독주택에 거주하는 남아공 중산층이다. 주변에 남아공 월드컵 주경기장이 들어설 만큼 과거의 빈곤 이미지를 벗고 있는 소웨토 지역에 최근 흑인 중산층 기반이 확대되고 있다.

기자가 방문한 2011년 1월 16일 그의 집에는 그의 모친 노반투 라데베 씨와 조카부부, 조카딸 등 총 8명이 모여 있었다. 집 문을 열면 곧바로 거실이 보이는데 거실 벽면을 장식하고 있는 것이 바로 42인치 삼성 PDP TV였다. 딸의 방과 바로 맞붙어 있는 부엌에는 삼성 냉장고와 세탁기, 그리고 LG 전자레인지가 갖춰져 있었다. 라데베 씨가 유난히 한국 브랜드만 좋아하는 것인지 아니면 남아공 다른 중산층 가정에도 한국제품이 이처럼 많은지를 물었다. 라데베 씨는 "삼성과 LG 브랜드가 남아공 가전시장을 꽉 잡고 있다"며 "중산층 가정의 대다수 가전제품은 바로 한국 브랜드"라는 답이 돌아왔다. 그의 조카 사위인 말레보 라포네케 씨는 "젊은 흑인들은 저축도 하고 중상류층으로 신분 상승하려는 욕구가 강하다"며 "소비재 판매 기반이 더욱 확대될 것"으로 내다봤다.

요하네스버그 북쪽 미드랜드 지역에 위치한 타운하우스 탐샐 (Tamchele) 에스테이트에 거주하는 싱글남 마크 맥케이(Mark Mackay) 씨는 육류 도매업자다. 2년 전 독립, 침실 3개를 갖춘 복층형 타운하우스로 옮겼다. 1층 거실, 2층 침실에 있는 PDP TV는 물론 부엌에 있는 전자레인지, 냉장고, 세탁기, 식기 세척기, 건조기 등도 모두 LG제품일 정도로 LG마니아다. 조만간 2층 침실의 26인치 TV를 부엌으로, 거실의 32인치 TV는 침실로 옮긴 뒤 새로 50인치 대형 LG TV를 거실에 들여 놓을 계획이다. 럭비 마니아인 그가 더 큰 화면으로 스포츠 프로그램을 시청하기 위해서다.

처음부터 그가 한국 브랜드를 고집했을까? 그런데 맥케이 씨는 "처음에 LG제품을 구입할 때 한국산인지 알지 못했다"며 "친구들도 삼성과 LG제품이 한국산인지 잘 몰랐다"는 의외의 답을 내놨다. 한국 소비자들은 제품 구매 때 어느 나라 제품인지를 꼭 따진다고 설명하자 맥케이 씨는 "중요한 것은 어느 나라에서 오느냐가 아니라 제품의 질"이라며 "LG브랜드 가치와 퀄리티를 잘 알고 있었기 때문에 소비자들은 국적을 불문하고 LG 등 한국산 제품을 많이 구매했다"고 설명했다. 맥케이 씨는 "그러나 이제는 대다수 사람들이 LG와 삼성 브랜드가 한국제품이라는 것을 알고 있다"고 덧붙였다.

에티오피아 마라톤 영웅 게브라셀라시에의 현대차 사랑

오전 6시. 새벽녘의 한기를 뚫고 그가 에티오피아 아디스아바바 자택을 빠져나왔다. 그의 발걸음은 집 뒤편에 자리 잡은 해발 3,000m 높이의 투투산으로 향했다. 지난 20년간 단 하루도 거르지 않았던 훈련 일정을 소화하기 위해서다. 이 같은 초인적인 성실함은 그를 세계 최고의 마라토너로 만들었다. 2시간 3분 59초. 그가 지난 2008년 9월 베를린 마라톤에서 달성한 세계기록이다. 이후 지난 2년 5개월간 4분 벽을 허문 마라토너는 없었다. 2시간 3분대의 신기원을 연 마라토너는 바로 에티오피아의 마라톤 영웅 하이레 게브라셀라시에다.

현역 마라토너이자 사업가인 게브라셀라시에는 2년 전 한국과 특별한 인연을 맺었다. 현대차를 통해서다. 그가 설립하고 회장직까지 맡고 있는 현대 마라톤 모터 & 엔지니어링은 에티오피아에서 현대차를 독점 판매하고 있다. 마라토너로 세계적인 명성을 쌓고 에티오피아에서 영웅 대접을 받는 그의 회장 명함과 현대차 판매장 간판에는 두 손을 치켜든 채 결승선 테이프를 끊고 들어오는 마라토너의 모습이 들어가 있다. 누가 봐도 쉽게 게브라셀라시에가 운영하는 자동차 판매장이라는 점을 알 수 있다.

20여 차례 이상 세계신기록을 갱신하며 현역 최고 마라토너로 군림, 엄청난 부를 쌓은 스포츠 재벌 게브라셀라시에. 그가 애시당초 현대차에 관심을 가졌던 이유는 무엇일까? 현대차와 게브라셀라시에의 인연은 사소한 궁금증에서 출발했다. 게브라셀라시에는 "마라톤 대회 출전을 위해 전 세계 도시를 돌 때마다 길거리에서 현대차를 쉽게 접할 수 있었다"며 "그러나 글로벌브랜드인데다 스타일이 좋고 성능도 뛰어난 현대차의 존재감이 정작 에티오피아에서는 몇 년 전만 하더라도 제로상태였다"고 운을 뗐다. 이때부터 게브라셀라시에는 왜 에티오피아에서는 현대차를 찾아보기 힘들까라는 의

구심을 품게 됐다. 동시에 직접 현대차를 들여와 에티오피아에서 판매하면 어떨까 하는 생각을 했다. 곧바로 현대차 아중동 본부가 있는 두바이에 편지를 보내 현대차 관계자와 만남의 자리를 가졌다. 이후 그의 비즈니스 플랜에 만족한 현대차도 흔쾌히 그의 요청을 받아들였다.

게브라셀라시에가 현대차 판매에 나서면서 판매량은 급증추세로 돌아선 상태다. 2년 전만 해도 1년에 40~50대 팔기도 힘들었지만 이제는 연간 300대 수준으로 판매량이 늘어났다. '겟츠(클릭)→i10→스타렉스' 순으로 판매량이 많다. 그는 "2년 전 경차 i10을 에티오피아시장에 소개했을 때만 해도 현대차 브랜드가 생소했던 대다수 사람들은 불안감을 가졌다"며 "그러나 현대차를 구매했던 소비자들이 입소문을 내면서 현대차를 길거리 어디에서나 쉽게 볼 수 있게 됐다"고 강조했다. 경차의 경우, 현대차가 20%의 시장점유율을 확보하고 있다. 현대차 덤프트럭도 인기다. 2010년 국방부에서 40대의 현대차 15톤짜리 덤프트럭을 구매했다. 게브라셀라시에는 "에티오피아에서는 군대가 사용하면 강한(Strong) 차라는 것을 증명하는 것"이라고 강조했다.

이처럼 2년여 만에 현대차가 에티오피아에서 어느 정도 입지를 구축한 배경에는 게브라셀라시에에 대한 에티오피아 국민들의 신뢰와 현대차에 대한 믿음을 토대로 창출된 시너지 효과가 자리 잡고 있다. 2년, 5만 ㎞에 달하는 충분한 보증기관과 AS서비스도 강점으로 꼽힌다. 그는 "우리는 소비자를 기다리게 하지 않는다. 부품교체가 필요하면 두바이에서 곧바로 부품을 가져온다. 늦어도 3일 이내에 필요한 부품을 확보할 수 있다”며 “일본차의 경우 부품을 일본에서 직접 공수해오기 때문에 부품교체에 많은 시간이 걸린다”고 지적했다.

아디스아바바 반 부렌로드에 위치한 현대차 매장을 가족과 함께 찾은 만데프로 메케테 씨는 “현재 스즈키 비타라 중고차를 몰고 있는데 연비가 너무 안 좋아 연비가 좋은 차로 바꾸기 위해 현대차 매장을 찾았다”고 방문목적을 밝혔다. 메케테 씨는 “게브라셀라시에가 운영하는 매장이라는 점에서 신뢰가 간다”며 “현대차 입장에서 에티오피아뿐만 아니라 세계적으로 차를 홍보할 수 있는 기회를 얻게 될 것”이라고 밝혔다.

이처럼 지난 2년간 상당한 성과를 거뒀지만 게브라셀라시에는 여기서 만족하지 못한다. 그는 “지난 20년여 동안 마라톤 등 장거리 육상 경기에서 1등 자리를 지켜왔다”며 “비즈니스에서도 마찬가지다. 나의 목표는 앞으로 5년 내에 에티오피아 차시장에서 1등을 하는 것”이라고 강조했다.

젊은 미래시장 아프리카

아프리카는 지구상에 마지막으로 남은 미래 성장동력이다. 그 가능성은 인구 구성에서 찾을 수 있다. 아프리카는 전 세계에서 가장 젊은 대륙이다.

아프리카 인구 2명 중 1명(42.56%)은 14세 이하다. 전 세계 평균

30세 이하 인구 비율

자료: UN

자료: UN

(27.16%)보다 두 배가량 높다. 아프리카 인구 10명 중 7명이 30세 미만으로 전 세계에서 가장 젊은 시장이다. 미국 민간 리서치기관인 인구조회국(PBR)에 따르면 아프리카 인구가 2050년까지 9억 명가량 늘어 2011년 인구의 배가 될 것으로 보인다.

또 아프리카 인구 1,000명당 출산아 수는 세계 평균(20명)보다 두 배 가까이 많은 38.5명 수준이다. 2050년이 되면 콩고민주공화국, 이집트, 우간다, 나이지리아, 에티오피아 등이 세계 15대 인구 대국이 될 전망이다.

젊은 대륙 아프리카가 성장동력

유럽은 이미 늙은 대륙이다. 유럽연합(EU)은 인구 노령화로 연금 수급자가 급증, 2060년이 되면 노동인구 2명이 65세 이상 노인 1명의 연금을 책임져야 한다. EU경제통계기관인 유로스타트(Eurostat)

에 따르면 노동인구 대비 연금수급자 비율이 2010년 1월 25%에서 2060년 53%로 증가한다. 지금 1명의 연금수급자를 책임지는 노동인구가 4명에서 2명으로 줄어드는 셈이다. 이를 두고 로이터통신은 "유럽의 연금 시한폭탄 초침이 돌아가기 시작했다"고 표현했다. 2008년 기준 4억 9,500만 명인 EU 전체 인구는 2035년 5억 2,100만 명으로 최고치를 기록한 뒤 줄어들기 시작해 2060년 5억 600만 명이 될 것으로 추정된다.

한국도 고령화를 걱정해야 한다. 2050년 한국의 노인인구 비율은 세계 최고 수준이 될 전망이다. 출산율이 갈수록 떨어져 인구규모는 2010년 세계 26위에서 2050년 44위로 내려갈 것으로 예상된다. '늙은 한국'이 되는 셈이다.

고령화의 급속한 진전은 생산력 감소, 사회비용 증가 등으로 경제성장에 부정적 영향을 준다. 국제통화기금(IMF)과 OECD는 최근 한국사회 고령화를 우려하고 근본적인 대책을 촉구하는 한국경제 보고서를 잇따라 발표한 바 있다.

통계청에 따르면 한국 합계출산율(TFR)은 2009년 기준 1.13명으로 일본(1.32명), 이탈리아(1.35명), 프랑스(1.98명), 영국(1.80명), 독일(1.34명), 미국(2.05명) 등 OECD 국가보다 낮다. TFR은 여자 1명이 가임기간(15~49세)에 낳을 것으로 예상되는 평균 출생아 수를 의미한다.

저출산·고령화 영향으로 한국의 80세 이상 초고령 인구 비중은

2050년이 되면 14.5%로 선진국(9.4%)보다 더 높아질 것으로 예상됐다. 특히 14세 이하 유소년 인구에 대한 65세 이상 고령인구 비율을 의미하는 노령화지수는 2020년 126으로 선진국(118)보다 높아지고 2050년에는 429로 선진국(172)의 2.5배에 달하게 된다.

'세계 경제의 성장엔진', '세계의 공장' 역할을 하고 있는 중국도 앞으로 고령화가 경제발전의 발목을 잡을 가능성이 높다. 중국 국가통계국에 따르면 2010년 말 실시한 전국인구조사 결과 중국 인구는 13억 3,972만 명이다. 지난 2000년 조사 당시의 12억 6,500만 명에 비해 7,390만 명이 증가했지만, 14억 명이 넘을 것이라던 전망에 비해 증가율이 크게 둔화됐다. '한 자녀 정책' 효과가 누적돼 중국 인구의 증가율은 둔화된 반면 고령화는 급격히 진행되고 있기 때문이다. 14세 미만 인구는 16.6%로 2000년 조사 당시보다 6.3%포인트 줄었

젊은 아프리카

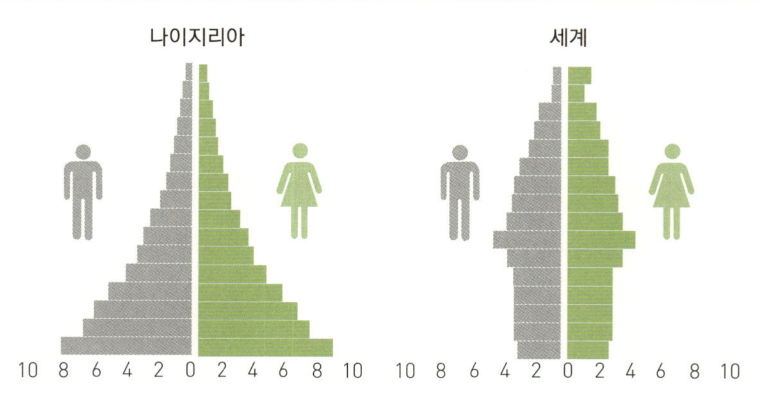

자료: UN

고, 60세 이상은 13.3%로 10년 전보다 약 3%포인트 증가했다. 마젠탕 국가통계국 국장은 "중국 전 지역이 노령화 문제를 겪고 있고, 연해 지역과 경제가 발달한 지역에서 더욱 뚜렷하다"고 말했다.

이번 조사 결과 급격한 노령화로 중국이 경제·사회적으로 심각한 타격을 입을 것이라는 염려와 함께, '한 자녀 정책'에 대한 논란도 확산되고 있다. 인구 전문가들은 중국이 '부유해지기 전에 늙어버릴' 위험에 처해 있다고 경고한다. 이미 젊은 농민공 부족 현상이 심각해지고 있다. 노인복지제도가 부실한 상황에서 노인 인구가 급증하면 소비가 줄고 내수확대 정책 실현도 어려워질 것으로 예상된다.

이처럼 세계 대부분의 나라가 고령사회로 진입하면서 생산활동인구가 줄고 소비성향이 둔화되고 있기 때문에 젊은 아프리카는 미래 세계 경제의 성장엔진이 될 가능성이 크다. 스탠더드차터드(SCB) 남아공 법인의 사이먼 우드워드 이사는 "2011년 10억 명의 아프리카 인구가 2050년에는 20억 명이 된다는 점에서 아프리카는 커다란 가능성을 가진 시장"이라고 설명했다.

아프리카 젊은이들은 수적으로도 크게 증가하고 있지만 질적으로도 기존 세대와는 다른 특성을 보인다. 아프리카판 '신인류'가 탄생하고 있는 것이다. 가나 경제학자 조지 아이테이는 새롭게 등장한 아프리카 신인류를 '치타세대'라고 부르고 부모세대를 '하마세대'라고 부른다. '하마세대'는 과거의 수렁에 깊이 빠져 있지만 '치타세대'는 이를 벗어나 미래를 향해 빠르게 달려가고 있다는 의미를 담고 있다. 하마세대는 아직도 식민지주의와 제국주의에 대해 불평만 늘어놓을 뿐 아니라 변화에 수동적이고 나태하고 게으르다. 반면 치타세대는 민주주의·투명성·부패종식을 요구하고 있다.

비제이 마하잔 텍사스대학교 종신교수도 2008년 자신이 저술한 저서 《아프리카 라이징》에서 "아프리카의 젊은 층은 과거의 수렁에 빠져 있는 '하마세대'와 달리 인터넷과 모바일에 익숙한 발 빠른 '치타세대'로 이들이 아프리카를 변모시킬 주역이다"라고 강조했다.

앞으로 경제주도권은 활동성이 떨어지고 첨단기기를 불편해하는 기존 게으른 하마세대에서 핸드폰·인터넷에 익숙하고 신기술을 쉽게 받아들이는 젊은 층을 의미하는 치타세대로 넘어갈 것이다. 치타세대는 정치를 변화시키고 경제를 추진시키는 원동력이 될 뿐만 아니라 노년층에 비해 소비성향이 상대적으로 높다. 교육을 통한 신분상승 기회가 늘어나고 있는 점도 치타세대의 활동변경을 넓히고 있다.

치타세대 등장은 기업에게 새로운 기회의 문을 열어주고 있다. 아프리카 이동통신업체인 MTN의 우간다 사업본부를 총괄하는 찰스 음비르는 〈파이낸셜타임즈〉와의 인터뷰에서 '치타세대' 성장에 대해 "나는 비즈니스맨이다. 나는 행복하다. 나의 시장은 성장하고 있다"고 말했다. 1999년 창업 이래 MTN 가입자는 300만 명으로 증가했고 사용자 평균 연령은 24세에서 17세로 내려갔다.

'치타세대'를 대상으로 사업기회를 얻으려는 기업들의 경쟁도 치열해지고 있다. 코카콜라와 음악채널인 MTV는 동아프리카에서 마케팅 협력 관계를 맺고 케냐·탄자니아·우간다에서 MTV VJ 선발대

하마세대

- 50대 이상 기성세대
- 변화에 수동적
- 소비성향 낮음
- IT·모바일 무지

치타세대

- 20·30대 이상 젊은 세대
- 변화에 능동적
- 소비성향 높음
- IT·모바일 능숙

회를 개최하고 있다. 또 가나에서는 커피브랜드 네스카페가 서아프리카와 중부아프리카 지역의 재능 있는 음악인을 발굴하기 위한 〈네스카페 아프리칸 레벌레이션〉을 매년 개최하고 있다. 우리나라로 말하면 〈슈퍼스타K〉와 같은 프로그램이다.

휴대폰업체 노키아는 나이지리아와 남아프리카공화국 등에서 '거리 축구팀'을 이용한 '디펜드 유어 스트리트' 캠페인을 벌이고 있다. 이 모든 활동들이 현재보다는 미래를 내다본 투자다.

'치타세대'는 정치적으로나 경제적으로 아프리카의 밝은 미래를 약속하고 있지만 그들 스스로 낙관적인 사고를 하고 있는 것이 장점이다. 코카콜라가 실시한 조사에 따르면 아프리카 청소년들은 세계 다른 지역 동년배보다 미래를 더 긍정적으로 보는 것으로 나타났다. 코카콜라 아프리카 법인의 랜야 스타넥은 "치타세대는 '누구에게나 인생에 한 번의 기회는 있다. 그것을 잘 잡아야 한다'는 의식이 팽배해 있고 자기 믿음이 강하다"고 말했다. 이들은 분명 부모세대가 살던 아프리카 대륙과는 다른 새로운 아프리카를 만들어 갈 수 있을 것이다.

모바일 혁명 이끄는 치타세대

치타세대 등장은 휴대폰과 인터넷 사용인구 급증으로 연결되고 있다. 인터넷 사용자부터 보자. 지난 2000년 블랙 아프리카 지역의 인터넷 사용자는 341만 명에 불과했다. 지난 2008년 인터넷 사용자는 4,934만 명으로 급증, 8년 만에 14배 이상 증가했다. 인터넷 가입 증가는 아프리카 경제발전뿐만 아니라 최근 북아프리카 민주화혁명에서 결정적인 역할을 했던 것처럼 사하라 이남 아프리카의 민주화를 진척시키는 데도 기여하고 있다.

아프리카 휴대폰 가입자 수도 2004년 7,600만 명에서 2008년 3억 6,700만 명으로 연평균 48.4% 증가했다. 2009년 말에는 5억 명에 육박했다. 세계에서 가장 빠른 성장세다. 글로벌 리서치업체 SA에 따르면 2011년 아프리카 휴대폰 판매대수 전망치는 8,090만 대다. 독일(8,200만 명) 만한 시장이 매년 새롭게 만들어지는 셈이다. 2012년 휴대폰 판매대수는 베트남 인구와 맞먹는 8,800만 대에 육박할 것으로 보인다. 이 같은 추세로 시장이 확대되면 2013년 아프리카 휴대폰 가입자 숫자가 6억 5,400만 명에 달할 것으로 예상된다.

블랙 아프리카는 모바일 산업이 폭발적으로 성장할 가능성이 큰 시장이다. 가입자 수가 급격히 늘고 있지만 여전히 휴대폰 가입자 숫자가 전체 인구의 50%대를 넘어서지 못한 상태이기 때문이다. 휴대폰시장이 확대되면서 우간다, 케냐, 카메룬 등 많은 아프리카 국가에서 가장 흔히 볼 수 있는 옥외광고도 오랑제, 에어텔, 보다콤 등 이동통신회사들 차지다. 요하네스버그 포웨이스 몰(Fourways Mall)에 위치한 남아공 1위 이동통신사 보다콤의 보다숍(Vodashop)매장에서 만난 애나벨 치테 씨는 10대 아들이 원하는 블랙베리를 사주기 위해 매장을 찾았다고 말했다.

급증하는 아프리카 휴대폰 판매

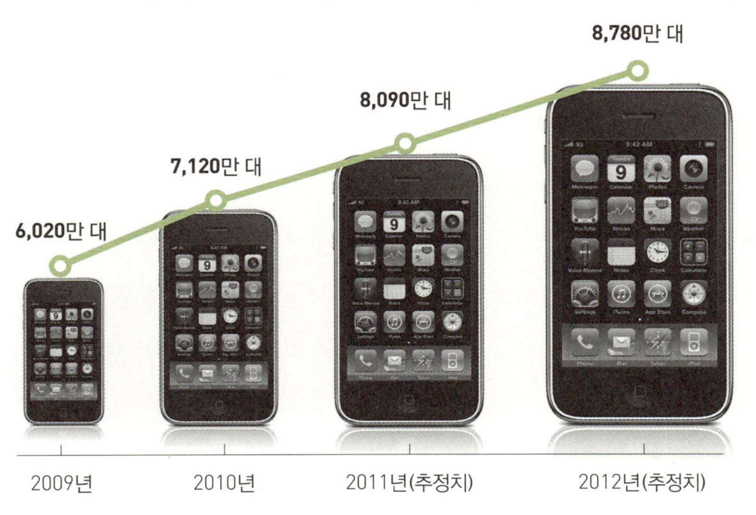

치타세대의 IT·모바일 적응능력이 일취월장하면서 첨단 모바일 서비스도 속속 선을 보이고 있다. 케냐 사파리콤 매장 한 쪽은 모바일뱅킹 서비스를 하는 '엠페사(모바일 돈이라는 의미)' 창구가 들어서 있다. 창구 앞에는 계좌를 개설하거나 돈을 입출금하려는 사람들로 연일 인산인해를 이룬다. 회원 수만 1,000만여 명에 달한다고 한다. 윌버포코 사파리컴 모이애비뉴 점장은 "은행 인프라가 부족한 케냐 사정에 착안해 모바일 뱅킹인 엠페사 서비스를 내놨다"며 "젊은 층을 중심으로 폭발적으로 회원 수가 늘고 있다"고 자랑했다.

IT산업 확대가 사회발전 촉매

IT·모바일 혁명은 단지 관련 산업의 성장만을 의미하지는 않는다. 사회발전의 촉매구실을 할 수도 있다. 이는 방글라데시의 빈곤퇴치 운동으로 노벨평화상을 수상한 무하마드 유누스 그라민 은행 총재의 사례에서도 확인할 수 있다.

유누스 총재가 자선(慈善)이 아닌 자생(自生)의 토대를 마련하기 위해 선택한 방법은 바로 '정보기술(IT)'이었다. 그는 방글라데시 최대 이동통신회사인 그라민폰을 새워 시골 여성들에게 폰 레이디라는 새로운 직업을 만들어주었다. 은행으로부터 5달러가량의 휴대폰 구입비를 대출받은 그들은 마을을 돌아다니며 전화를 빌려주고 사용료를 받는다.

이 그라민폰 사업은 주민들의 자립을 도왔다. 전화를 이용함으로

써 며칠을 걸어다니며 가격을 흥정할 필요도, 헐값에 농작물을 넘겨야 하는 일도 없어진 것이다. 또 유누스 총재는 IT기술을 이용해 모바일 사이트에 상품 등록 및 모바일 거래 등의 '셀바자(Cellbazaar)' 서비스를 지원, 새로운 시장을 열어주었다. 인터넷(그라민넷)으로 일자리를 구하고, 양질의 교육(그라민시카)을 받을 수 있게 해주었다. 레오나드 웨이버만의 연구에 따르면 개발도상국에서 인구 100명당 휴대폰 10대가 늘어나면 1인당 GDP가 0.59% 증가하는 효과가 있었다.

아프리카에서도 유사한 변화가 일어나고 있다. 아프리카에서 휴대전화가 최초의 통신 인프라 구실을 하면서 영세업 사업자에게 비즈니스 기반을 제공하고 농촌 지역을 세상과 연결시켜주고 지식을 전파해 준다. 휴대폰이 경제발전의 기초가 되고 있는 것이다. 결과적으로 IT기기를 능숙하게 다루고 첨단장비로 무장한 치타세대의 등장은 아프리카는 물론 세계 경제성장의 미래성장동력 역할을 하게 될 것이다.

자원의 보고 아프리카

2011년 1월 26일 버스를 타고 카메룬 수도 야운데에서 동북쪽으로 9시간을 달려 도착한 베타레 오야 지역. 카메룬 내륙 한 가운데 위치한 이곳에는 한국의 중소기업 CNK 마이닝이 개발하고 있는 금광산이 있다. 오후 5시. 금광에 들어서자마자 요란한 굴삭기 소리가 귀청을 두드린다. 대형 굴삭기들이 지금은 메마른 땅이지만 예전에 계곡이었던 이곳에서 쉴 새 없이 바닥을 긁어대고 있다.

대형 굴삭기가 흙과 자갈을 선별기에 쏟아 부으면 몇 차례 선별과정을 거쳐 흙과 자갈을 분리, 쉽게 금 조각을 얻을 수 있다. 이곳에서 채취하는 금은 땅 위 모래 또는 자갈 속에 섞여 있는 사금이기 때문이다. 하루 생산량은 0.5~1.5kg. 2006년부터 지금까지 약 600kg, 한화로 150억 원어치가 넘는 금을 생산한다. 순도 70% 수준의 사금은 한국에서 제련과정을 거쳐 1kg짜리 '골드바'로 재탄생한다. 사금 개발로 어느 정도 수익을 올린 CNK 마이닝은 또 2010년 12월 카메룬 동남부 요카도마 지역의 모빌롱 다이아몬드 광산 개발권을 따냈다. 2011년 2월 26일 야운데에서 열린 모빌롱 다이아몬드 광산 개발권 수여식에 참석한 바델 은당가은딩가 카메룬 산업 광업기술개발부 장관은 "모빌롱 다이아몬드 광산은 카메룬 정부가 외국기업에 주는 두 번째 개발권"이라고 밝혔다. 그만큼 카메룬 광물자원이 미개발 상태에 머물러 있어 개발 기회가 많다는 이야기로 해석할 수 있다.

광업분야뿐만 아니다. 블랙 아프리카의 농업분야 잠재력도 대단하다.

2011년 1월 21일 '아프리카의 스위스'로 불리는 짐바브웨 수도 하라레 남부 외곽 지역. 그곳에는 면화 밭의 끝이 하늘과 맞닿아 있었다. 산이라고는 찾아볼 수 없는 평야지대다. 평야 한 쪽 구석엔 바이오디젤공장이 자리 잡고 있다. 이 공장은 면화와 자트로파씨를 이용, 디젤을 생산한다. 한국의 태성유화와 짐바브웨 중앙은행 합작 회사로 생산규모는 연 3만 톤 수준이다. 백영식 태성유화 사장은 "짐바브웨는 아프리카 최대 농업국"이라며 "최근 바이오 디젤 등 농작물을 활용한 친환경 에너지사업 기회가 크게 늘고 있다"고 전했다.

사실 짐바브웨는 아프리카 식량창고다. 비옥한 토지와 연중 온화한 날씨는 최고의 농업 환경을 만들어냈다. 이곳에서는 1년 내내 봄의 기운을 느낄 수 있다. 1년에 3~4모작은 기본이다. 주요 생산품은 담배, 코코아, 커피, 고구마, 면화 등이다. 남아공, 잠비아, 모잠비크, 나미비아, 보츠와나와 국경을 맞대고 있는 내륙국이라 아프리카

내 수출도 용이하다. 오재학 짐바브웨 대사는 "짐바브웨는 연중 온화한 날씨와 한반도 2배에 달하는 면적을 가진 최적의 농업국가"라며 "한국의 숙련된 농업기술과 짐바브웨의 자연환경을 결합하면 세계의 식량창고로 만들 수 있다"고 강조했다. 모건 창기라이 짐바브웨 총리도 매일경제 아프리카 프로젝트팀과 만나 "한국기업들이 짐바브웨 농업분야에 더욱 적극적으로 투자해주길 바란다"고 밝혔다. 짐바브웨뿐만 아니다. 블랙 아프리카 내 경작가능 지역은 남북한을 합친 한반도 면적의 80배를 넘어서는 8억 헥타르에 달한다. 이 중 2억 헥타르만 실제 경작되고 있어 농업분야 개발 잠재력이 무궁무진하다. 이처럼 자원이든 농업이든 블랙 아프리카 지역에는 미개발 투자기회가 무수히 많다는 점이 매력적이다.

카메룬은 국토의 55%가 아직 자원 분포조차 밝혀지지 않은 이른바 '자원의 처녀지'다. 푸 칼리스투스 젠트리 카메룬 광업부 차관은 "카메룬에는 보크사이트와 철광석을 비롯해 상업적 개발이 가능한 부존 자원만 50종에 이른다"면서도 "지금까지 발급된 개발권과 탐사권이 2개, 100여 개에 불과해 개발 잠재력이 크다"고 강조했다. 인프라가 부족한 카메룬 정부는 자원 개발과 인프라 건설을 연계한 '패키지 딜'을 통한 자원개발에 무게중심을 두고 있다. 자원 개발권을 주는 대신 철도, 도로 등 인프라를 제공받는 형식이다. 젠트리 차관은 "사회간접자본에 투자하는 기업에 개발 우선권을 줄 것"이라며 "개발과 관련, 다양한 세금 혜택도 부여하고 있다"고 설명했다.

외교통상부 김은석 에너지자원 대사도 광물자원 조사가 제대로 이뤄지지 않은 아프리카 자원 미개발국의 투자잠재력이 크다고 강조한다. 김 대사는 "에티오피아의 경우, 한 번도 광물자원을 제대로 조사한 적이 없다"며 "에티오피아 내에 탄탈륨, 리튬 등이 많이 묻혀 있다는 이야기가 나오고 있어 에티오피아 정부와 공동탐사 등 자원개발 협력을 강화할 필요가 있다"고 주문했다. 유엔아프리카경제위원회 조삼광 수석경제관도 "에티오피아에서 비료를 만드는 데 가장 중요한 황 성분이 들어있는 포스페이트가 다량으로 묻혀 있다는 사실이 불과 두어 달 전에 발견됐을 정도로 탐사가 안 된 지역이 대부분"이라고 설명했다.

기회요인이 많지만 리스크가 큰 것도 사실이다. 탐사조차 되지 않은 지역이 대부분이기 때문에 상당 규모의 초기 탐사비용과 함께 시간이 많이 소요될 수밖에 없다. 까다로운 자원개발 조건도 부담이다. 카메룬 정부는 통상 3년의 탐사 기간을 부여한 뒤 광물을 발견하지 못할 경우 1년의 유예기간을 준 뒤 탐사권을 회수해 간다. 4년 안에 성과를 내지 못하면 탐사 비용을 고스란히 날릴 수밖에 없다. 개발에 성공해도 개발이익의 38.5%는 법인세로 카메룬 정부에 납부해야 한다.

아프리카 국가들이 처한 상황도 사전에 파악해야 한다. CNK마이닝이 모빌롱 광산에서 생산한 다이아몬드를 당장 국내에서 보기는 힘들다. 카메룬 정부가 킴벌리 프로세스 인증체계(KPCS)에 가입하지 못한 상태이기 때문이다. KPCS는 분쟁지역 무기 구입 자금원이 되는 소위 '블러드 다이아몬드' 유통을 막기 위한 국제 협의체다.

KPCS 미가입국의 경우, 다이아몬드 유통이 제한된다. 다이아몬드를 생산하더라도 원석을 국내로 들여올 수 없는 이유다.

차세대 에너지원

전 세계가 아프리카로 달려가는 가장 큰 이유 중 하나는 풍부한 자원 때문이다. 아프리카는 전 세계 확인매장량의 약 9.5%에 달하는 1,143억 배럴의 석유를 보유하고 있는 것으로 추산되고 있다. 중동(61.9%) 및 유라시아(11.7%) 지역에 비해 작은 규모지만 석유 추가 발굴가능성이 매우 높은 지역으로 석유부존량 잠재력 면에서는 세계 최고다. 실제로 지난 5년간 신규 확인된 원유 매장량의 1/3이 아프리카에서 발견돼 중동과 중남미 지역을 대체할 새로운 에너지 공급처로 그 전략적 가치를 높이고 있다.

주요 산유국은 약 391억 배럴의 석유를 보유하며 역내 1위 매장량을 기록하고 있는 리비아를 비롯하여 나이지리아(353억 배럴), 알제리(118억 배럴), 앙골라(88억 배럴) 등 20여 개국에 달한다.

천연가스는 전 세계 확인매장량의 약 8%에 달하는 14조 ㎥를 보유하고 있다. 이는 약 88년간 지금의 생산량을 유지할 수 있는 수준이다. 아프리카 최대 천연가스 부국인 나이지리아 정부는 자국 천연가스 매장량이 2010년 기준 약 4배에 달하는 20조 ㎥에 달할 수 있다고 발표한 바 있다. 이 경우 나이지리아는 러시아, 이란, 카타르 등에 이

지역별 원유 생산량 비중 (단위: %)

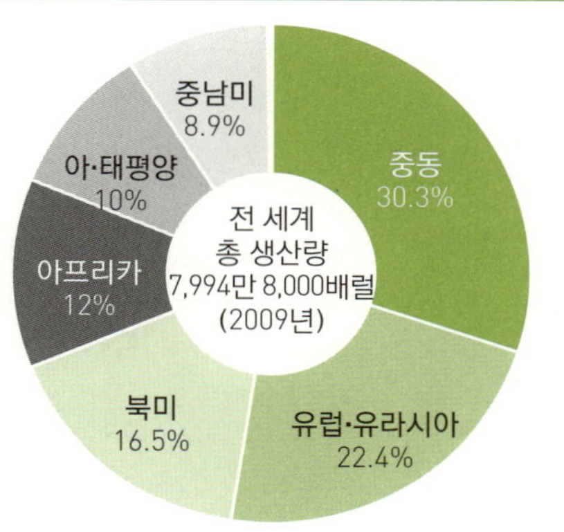

자료: 한-아 경협 활성화 전략(지식경제부), 2011년 2월

생산량 증가 추이 (단위: 백만 b/d)

권역	1999년	2009년	증감
아프리카	7.5	9.7	27.9%
유라시아	14.4	17.7	22.2%
중동	22.3	24.3	9.1%
아·태	7.5	8.0	6.3%
중남미	6.6	6.7	0.9%
북미	13.6	13.3	-2.1%

자료: 한-아 경협 활성화 전략(지식경제부), 2011년 2월

어 세계 4위 천연가스 대국이 된다. 또 알제리는 세계 제2위 천연가스 수출국으로 가스 대부분을 유럽과 미국으로 수출하고 있다. 이처럼 유가의 고공행진과 중동 정정불안으로 수급 불안정이 지속되는 상황에서 아프리카는 중동을 대체할 새로운 에너지원으로 주목받고 있다.

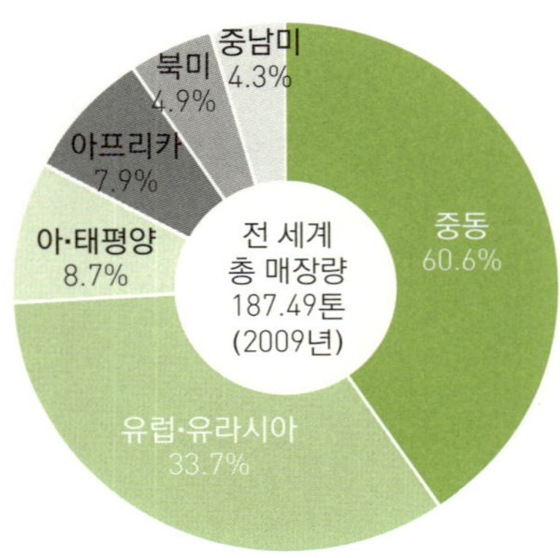

자료: 한-아 경협 활성화 전략(지식경제부), 2011년 2월

매장량 증가 추이

(단위: 백만 b/d)

권역	1999년	2009년	증감
중동	54.74	76.18	39.1%
아·태	12.07	16.24	34.5%
아프리카	11.44	14.76	29.0%
북미	7.32	9.16	20.1%
중남미	6.81	8.06	18.3%
유라시아	56.17	63.09	12.3%

자료: 한-아 경협 활성화 전략(지식경제부), 2011년 2월

아프리카는 기술, 자금, 사업관리, 인프라 등 신규 유전 탐사 기술이 부족해 외국 석유회사와 합작을 통해 석유자원을 개발하고 있다. 이에 따라 생산물 분배방식 면에서 외국 석유회사에게 우호적인 개발방법을 채택하고 있다. 오일메이저들이 아프리카를 전략적 진출 지역으로 분류하고 있는 이유다. 최근 오일메이저뿐 아니라 중국 등 아시아 국영 석유회사들도 서아프리카 국가의 기반시설을 지원하

는 대신 석유개발기회를 획득하는 사례가 증가하고 있다. 특히 중국의 경우 앙골라에만 40억 달러를 투자, 앙골라 원유 수출의 40%를 중국으로 들여오고 있다.

광물자원 엘도라도

광물자원도 풍부하다. 크롬의 74%, 코발트 52%, 망간 29% 등 세계 광물 자원의 3분의 1이 묻혀 있다. 게다가 아직 탐사의 손길이 닿지 않은 곳이 많아 개발 잠재력이 크다. 희귀금속과 여타 광물의 매장량과 생산량이 세계적인 규모를 자랑하고 있어 강대국들 간에 이들 희귀자원을 확보하려는 경쟁이 치열히 전개되고 있는 실정이다.

아프리카에서도 자원의 메카는 남아프리카공화국이다. 2009년 기준으로 남아공은 전 세계적으로 금, 크롬, 형석(매장량 1위), 망간, 지르코늄, 금홍석(매장량 2위), 인광석(매장량 3위) 등의 자원을 확보하고 있다. 특히 페로크롬은 전 세계 생산량의 75%를 차지한다. 이웃 국가인 짐바브웨와 합치면 전 세계 크롬의 90%가 이 지역에 묻혀 있다.

잠재력으로 따지면 DR콩고가 첫 손가락에 꼽힌다. 50여 종류의 광물이 매장돼 있지만 개발 중인 것은 동과 아연, 우라늄, 코발트 등 7종에 불과하다. 코발트는 매장량이 340만 톤, 세계 점유율 48.9%로 1위다. 2009년 세계 코발트 생산분의 45%가 DR콩고에서 나왔다. 원유부문에서는 나이지리아(매장량 362억 배럴)와 앙골라(매장량

131억 배럴)가 아프리카를 이끌고 있다. 매장량은 나이지리아가 많지만, 앙골라는 2009년 하루 평균 182만 배럴을 생산, 아프리카 최대 원유 생산국으로 올라섰다. 나이지리아에는 원유 외 희소금속도 풍부해 탄탈룸과 니오븀 매장량이 세계 3위 자리를 지키고 있다. 잠비아는 아프리카 최대 구리 생산국으로 매장량만 1,900만 톤으로 전 세계 매장량 10위를 기록하고 있다. 기니에는 전 세계 보크사이트의 27.4%인 74억 톤이 매장돼 있다. 세계 1위다. 가봉에는 세계에서 다섯 번째로 많은 망간이 묻혀 있다. 100년 이상 채굴 가능한 규모다.

짐바브웨는 잠재매장량 기준으로 세슘 세계 2위, 크롬 3위, 리튬 7위, 그리고 니켈은 16위의 부존량을 보유하고 있다. 오재학 짐바브웨 대사는 "짐바브웨 자원은 아직 서구기업들이 넘보지 못한 미개발상태"라며 "한국기업들이 관심을 가져볼 만한 아이템"이라고 강

아프리카 주요 광물 부존국 및 생산국

광종	주요 매장국	주요 생산국
유연탄	남아공(세계 6위), 모잠비크, 짐바브웨, 보츠와나, 잠비아, 말라위, 탄자니아	남아공(세계 6위), 짐바브웨, 모잠비크, 보츠와나, 잠비아 등
우라늄	남아공(세계 4위), 니제르(세계 9위), 나미비아(8위), 말라위, 잠비아 등	남아공, 니제르(5위), 나미비아(6위)
철광	남아공(세계 13위), 모리타니, 코트디부아르	남아공(세계 8위), 모리타니
동	잠비아(세계 10위), DR콩고, 남아공 등	잠비아(세계 9위), 남아공, 모리타니, 보츠와나, 나미비아, 탄자니아 등
아연	남아공(세계 10위)	나미비아(세계 12위), 모로코, 남아공, DR콩고
니켈	남아공(세계 7위), 보츠와나, 짐바브웨	남아공(세계 11위), 보츠와나, 짐바브웨

자료: World Metal Statistics(동, 아연, 니켈), USGS Mineral Information(철광석), OECD Uranium 2007(우라늄), BP statistical review full report 2009(유연탄)

아프리카 주요 광물 부존량 점유율

광종	세계	아프리카	아프리카 점유율	주요 매장국
유연탄 (백만 톤)	84만 7,488	5만 991	6.0%	남아공(세계 6위), 모잠비크, 짐바브웨, 보츠와나, 잠비아, 말라위, 탄자니아
우라늄 (톤U, 천 톤)	3,338	760	22.8%	남아공(세계 4위), 니제르(9위), 나미비아(8위), 말라위, 잠비아 등
철광 (백만 톤)	7만 3,000	1,050	1.4%	남아공(세계13위), 모리타니, 코트디부아르
동 (천 톤)	48만 7,000	2만 4,000	4.9%	잠비아(세계 10위), DR콩고, 남아공 등
아연 (천 톤)	18만	5,000	2.8%	남아공(세계 10위)
니켈 (천 톤)	6만 7,000	6,155	9.2%	남아공(세계 7위), 보츠와나, 짐바브웨

자료: World Metal Statistics(동, 아연, 니켈), USGS Mineral Information(철광석), OECD Uranium 2007(우라늄), BP statistical review full report 2009(유연탄)

아프리카 주요 광물 생산량 점유율

광종	세계	아프리카	아프리카 점유율	주요 생산국
유연탄 (백만 톤)	6,396	273	4.2%	남아공(세계 6위), 짐바브웨, 모잠비크, 보츠와나, 잠비아 등
우라늄 (톤U, 천 톤)	4만 555	6,257	15.4%	남아공, 니제르(5위), 나미비아(6위)
철광 (백만 톤)	2,200	52	2.4%	남아공(세계 8위), 모리타니
동 (천 톤)	1만 5,594	1,059	6.8%	잠비아(세계 9위), 남아공, 모리타니, 보츠와나, 나미비아, 탄자니아 등
아연 (천 톤)	3,893	107	2.7%	나미비아(세계 12위), 모로코, 남아공, DR콩고
니켈 (천 톤)	1,532	60	3.9%	남아공(세계 11위), 보츠와나, 짐바브웨

자료: World Metal Statistics(동, 아연, 니켈), USGS Mineral Information(철광석), OECD Uranium 2007(우라늄), BP statistical review full report 2009(유연탄)

조했다.

인프라 투자 기회도 무궁무진

적도기니 수도 말라보 시내엔 흙먼지가 끊이질 않는다. 말라보 전체가 공사판이 됐기 때문이다. 눈에 띄는 고층빌딩은 모두 최근 들어 신축 중인 건물들이다. 시내에서 외곽으로 빠지는 고속도로 양쪽으로 한국 아파트와 같은 공동주택들이 끝도 없이 늘어서 있다. 자피로(Zapiro) 유전 발견으로 부를 축적, 개발시대의 막을 올린 지난 1995년 이후 적도기니는 자원개발과 함께 공항, 항만, 도로, 전력, 주택 등 인프라 구축에 돈을 쏟아붓고 있다. 원유개발사업은 엑손모빌, 헤스 등 미국 정유업체들이 선점했다. 인프라 개발사업엔 20여 개국 100여 개 업체가 뛰어들어 공사 수주에 혈안이다.

2011년 1월에 찾은 케냐 나이로비 시내와 외곽을 잇는 케냐 최초의 고속도로 '티카(Thika)' 건설현장도 공사가 한창이었다. 거리는 먼지로 가득 찼고, 차창 밖으로 인부와 육중한 건설기계들의 모습이 보였다. 티카 프로젝트는 정부가 신국가개조사업의 일환으로 시작한 인프라 공사다. 건설감독관인 뭄빌라 슈추 씨는 "케냐 전체는 거대한 공사장"이라며 "정치가 안정되면서 도로, 주택 등 인프라 공사가 한창이다"고 전했다.

동부 아프리카의 허브를 꿈꾸고 있는 케냐는 포화상태에 도달한 케냐 최대항 뭄바사항 북쪽으로 대체항구를 개발하는 33억 달러짜리 프로젝트도 진행 중이다. 이외에도 철도청에서 추진하는 대규모 철도 공사 프로젝트 등 개발 사업이 줄지어 기다리고 있다. 부동산시장도 활황이다. 최근 정치가 안정되면서 정부가 건설부양정책을 펴고 있기 때문이다. 소말리아, 수단 등 주변국가에서 들어온 자금까지 부동산시장으로 유입되면서 나이로비 부동산시장을 달구고 있다. 유성연 케냐 나이로비 KOTRA 부관장은 "최근 2~3년간 나이로비 부동산 값이 2배 가까이 뛰어올랐다"며 "부동산 경기가 살아나면서 주택·빌딩공사도 늘고 있다"고 설명했다.

아프리카의 대국 에티오피아도 마찬가지다. 에티오피아 수도 아디스아바바의 최대 번화가인 볼레(Bole) 거리와 유엔아프리카경제위원회(UNECA) 본부가 있는 카산체스(Casanches) 근방에만 최근 1년 새에 30여 채의 빌딩이 들어섰다. 조삼광 UNECA 수석경제관은 "도시 중심가에서 바라보면 어디에서나 대형 크레인을 볼 수 있을 정도로 중심가를 중심으로 수백 채의 빌딩이 건설 중"이라며 "빌딩이 늘면서 기본적인 사회 인프라 수요도 덩달아 늘어나고 있다"고 설명했다.

이처럼 아프리카 전체가 공사판일 정도로 건설·인프라 개발사업이 줄을 잇고 있지만 아직 한국기업들의 참여는 손으로 꼽을 정도다. 큰 기업 중에서는 최근 현대엔지니어링이 적도기니의 몽고모, 에비베인, 에비나용 등 세 지역에서 상하수도 인프라 공사를 최근 마무리했다. '아쿠아=현대'란 등식을 알릴 만큼 물 부족 국가인 적도기니 수처리사업을 선점했지만 도전이 만만치 않다. 최근 한 중국

업체가 상수도 공사를 수주한 데 이어 독일 업체는 적도기니 정부에 26개 도시의 상하수도 설계를 도맡겠다며 제안해 놓은 상태다. 특히 중국은 막강한 원조를 바탕으로 이미 이 지역 터줏대감 노릇을 하고 있다. 스페인 식민지였던 터라 스페인어 간판을 제외하면 시내에서 가장 많이 볼 수 있는 외래어는 영어와 중국어뿐이다. 또 경남기업이 에티오피아에서 아디스아바바 공항 활주로 외 아디스아바바 시내와 외곽지역 도로공사를 진행 중이다.

이외에 큰 기업은 거의 없고 중소기업 중에서는 태주종합철강이 2011년 8월부터 DR콩고 수도 킨샤사 북동쪽으로 30km 떨어진 렘바임부(Lemba Imbu)구 지역에서 정수장과 상수도 공사에 나선다. 이 지역을 가로지르는 은질리강(Njili)을 취수원으로 하루 20만 톤을 취수, 킴반세케, 키센수, 마세케, 은질리 4개 지역의 킨샤사 일대 190만 명의 주민들에게 수돗물을 공급할 계획이다.

한국의 상수도 공사인 레지데조(Regideso)의 로버트 다우 사파리치얀 식수담당 책임자는 "정수장이 들어서는 주변 지역 주민들은 그동안 우물을 파서 식수로 사용했지만 제대로 된 정수시설이 없어 질병에 걸리는 경우가 많았다"며 "정수장·상수도공사가 완공되면 1,000만 명에 달하는 킨샤사 주민의 5분의 1이 혜택을 받게 되고 질병 문제도 사라질 것"으로 기대했다. 태주종합철강 설철희 지사장은 "태주종합철강이 콩고에서 하는 댐 건설 등 18억 달러 규모로 렘바임부 정수장은 첫 번째 사업일 뿐 앞으로 20년간 단계적으로 콩고 전 지역에서 정수장·상수도 인프라를 깔 계획"이라고 밝혔다.

이들 기업들을 제외하면 아프리카에 진출, 대규모 인프라 사업을 진행 중인 한국기업들을 찾아보기 힘들다.

이강석 케냐 그랜드그룹 인터내셔날 회장은 "케냐에서 철도 등 인프라 사업이 잇따라 발표되고 있지만 이에 참여하려는 한국기업들을 찾아보기 힘들다"며 "아프리카는 제2의 중동시장으로 건설·인프라분야에서 한국기업이 노려 볼 만한 시장"이라고 강조했다.

한국기업, 인프라 프로젝트 진출 왜 부진할까

아프리카 인프라 개발 프로젝트가 봇물 터지듯 쏟아지고 있다. 그러나 한국기업들의 참여는 많지 않다. 그 배경에는 공사를 발주하는 아프리카 정부의 빈약한 재정사정이 자리 잡고 있다.

인프라를 구축해줘 봤자 공사대금을 현금으로 받기 힘든 상황에서 쉽사리 인프라 투자에 나서기는 힘들다. 도로, 철도, 항만, 발전소 등을 건설해주면 아프리카 정부가 광산 개발권을 주는 패키지 딜이 인프라 개발의 대부분을 차지하는 것도 이 때문이다. 광산을 개발, 공사 비용을 뽑으라는 얘기다. 수익성 있는 광산을 잡으면 대박을 낼 수도 있다.

태주종합철강이 DR콩고에서 정수장·상수도 댐을 건설하는 대가로 받은 것도 바로 무소시에 위치한 구리광산 개발권이다. 그러나 여기에도 문제가 있다. 돈이 들어오는 시차 때문이다. 정수장·상수도 건설기간은 3년 정도다. 그러나 구리광산 개발에 따른 수익은

5~10년 뒤에나 확보할 수 있다. 결국 인프라를 구축하는 3년간 공사 대금을 차입하는 파이낸싱이 이뤄져야 한다. 자원·인프라 사업을 연계하는 패키지 딜이 말처럼 쉽지 않은 이유다.

김성철 콩고민주공화국(DR콩고) 대사는 "인프라 건설을 위한 파이낸싱을 위해 필요한 것이 자원인데 국내 업체들이 자원을 확보해 사업을 진행하려고 해도 광산개발 경험이 적어 굉장히 주저하게 된다"고 지적했다. 이와 관련, 김 대사는 광물자원공사 등 공기업의 역할을 강조한다. 김 대사는 "광물자원공사는 이미 개발이 완료된 광산에 지분 참여하는 식으로 투자한다"며 "공기업들이 투자 기회에 소극적이고 부정적인 태도로 임하고 있는 것이 현실"이라고 꼬집었다.

김 대사는 "자원분야에 전문성이 있는 광물자원공사가 DR콩고에서 태주종합철강이 확보한 광산에 지분참여 하는 것도 생각할 수 있을 것"이라며 "자원분야 관련 공기업이 상징적인 수준에서라도 지분참여를 할 경우, 파이낸싱 문제를 쉽게 풀 수 있을 것"이라고 주장했다. 김 대사는 "국내 공기업들이 수익성이 없다고 결론을 내린 광권들을 기다렸다는 듯이 해외업체들이 낚아채 가는 경우도 많다"며 "정부가 국익 차원에서 자원·인프라 사업에 공기업들이 관여하도록 적극 유도해야 할 것"이라고 덧붙였다.

또 포스코처럼 인프라 구축과 자원개발을 진행할 수 있는 건설회사(포스코 건설), 자원개발회사(대우인터내셔널) 등을 계열사로 보유하고 있는 국내 대기업들이 아프리카 인프라·자원 연계사업에 더

욱 적극적으로 참여해야 한다고 김 대사는 강조했다. 김 대사는 "아
프리카에서 모든 리스크 요소가 사라지고 안전한 투자 지역이 되었
을 때는 우리 기업들이 비집고 들어갈 수 있는 여지가 없을 것"이라
고 경고한다.

리스크 애퍼타이트를 키워라

아프리카 광물자원은 방대하지만 아직 한국기업들의 자원개발
은 걸음마단계다. 2011년 아프리카에서 한국기업들이 참여하고 있
는 몇 개 안 되는 자원개발 사업은 모두 매장량이 확인돼 개발에 들
어간 광산의 지분을 매입한 것들이다. 남아공 광물자원회사 테라
코타 리소시스(Terracotta Resources)의 마슈두 라마노(Mashudu
Ramano) 회장은 "현대차나 삼성, LG 등 한국 소비재 업체들은 아
프리카에서 공격적으로 사업을 전개하고 있지만 한국기업들의 광
물자원 개발은 찾아보기 힘들다"고 운을 뗐다. 라마노 회장은 "한국
기업들이 크롬, 망간 등 광물자원에 관심은 많지만 이미 탐색단계가
마무리되고 생산에 들어간, 그래서 리스크가 제거된 사업에만 참여
하려고 한다"고 꼬집었다. 값비싼 프리미엄을 지불하더라도 위험이
제거된 사업에만 참여하려 한다는 얘기다.

이와 관련, 라마노 회장은 "광물자원시장에서 메이저 플레이어
가 되고 더 큰 수익을 얻으려면 어느 정도 위험을 부담, 탐사단계부
터 뛰어들려고 노력해야 한다"고 주문했다. 또 라마노 회장은 "광물

자원을 안정적으로 확보하려면 장기적으로 한국기업들이 리스크를 받아들이는 리스크 애퍼타이트(Risk Appetite)를 키우는 한편, 자원 보유국과 상호 이익을 볼 수 있는 상황을 만들어야 한다"고 강조했다. 아프리카 대륙에서 광물자원 개발하는 데 그치지 말고 광물을 부가가치가 있는 제품으로 만들기 위한 제련소 등 다운스트림(Downstream) 비즈니스도 구축, 자원보유국과 상생하는 시스템을 만들어야 한다는 조언이다.

스탠더드차터드은행(SCB) 남아공 법인 사이먼 우드워드 이사는 "아프리카는 방대한 자원을 확보하고 있어 잠재력이 큰 시장"이라며 "광물자원을 개발할 때 믿을 수 있는 현지 업체와 공동으로 시장에 뛰어드는 한편 장기적 시각을 가지고 사업을 영위해야 한다"고 밝혔다.

코트라 요하네스버그 무역관(KBC) 김병삼 관장은 "인프라 구축은 2~3년 사이에 끝나지만 자원개발을 통한 이익회수는 5년 이상 긴 기간이 필요한 경우가 대부분이어서 패키지 딜이 쉽지 않은 경우가 많다"며 "광물자원 확보가 국가적 차원 사업이기 때문에 단기수익을 추구하는 기업에게 맡겨두기보다는 공기업들이 주도하는 것이 필요하다"고 설명했다.

생산기지 아프리카

"동북아시아에 비해 산업화가 늦었던 베트남 등 동남아 국가들도 급속한 산업화의 길을 걸으면서 인건비 부담이 치솟고 있다. 중국 근로자 인건비도 큰 폭으로 상승하고 있다. 저렴한 인건비를 자랑하는 아프리카는 한국의 해외 생산기지로서 아시아의 대안이 될 수 있다."

매일경제 아프리카 취재팀이 에티오피아 현지에서 인터뷰한 멜레스 제나위 에티오피아 총리의 이야기다.

중국, 베트남 등 아시아 각지에 해외 생산기지를 갖춰왔던 한국기업에 빨간불이 들어왔다. 지난 2008~2009년 미국 발 금융위기가 사그라지면서 현지 노동자의 임금이 가파르게 상승하고 있기 때문이다. 대표적인 곳이 중국이다.

중국은 지난 2000년부터 10년간 물가요인을 제외한 실질 임금 인상률이 연평균 14.6%를 기록했다. 2011년 들어 중국의 31개 성(省)·

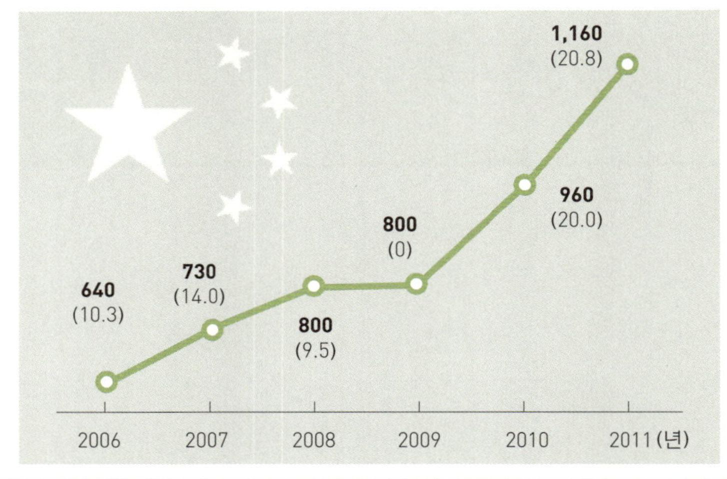

자료: 중국 베이징시 정부

시·자치구 가운데 13곳의 근로자 최저 임금이 평균 22.8% 인상됐다.

문제는 임금 상승이 일시적인 현상이 아니라 지속적으로 발생할 것이라는 점이다. 중국 정부가 2015년까지 평균 임금을 지금 수준 대비 두 배로 올린다는 목표를 세웠기 때문이다.

더 큰 문제는 장기적으로 고령화·가속화로 인해 중국의 노동인구가 급격히 줄어들 것이라는 점이다. UN에 따르면, 2010년 중국 출산율은 1.7명에 불과하다. 이에 따라 중국의 생산활동인구(16~64세)가 지난 2008년 9억 1,000만 명에서 2030년 7억 6,000만 명으로 감소될 전망이다.

중국에 진출한 한국기업이 필요한 근로자를 찾기가 더욱 어려워질 수밖에 없는 상황이 펼쳐지고 있다. 중국을 떠나 동서남아로 생산기지를 옮기는 한국기업이 늘고 있지만 그곳 사정도 그리 녹록지만은 않다. 코트라가 2011년 발표한 자료에 따르면, 필리핀, 베트남, 인도네시아 등 동서남아 9개국의 2010년 임금상승률 역시 평균 10~15%로 높은 수준을 보였기 때문이다.

아시아 대체 생산기지 아프리카

한국이 수십 년간 해외 생산기지로 의존해왔던 아시아가 이 같은 한계상황에 이르렀다면 그 대안은 무엇일까? 바로 아프리카다.

아프리카는 아시아를 대체할 생산기지로서 최적의 조건을 갖추고 있다. 앞서 언급된 생산기지로서 아시아가 가졌던 문제점들을 아프리카에 적용시켜보면 아프리카의 잠재력을 쉽게 확인할 수 있다. 아프리카는 값싼 임금, 풍부한 노동력, 잠재력 높은 내수시장, 법적 안정성, 인근 지역으로의 수출 용이성 등 매력적인 조건을 자랑하고 있다. 한국과의 물리적 거리가 크다는 단점은 있지만 전문가들은 여러 장점이 충분히 단점을 극복하고 남는다고 본다.

생산기지로서 아프리카의 최대 장점은 저렴한 인건비다. 많은 아프리카 국가들의 임금 수준은 한국이 생산기지로 주로 진출하는 중국이나 동서남아 국가보다 훨씬 낮다.

ILO와 현지언론 기사를 종합한 결과 2010년 DR콩고의 법정 연간 최저임금은 306달러에 불과했다. 이는 베트남(1,002달러)이나 인도

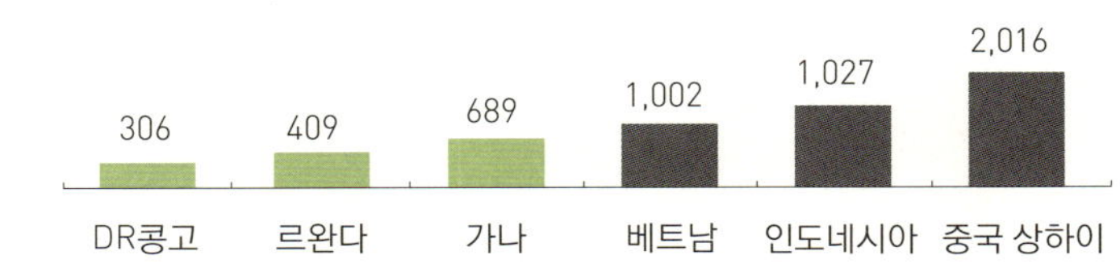

네시아(1,027달러)의 3분의 1 수준이다. 중국 상하이(2,016달러)와 비교하면 약 7분의 1 수준에 지나지 않았다. 르완다, 가나, 케냐 역시 법정 최저임금이 각각 409달러, 689달러, 830달러로 매우 낮다.

아프리카 현지에서 실제로 사업을 하는 기업인이나 정부 관계자들도 이구동성으로 낮은 임금을 아프리카의 경쟁력으로 꼽고 있다. 정해정 시에라리온 명예영사 겸 **MK INT'L** 회장은 "중국에서 근로자 임금 인상과 인플레 때문에 현지 공장을 철수하려는 우리 기업인이 있다면, 아프리카로 가라"며 "아시아보다 임금 수준이 낮고 노동력이 풍부해 도전 정신과 성실함으로 무장된 한국인이라면 성공할 것이다"고 말했다.

정 명예영사는 자신이 운영하는 아프리카 각지의 현지 지사장 월급이 2,500달러에 불과하다고 털어놓았다. 이는 중국이나 동남아 지사장 월급 수준에 비해 월등히 낮은 수준이다. 그러나 아프리카 현지에서는 최고 수준의 대우다.

이상학 주가나 대사는 "가나 경찰·군인·공무원 봉급이 한 달에 50

달러에 불과하다"며 "인건비 측면에서 상당히 경쟁력이 있다"고 강조했다.

물론 아프리카 53개국 모두 낮은 인건비를 자랑하는 것은 아니다. 남아프리카공화국처럼 주요 20개국(G20) 회원국에 속할 정도로 경제가 발전된 곳이나 석유수출국기구(OPEC) 회원국인 나이지리아와 앙골라는 상대적으로 임금 수준이 높다. 남아공의 2010년 법정 최저임금은 2,471달러로 중국 상하이(2,016달러)보다 높고 앙골라와 나이지리아 최저임금은 각각 1,844달러, 1,543달러에 달했다. 저임금을 보고 아프리카를 진출하려면 남아공처럼 어느 정도 경제발전을 이룬 곳보다는 성장 잠재력이 크고 물류를 위한 위치 및 인프라가 좋은 곳을 선택하는 것이 바람직하다. 특히 생산기지로서는 더욱 그렇다.

풍부한 생산활동인구

생산활동인구가 많아 노동력이 풍부하다는 점도 생산기지로서의 아프리카의 이점이다. 선진국은 물론 중국 등 신흥국도 고령화에 직면해있는 데 비해 아프리카는 높은 출산율을 배경으로 생산가능인구가 증가하고 있다.

아프리카 노동가능인구(16~64세)는 세계최고 수준이다. 유엔에 따르면, 2008년 현재 아프리카의 노동가능인구는 5억 명이다. 중국의 9억 1,000만 명보다는 작지만 한국의 4,000만 명보다는 월등히

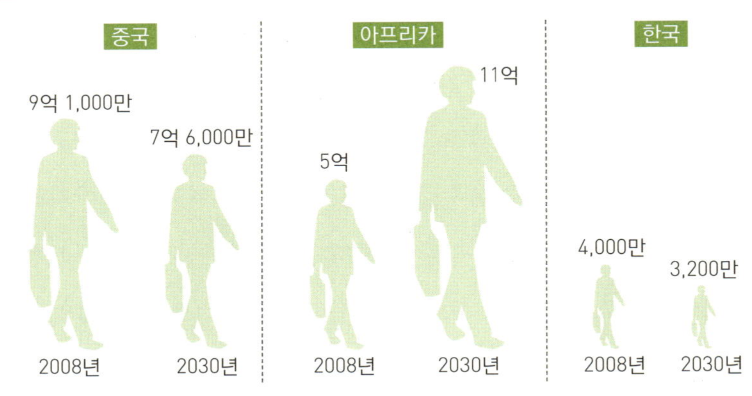

높다. 그러나 2030년이 되면 아프리카가 세계 최대 노동력을 보유
하는 대륙이 된다. 유엔은 이때가 되면 아프리카 노동가능인구가 11
억 명에 도달할 것으로 추정했다. 중국의 경우는 2030년이 되면 노
동가능인구가 오히려 줄어들어 7억 6,000만 명 수준으로 내려앉을
것으로 예상됐다. 같은 시점에 한국 노동가능인구는 3,200만 명으
로 줄어든다.

아프리카가 젊어지는 주요한 이유는 높은 출산율 덕분이다. 선진
국이나 아시아 여성들이 1인당 2명도 안 되는 아이를 출산하는 동
안, 아프리카 여성은 1인당 평균 무려 5명의 아기를 낳는다. 지구상
에서 유일하게 젊어지는 대륙이 아프리카다. 아프리카 전체 인구는
2011년 현재 10억 명에서 2050년 20억 명으로 두 배로 늘어날 예정

이다. 연령구조 면에서 아프리카는 2050년에도 여전히 젊음을 유지할 것으로 보인다. 2050년 65세 노인 인구 비율을 보면 북미는 21%, 유럽은 28%로 증가하는 반면에 아프리카 노인 인구 비율은 고작 7%에 불과할 것으로 전망됐기 때문이다.

아프리카에서는 고출산율로 인해 새로운 시장이 열리기도 한다. 대표적인 시장이 유아용품이다. 이집트처럼 출산율이 높으면서도 구매력도 높은 곳에서 유아용품 시장이 급속히 성장하고 있다. P&G는 이를 간파하고 일찍이 이집트에 진출해 2011년 1회용 기저귀 시장의 70%를 점유하고 있다. P&G는 시장점유율 유지·확대를 위해 2015년까지 1억 7,000만 달러를 들여 기저귀 공장을 준공할 계획이다.

아프리카인 근무 습관을 파악하라

아프리카에 생산기지를 두기로 마음먹었다면 아프리카인들의 근무 문화를 알아야 한다. 그들의 출퇴근 시간은 물론 법규정이 한국과 완전히 다르기 때문이다. 다음은 아프리카의 수단 사례지만 대다수 아프리카 지역에 적용되는 것으로, 아프리카에서 사업을 하려는 사람은 한 번쯤 숙고할 만한 내용이다.

우선 아프리카인들의 출근 시간은 대개 오전 8시고 퇴근 시간은 오후 3시다. 그런데 수단 국내법에 따르면 오전 9시에 반드시 아침

식사를 근로자들에게 제공해야 한다. 따라서 근로자들은 대개 오전 8시에 출근해 1시간 정도 차를 마시고 9시부터 식사를 시작해 오전 10시부터 본격적으로 일하게 된다.

퇴근시간이 오후 3시로 정해진 것도 수단 법과 관련이 있다. 근로자가 오후 3시를 초과해서 일을 하게 되면 점심 식사를 제공해야 하기 때문이다. 사측 입장에서는 점심시간을 포함해 일을 시키기보다는 점심 없이 압축적인 근무를 원한다.

또 한 가지 기억해야 할 것은 꽤 까다롭고 엄격한 근로규정이다.

아프리카는 대게 유럽 국가의 식민지 경험을 한 덕분에 근로규정이 상대적으로 발달해 있다. 근로자들의 권리 보호규정이 발달해 있다는 의미다. 근로법령을 어기면 매우 난처한 경우를 겪을 수도 있게 된다. 만일 추가 근무수당을 사업체가 지급하지 않는다면, 고발을 감수해야 한다.

아프리카 근로자의 노동생산성이 낮지 않을까라는 염려가 있는 것이 사실이다. 실제로 아프리카에서 사업을 하고 있는 한국인 사업가들의 이야기를 들어보면 아프리카인들이 천성적으로 여유롭기 때문에 한국처럼 빨리빨리 문화에 쉽게 적응하기 어렵다고 한다.

그럼 실제 아프리카인들의 노동생산성은 어떨까?

세계은행 아프리카 지역 담당 수석 이코노미스트 샨타 데바라잔은 2011년 3월 워싱턴 DC에서 카네기국제평화연구소(CEIP)가 주최한 한 국제 컨퍼런스에서 "아프리카 노동력은 상당부분 가내수공업에 종사하고 있어 규모의 경제 효과를 보기 어렵다”며 “기계로 대체할 수 있는 일에 많이 종사하고 있다”고 말했다. 즉, 지금으로서는 노동생산성이 낮다는 것이다. 이는 역으로 기계가 필요한 부분은 적극 활용해 전체적인 일의 효율성을 높이고 교육훈련을 통해 근로자의 생산성을 향상시킬 수 있다는 뜻으로도 해석할 수 있다. 아프리카 현지에서 직접 공장이나 사업체를 운영하는 한국인 기업가들도 이 점에 공감한다.

아프리카에서 건설, 제조업 등 다양한 사업을 벌이고 있는 정해정 MK인터내셔널 회장은 자신의 사업체 인력을 거의 완전히 현지인으로 채용한 것을 성공의 비법 중 하나로 꼽는다. 특히 현지 최고 관리인에 해당하는 지사장까지 현지인으로 채용해 관리하고 있다. 그의 자신감 뒤에는 철저한 교육에 따른 근로자의 생산성 증가라는 비결이 숨겨져 있다.

Chapter 02
라스트 프론티어 아프리카 선점경쟁

소비시장, 미래 성장동력, 자원의 보고, 생산기지로서 블랙 아프리카는 이처럼 매력적이다. 당연히 전 세계 주요국들이 최후의 프론티어 아프리카를 잡기 위해 앞다퉈 뛰어들고 있다.

중국은 천문학적인 원조 금액을 바탕으로 아프리카 자원 시장에서 주도권을 가져오기 위해 노력하고 있다. 이를 위해 중국은 아프리카에 상징적인 인프라를 무료로 건설해주고 그 대가로 아프리카의 자원 개발권을 가져오는 중국식 패키지 딜을 전개하고 있다. 이것은 자금력 및 기술력이 떨어져 스스로 인프라 건설을 하지 못하는 아프리카에 맞춤 전략이라고 할 수 있다. 이런 패키지 딜을 바탕으로 중국은 아프리카에서 자신들의 영향력을 확대해 나가고 있다.

미국은 중동을 대체하는 석유 시장으로 아프리카에 집중하고 있다. 2001년 9·11 테러를 겪으면서 미국은 석유 수급과 관련 중동 이외의 대체 시장을 찾아야 한다는 필요성을 절실히 느꼈고 그 대안으로 떠오른 곳이 바로 아프리카였다. 미국은 아프리카에 대규모 원조뿐만이 아니라 아프리카산 생산품에 대한 무관세·무쿼터 혜택을 주면서 아프리카를 유혹하고 있다. 또한 과거 아프리카를 식민 지배했던 유럽은 그동안 아프리카에서 유럽이 가졌던 기득권을 유지하고 날이 갈수록 커지는 중국과 미국의 영향력을 견제하기 위한 목적으로 아프리카에 집중하고 있다.

조삼광 유엔아프리카경제위원회(UNECA) 수석경제관 겸 실장은 "중국이 공격적인 광물자원 확보와 인프라스트럭처 건설 전략을 통해 아프리카에 물밀 듯이 들어오고 있다"며 "미국, 유럽 등도 자국 이익을 보호하는 한편, 아프리카에서 중국의 과도한 세력 확장을 견제하기 위해 노력하고 있다"고 설명했다.

중국의 스타디움 외교

2011년 1월 18일 오후 콩고민주공화국(DR콩고) 은질리 국제공항에서 킨샤사 시내로 들어가는 널찍한 8차선 도로의 왼쪽 4개 차로는 터 다지기 막바지 공사가 한창이었다. 도로 공사를 맡고 있는 곳은 중국기업이다.

페인트 칠이 벗겨진 도로변 가옥과 허름한 노점상을 뒤로하고 30분가량 달려 루뭄바 도로에 접어들었다. 5만 관중을 수용할 수 있는 거대한 스타디움이 시야에 들어왔다. 주변을 압도하며 불쑥 솟아 있는 이 스타디움은 중국이 돈 한 푼 받지 않고 지어준 것이다. 스타디움을 지나 왼쪽 길로 접어들자 오른편으로 웅장한 국회의사당이 보였다. 역시 중국 정부가 무상으로 건설해줬다.

중국이 공짜로 스타디움이나 국회의사당 등 상징적 건물을 지어준 곳은 DR콩고뿐만이 아니다. 카메룬·시에라리온·세네갈·니제르의 대규모 스타디움도 중국 손으로 이뤄져 '스타디움 외교'라는 말이 회자된다. 적도기니 대통령궁도 중국이 공짜로 지어줬다.

중국은 에티오피아 아디스아바바 한복판에서도 새로운 역사를 쓰고 있다. 매년 아프리카 정상들이 모여 아프리카 미래를 만들어가는 플랫폼인 아프리카연합(AU) 본부 건물과 대규모 컨벤션센터를 중국이 무상으로 건설 중이다.

50층이 넘는 AU 본관이 완성되면 에티오피아 최고층 빌딩으로 자리매김하게 된다. 공사 현장에 휘날리는 오성홍기가 아프리카에서 목소리를 키우고 있는 중국의 위상을 고스란히 보여줬다. 아프리카 국가에 상징물이 될 만한 건축물을 지어주고 환심을 사는 중국의 스타디움 외교는 중국의 전방위적인 아프리카 물량공세의 한 단면이다.

중국이 건설할 아프리카연합(AU) 본부 조감도

천문학적 물량공세

단지 건물뿐이 아니다. 지난 2007년 5월 중국 상하이에서 아프리카개발은행(AfDB) 연차 총회가 열렸다. 여기서 중국은 향후 3년간 200억 달러의 원조와 차관을 제공하기로 약속했고, 이를 그대로 이행했다. 이는 아프리카에 대한 단일 지원으로 사상 최대 규모였다. 유럽과 미국, 일본 등이 사하라 이남 아프리카 사회기반시설 구축을 위해 조성한 특별펀드(70억 달러)보다 3배가량 많은 금액이다.

대대적 투자를 바탕으로 한 중국-아프리카 교역량도 비약적으로 늘고 있다. 중국 국무원 신문판공실이 2010년 12월 발간한 《중국-아프리카 경제 무역 협력 백서》에 따르면, 2010년 1~11월 중국-아프리카 교역 규모는 1,148억 1,000만 달러로 전년 대비 43.5%나 증

중국의 대아프리카 교역·투자규모 (단위: 달러)

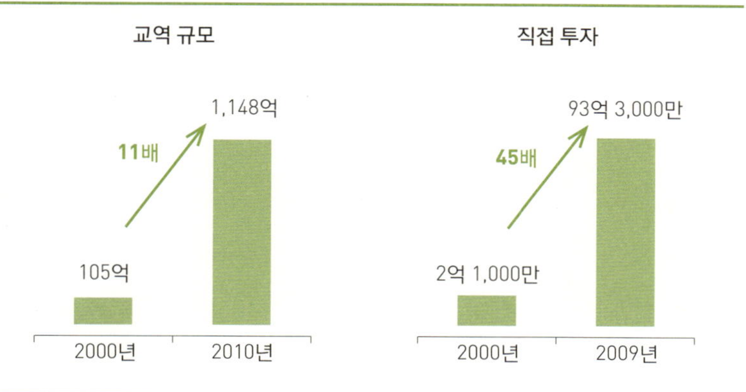

가했다. 불과 6년 전인 2004년만 해도 중국과 아프리카의 교역은 채 300억 달러가 되지 않았다. 그러나 지금 중국은 아프리카의 최대 교역 상대국이 됐다.

또 2009년 중국의 대아프리카 직접 투자액은 93억 3,000만 달러로 2003년의 4억 9,000만 달러와 비교해 20배 가까이 뛰었다. 중국 기업들의 아프리카 석유, 가스, 구리 등에 대한 투자는 2015년까지 500억 달러에 이를 것으로 남아프리카공화국의 스탠더드뱅크는 추산했다.

인적 교류와 문화적 지원도 소홀히 하지 않고 있다. 2009년까지 중국이 아프리카에 지어준 학교는 모두 107개, 여기에 3만 명의 유학생에게 장학금을 지급했다. 이 같은 대규모 지원에 힘입어 아프리카 사람들은 연간 40만 명이 중국을 찾고 있다.

아프리카는 중국의 공사판

아프리카에서 중국 파워가 거세지고 있는 것은 중국과 아프리카의 이해가 들어맞았기 때문이다. 중국의 모든 관심은 자원, 그 가운데서도 에너지 자원 확보에 초점이 맞춰져 있다. 2020년까지 총 전력 생산에 필요한 에너지의 60%를 수입해야 하는 중국에 아프리카는 최고의 파트너였던 것이다.

반대로 아프리카는 인프라스트럭처가 필요했다. 일례로 앙골라 정부는 2002년 내전 종식 후 취약한 도로, 항만, 발전 등 인프라스트럭처 건설을 위해 선진국들에게 손을 벌렸지만 서방 세계는 모두 외면했다. 대신 중국이 이 손을 잡아줬다. 이에 중국의 아프리카 교역 형태는 상당부분 석유 자원을 대가로 인프라를 건설해주는 식으로 이뤄진다. 앙골라에서는 50억 달러 원조와 철도, 주택단지, 농장 건설 등을 조건으로 석유 수출량의 30%를 확보했다. 앙골라와 유사한 협정을 체결한 수단에선 생산 석유의 60%를 중국이 가져가고 있다.

DR콩고 역시 중국과 구리 및 코발트를 제공하는 조건으로 90억

중국의 아프리카 오일 투자

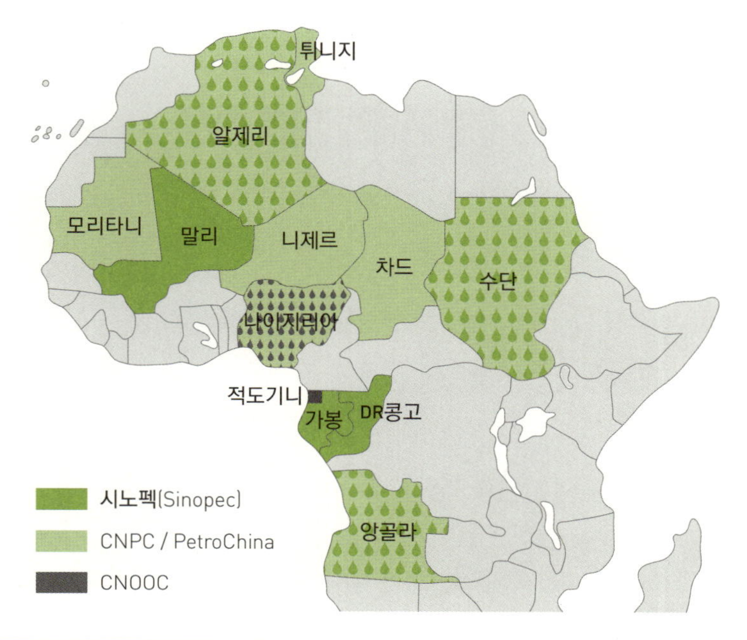

달러 규모의 계약을 맺었는데, 그 대가로 중국은 DR콩고의 광산을 개발하고 다양한 건설 프로젝트 제공을 약속했다. 중국이 공격적으로 아프리카에 진출하면서 말 그대로 아프리카는 중국판이다. 2011년 아프리카에 진출해 있는 중국인들은 주로 건설노동자들이다. 그 숫자는 160만여 명에 달한다.

중국 최대 명절인 춘제(2월 2~8일) 때는 적도기니에 취항하는 에어프랑스가 아예 베이징과 적도기니 수도 말라보를 운항하는 임시 직항노선을 개설해줬다. 적도기니 인구 중 10%가 중국인이란 말이 나올 정도로 황색 파워를 과시하고 있다. 중국인 한의사는 테오도로 오비앙 응게마 적도기니 대통령의 주치의를 맡고 있다.

실제 아프리카 각국에서 중국인들은 쉽게 만날 수 있다. 사람들의

DR콩고 중앙역 광장 도로공사 현장. 중국중철칠국집단 로고가 박힌 굴착기와 롤러가 분주히 움직이고 있다.

왕래가 잦은 DR콩고 중앙역 광장 도로공사 현장에는 중국중철칠국집단(中國中鐵七國集團)이라는 업체 명이 크게 박힌 굴착기와 도로터를 다지는 롤러가 분주히 움직이고 있다. DR콩고에 중국인들이 넘쳐나면서 중국 식당과 중국인들을 상대하는 노래방도 성황이다.

앙골라 수도 루안다 시내에서 차를 타고 1시간 만에 도착한 벰피카 지역 도로변 곳곳에서도 중국어 간판은 쉽게 눈에 띈다. 이 지역에는 중국계 건설기자재 공장들이 대거 들어서 있다. 매일경제 아프리카 특별 취재팀이 찾은 건설자재회사 블로코는 중국인이 운영하는 회사로 시멘트블록 등 각종 건축자재는 물론 정수기도 생산해 2010년 기준 매출 2,000만 달러를 올렸다. 2005년 설립된 후 매년

에티오피아 아디스아바바 아프리카연합(AU) 본관 공사현장. '중국건축'이라는 한자가 중국의 위상을 보여주고 있다.

두 자릿수 성장세를 지속하고 있다.

100여 명의 중국 근로자들이 숙식을 함께 하고 있는 블로코 공장은 작은 중국 마을이다. 중국인 근로자를 위한 숙박시설, 식당을 비롯해 중국식 노래방, 당구대 등도 갖춰져 있다. 루안다 시내에서 10여 분 벗어난 탈라토냐 고급 주택단지도 중국 중신건설이 건설 중이다.

한재영 주앙골라 대사는 "중국이 대규모 차관 제공을 통해 앙골라 경제를 장악하고 있다"며 "500여 중국 회사와 10만여 명의 중국인들이 앙골라에 들어와 있는 것으로 추정된다"고 말했다.

중국의 아프리카 정상외교

중국이 아프리카 진출에 성공한 것은 하루아침에 이뤄진 것이 아니다. 중국은 1950년대 말부터 국립아프리카연구소를 베이징대학에 설립했다. 1960년대부터는 아프리카에 철도 부설 등 경제적 지원을 아끼지 않았다. 또 중국은 아프리카 지역과의 관계 강화를 위해 2010년 53개 아프리카 국가 중 49개국과 수교를 맺었고, 47개 국가에 대사관을 설치했다.

무엇보다 중요한 것은 정상 외교가 이 모든 것을 뒷받침하고 있다는 것이다. 2003년 중국의 현 지도부가 탄생한 이후 후진타오 주석과 원자바오 총리는 번갈아가며 아프리카를 12번이나 방문했다.

3년마다 열리는 중국-아프리카 포럼(FOCAC)에 참석하는 아프리

FOCAC의 주요 내용

	참석국가	주요 내용
1차 (2000년) 중국, 베이징	44개국 4개국 정상 장관급 80여 명	• 'FOCAC 베이징 선언(中非合作论坛北京宣言)' 발표 • '중국-아프리카 경제 및 사회발전 협력 강령(中非经济和社会发展合作纲领)' 발표 • 아프리카 최빈국에 100억 위안 상당 채무감면 약속 • '아프리카 인력자원개발기금(非洲人力资源开发资金)' 조성
2차 (2003년) 에티오피아, 아디스아바바	44개국 6개국 정상 장관급 70여 명	• 'FOCAC-아디스아바바 행동계획(2004~2006년)' 발표 • 인력개발-향후 3년간 아프리카 1만 명 교육 • 아프리카 최빈국가들에 중국 수출 시 관세면제혜택 약속 • 에티오피아, 케냐, 탄자니아 등 8개국에 대한 중국인의 해외관광 허용
3차 (2006년) 중국, 베이징	42개국 정상과 행정수반 참여 (총 48개국)	• 'FOCAC 베이징 정상회담 선언(北京峰会宣言)' 발표 • 'FOCAC-베이징 행동계획(2007~2009년)' 발표 • 2009년까지 아프리카에 대한 원조를 2006년의 2배 수준을 확대할 것을 약속 • 향후 3년간 아프리카 국가에 대해 30억 달러의 양허성차관, 20억 달러의 수출신용을 제공할 것을 약속 • 중국기업의 대아프리카 투자 활성화를 위해 '중국-아프리카 발전기금(中非发展资金)'을 수립, 펀드 규모는 50억 달러까지 확충할 것을 약속 • 중국과 외교관계를 수립한 아프리카 최빈국에 대해 2005년 만기인 채무를 전액 면제 • 30개 아프리카 국가에 대해 추가적으로 중국 수출 시 무관세 혜택을 부여 ; 대상 품목도 190개에서 440개로 확대 • 향후 3년간 아프리카 지역에 3~5개의 경제무역합작구(经济贸易合作区) 설립 • 향후 3년간 아프리카 1만 5,000명의 인재 육성, 100여 명의 고급 농업기술 전문가 파견, 10개 농업기술시범센터 설립: 100여 개 학교 건축, 2009년까지 아프리카 장학생은 매년 2,000명에서 4,000명으로 확대 • 30개의 병원을 설립하고 3억 위안의 의료원조 실시: 중국 청년자원봉사자 300명 파견
4차 (2009년) 이집트, 샤름엘세이크	49개국 정상과 행정수반 참가	• 아프리카의 인프라 및 사회프로그램 개발을 위해 향후 3년간 100억 달러 양허성차관 제공 약속 • 아프리카 최빈국에 대한 추가적 채무탕감 • 태양열 발전 등 청정에너지 프로젝트 100여 개 추진 및 기후변화 공동 대처 • 아프리카 중소기업들에게 10억 달러의 특별융자를 실시 • 기존 설립한 30여 개 병원에 대해 추가적으로 5억 위안의 의료장비 제공 • 아프리카 현지 의사 및 간호사 3,000명 양성 • 아프리카 과학자들의 중국연수 등 과학기술 합작강화 • 중국의 농업기술팀 파견 등 농업교류 확대 • 8대 협력분야-기후변화, 과학기술, 금융 파이낸싱, 시장개방, 농업, 의료, 교육, 문화 및 인적 교류

* 주: FOCAC에서는 Africa Union이나 NEPAD와 같은 다자기구의 역할이 상대적으로 작으며, 양자 간 경제협력이 주를 이룸.
NEPAD는 2006년 3번째 FOCAC에 처음 참석.

자료: FOCAC 공식 홈페이지(www.focac.org)

카 정상의 숫자도 꾸준히 늘고 있다. 2000년 첫 포럼 당시 4명이었던 아프리카 정상 참석자는 2003년에는 6명, 2006년 42명, 2009년에는 49명에 달했다.

FOCAC의 성과도 눈부시다. 2009년 합의한 사항만 봐도, 3년간 100억 달러 양허성 차관 제공, 최빈국에 대한 추가 채무 탕감, 아프리카 중소기업에 10억 달러 특별 융자 실시, 30여 개 병원에 5억 위안의 의료장비 제공, 현지 의사 및 간호사 3,000명 양성, 아프리카 과학자들의 중국 연수 등 사회·문화·경제 전 분야에 걸쳐 획기적으로 협력을 확대했다.

02

미국의 에너지 안보 외교

오랫동안 미국은 아프리카에 대해 '선의의 무관심(Benign Neglect)' 으로 일관했다. 아프리카는 미국의 세계 전략 밖에 있었던 것이다. 이에 따라 미국은 아프리카 어느 국가와도 군사 동맹을 맺지 않았 다. 그나마 냉전 시대에는 공산주의 봉쇄와 소련 영향력 확대를 방 지하기 위해 인도주의적 지원에 선택적 관심을 보였다. 하지만 냉전 종식 이후에는 아프리카와 더욱 거리를 뒀다.

미국의 대아프리카 외교에 전략적 요소가 추가된 것은 빌 클린턴 대통령의 두 번째 임기 중이다. 세계화가 본격적으로 진행되면서 아 프리카 수출 시장을 두고 다른 선진국과 경쟁하게 된 클린턴 행정부 는 아프리카 외교에서 시장 개방을 매우 중요하게 다뤘다.

아프리카 중동대체 에너지원 부상

1998년 클린턴 대통령은, 미국 대통령으로서는 최초로 아프리카 6개국(보츠와나, 가나, 르완다, 남아프리카공화국, 세네갈, 우간다)을 방문했다. 이어 2000년에는 아프리카 39개국과 무역 촉진을 위한 AGOA(African Growth and Opportunity Act)를 도입했다. 그러나 이때까지만 해도 미국은 그렇게 전략적이지 않았다. 1998년 케냐와 탄자니아 미국 대사관이 테러 공격을 받았음에도, 미국은 아프리카의 장기적 문제를 다룰 깊이 있는 정책 틀을 갖추지 못했다.

획기적인 전략 변화는 후임인 조지 W. 부시 정부가 들어서며 이뤄졌다. 원유 소비의 60% 이상을 해외에 의존하고 있는 미국은 2001년 9·11 사태를 겪으면서 중동 정세 변화에 따른 석유 수급 불안정을 상쇄할 수 있는 대안으로 아프리카에 주목했다. 국가 에너지안보 차원에서 아프리카에 접근한 것이다.

특히 미국의 주요 석유 매장지는 2020년이면 고갈될 전망이고, 알래스카 지역 신규 매장지는 환경단체의 강한 반발로 제대로 개발되지 못하고 있는 실정이다. 게다가 미국의 주요 석유 수입 지역인 캐나다, 멕시코, 북해 지역 내 유전도 고갈이 임박했다는 보고가 잇따르는 상황이었다.

이에 부시 대통령은 발빠르게 아프리카에 대한 '부성애적인 접근(Paternalism)'의 시대는 끝났다며, 아프리카가 동등한 협력자임을 선언했다. 또 2003년(세네갈, 남아공, 보츠와나, 우간다, 나이지라

아)과 2008년(베넹, 탄자니아, 르완다, 가나, 라이베리아) 두 번 아프리카를 방문하는 열의를 보였다. 2004년 41억 달러 수준이던 원조 역시 임기 마지막 해이던 2008년에는 72억 달러까지 늘렸다. 이는 버락 오바마 대통령에도 이어졌다. 오바마 대통령은 취임 후 가장 먼저 아프리카를 찾았고, 세계적 금융위기 속에서도 원조를 76억 7,200만 달러까지 늘렸다.

경제적인 면에서 미국은 자국 시장에서 인정받는 질 높은 저유황(Low-sulphur)유를 생산하는 서아프리카 기니만 지역 국가를 에너지 안보의 핵심 지역으로 봤다. 이 지역에서 생산되는 석유는 유황성분 비율이 낮아 공정이 쉽고 생산비도 낮을 뿐만 아니라, 중동 지역보다 운송비도 적게 든다는 이점을 갖고 있다. 이에 따라 아프리카산 석유수입량을 꾸준히 늘린 결과, 2005년부터 미국의 아프리카산 석유수입량이 중동산을 추월했다. 미국의 총석유수입량 중 아프

미국의 아프리카 및 중동 석유의존도 비교 (단위: 물량기준, %)

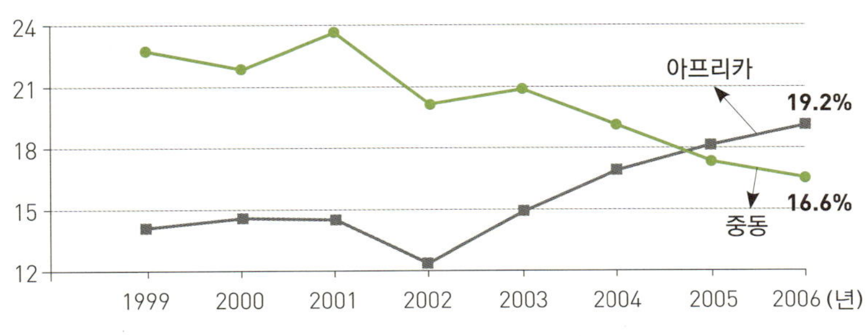

자료: Energy Information Administration(www.eia.doe.gov)

미국과 중국의 아프리카 석유 개발 특징 비교

중국	구분	미국
32%(2006년) → 45%(2025년)	도입비중(물량 기준)	19%(2006년) → 25%(2015년)
수단, 앙골라, 콩고	3대 수입국	나이지리아, 앙골라, 알제리
- 원조 공여 통한 개발권 확보 - 산유국에 대한 외교력 강화 (정상 방문 등) - 국제적 지위 활용 - 국영 기업의 저가 입찰	주요 특징	- 중국의 아프리카시장 침투에 대한 대응 - 기니만 중점 개발 - 새로운 접근 전략[에너지 포럼, 미군 아프리카사령부 (AFRICOM)]

리카산 비중은 2006년 19%에서 2015년 25%로 증가할 전망이다.

중국 영향력 확대 견제

미국 국가안보 전략은 지구적으로 또는 아프리카와 같은 특정 지역에서 미국 세력에 도전할 수 없도록 경쟁 세력의 전략을 무력화하는 데 목표를 두고 있다. 그런데 미국은 아프리카 전략 부재와 경제제재 등의 강경책으로 아프리카 지역에서 영향력을 잃어온 반면, 중국은 기존 우호관계를 바탕으로 정치적 관계를 넘어 경제적 협력을 강화해 아프리카 에너지와 광물 자원을 싹쓸이하고 있었다. 이에 2005년 미국 외교협회는 아프리카 전략보고서를 통해 미국이 중국의 급속한 영향력 확대로 아프리카에서 중요한 도전에 직면해 있음을 직시하고 새로운 아프리카 접근 전략의 필요성을 제기했다.

이런 바탕 위에서 부시 대통령은 후진타오 중국 주석의 아프리카 순방 직후인 2007년 2월 6일 아프리카 연합 군사령부인 '미군 아프

리카사령부(AFRICOM)’ 창설 계획을 발표했다. 표면적으로 직접
적 창설 배경은 ‘테러와의 전쟁’을 거론했지만, 실제적으로는 중국
의 대아프리카 영향력 강화를 차단하고, 아프리카 석유 에너지 안보
에 대한 통제권을 확보하겠다는 숨은 의도가 강했다.

EU의 아프리카 기득권 유지 전략

유럽연합(EU) 국가들은 식민 역사를 통해 아프리카 국가들과 오랜 외교 전통을 갖고 있다. 아프리카 국가들이 독립한 이후에도 유럽은 언어와 문화, 경제적 연대를 통해 아프리카에 영향권을 형성하고 있었다. 또 개발원조와 특혜무역협정 등에서도 다른 개발도상국보다 아프리카 국가를 우선했다.

아프리카를 텃밭으로 알았던 EU에 위기감이 닥친 것은 2000년대 들어서다. 9·11 테러로 EU 역시 중동을 대체할 에너지 공급원이 필요해졌고, 급속히 커지는 중국의 대아프리카 영향력은 실제적인 위협이 됐다. EU가 아프리카에 부여한 특혜무역협정은 WTO의 자유무역원칙에 부합하는 새로운 경제협력협정으로 수정해야 할 필요성이 커져갔다.

EU는 아프리카와의 관계 재조정에서 공적개발원조(ODA)를 적극적으로 활용한다. 2005년 12월 'EU 아프리카 전략'에서 OECD 개발

원조위원회(DAC, Development Assistance Committee) ODA 목표액을 달성하고, 그중 30% 이상을 아프리카 국가들에게 제공할 것을 약속했다. 원조 규모도 2003년 170억 유로에서 2010년 250억 유로로 대폭 확대했다.

내용적으로 봤을 때 2007~2009년 아프리카 원조 규모가 가장 큰 10개국 중 유럽 국가는 프랑스와 영국, 독일, 네덜란드, 스페인, 스웨덴, 노르웨이 등 7개국이었다. 전체 원조에서 아프리카 원조가 차지하는 비율이 50%를 넘는 국가는 1위 아일랜드(81%)부터 10위 스웨덴(53%)까지 모두 유럽 국가다.

일본, 선택과 집중 전략

아프리카에 대한 일본의 관심도 석유로부터 비롯됐다. 일본은 1970년대 오일 쇼크를 겪으면서 에너지 자원 확보를 위해 아프리카에 원조를 제공하기 시작했다. 또 유엔에서 지지표를 확보하기 위해 아프리카 대륙과 국제기구에서 영향력을 가진 아프리카 국가와 관계 강화를 추구했다.

원조를 시작하는 단계에서부터 그랬지만, 일본의 근본적 기조는 중상주의다. 자원이 풍부한 아프리카 국가와의 관계에 집중하면서 원조를 자신들의 이익과 직결시키고 있다. 이른바 '선택과 집중' 전략이다.

2009년 일본의 아프리카 원조액은 14억 9,865만 달러로 세계 5위 수준이다. 이 중 55%를 수단처럼 석유나 광물 자원이 많은 10개국에 집중했다. 총액으로 볼 때는 17억 6,600만 달러(2007년), 15억 7,100만 달러(2008년) 등 지속적으로 줄어드는 추세다. 일본은 또 25억 달

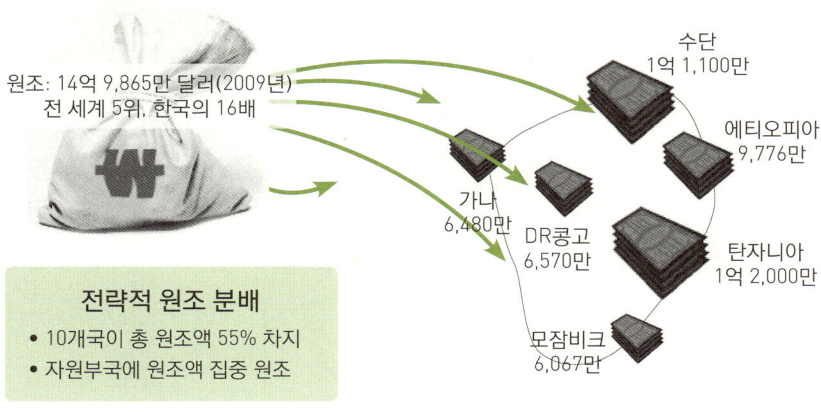

자료: OECD

러 규모 아프리카 협력기금을 마련해 아프리카에 진출하는 자국 기업을 적극 지원하고 있다.

외교적으로는 1993년 출범한 '도쿄-아프리카 개발 국제회의(TICAD)'를 적극 활용하고 있다. 그동안 많은 아프리카 지도자가 일본을 방문한 반면, 일본 지도자들은 아프리카는 방문하지 않아 진정성을 의심받기도 했지만, 2000년 이후 대폭 개선했다.

일본은 2000년 G8 정상회담에 아프리카 지도자 초청과 'HIV/AIDS 해결을 위한 글로벌 펀드' 설립을 주도했다. 이어 2001년에는 최초로 일본 수상이 아프리카(남아프리카공화국, 케냐, 나이지리아)를 방문했다.

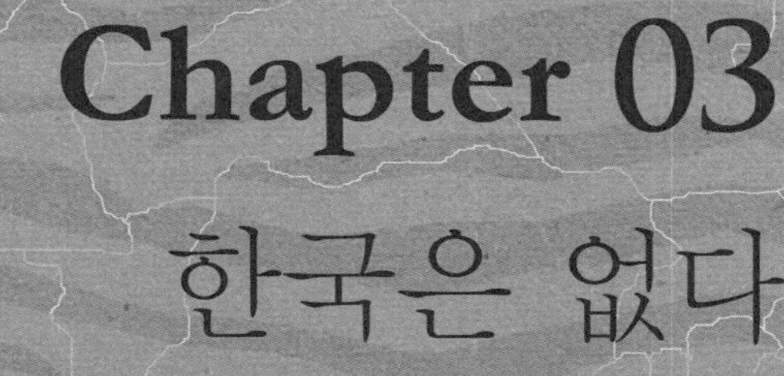

Chapter 03

한국은 없다

한국은 현재 성장 한계에 직면해 있다. 점점 치열해지는 글로벌 무역전쟁, 치솟는 원자재 가격과 이에 따른 전 세계적인 자원확보 경쟁, 저출산·고령화에 따른 성장잠재력 하락 등 도처에 성장의 발목을 잡는 위협요인들이 가득하다. 당장 이 같은 어려움을 극복하고 새로운 성장동력을 찾아야 한다. 그리고 그 해법은 아프리카에서 찾을 수 있다.

수출로 먹고 사는 우리나라에 미개척시장 아프리카는 새로운 시장이 될 수 있다. 그러나 글로벌 7대 무역 대국 한국의 전체 무역규모에서 아프리카가 차지하는 비중은 2%에 불과하다. 산업발전에 꼭 필요한 전략광물들은 아프리카에 대거 묻혀 있다. 그러나 한국은 이를 제대로 활용하지 못하고 있다. 전 세계 우라늄 매장량의 23%가 아프리카에 묻혀 있는데, 우리나라가 수입하는 우라늄의 1%만 아프리카에서 가져오는 형편이다. 활기를 잃어가고 있는 국내 제조업에 젊은 아프리카는 매력적인 생산기지가 될 수 있다. 교역규모 1조 달러, 1인당 GDP 4만 달러를 달성, 선진국으로 진입하려면 아프리카가 필요하다. 아프리카를 한국의 동반성장 파트너로 키워야 하는 이유다. 이처럼 한국경제 미래에 아프리카는 중요하다. 그러나 아프리카 내 한국의 현주소는 암울하다. 아래 내용을 한 번 보자.

'49 대 0.' 2009년 '중국·아프리카포럼'에 참석한 아프리카 정상들과 행정 수반은 모두 49명. 반면 한국은 2009년과 2010년 모두 4차례 아프리카 포럼을 개최했지만, 참석한 정상은 한 명도 없었다.

'12 대 2.' 2003년 이후 중국은 후진타오 주석과 원자바오 총리가 번갈아가며 모두 12번 아프리카를 순방했다. 같은 기간 한국은 2006년 노무현 대통령과 이해찬 총리가 각각 1번씩 아프리카를 찾았을 뿐이다.

‘50억 대 0.’ 중국이 자국 기업의 아프리카 진출을 돕기 위해 운영하고 있는 ‘중·아 협력기금’의 규모는 50억 달러다. 한국은 아프리카에 특화된 기금 자체가 없다.

‘1,200 대 143.’ 2010년 신화통신은 아프리카 진출 중국기업이 1,200여 개에 이른다고 밝혔다. 코트라가 집계한 아프리카의 한국기업은 143개에 불과하다.

이처럼 아프리카에 한국은 없다.

부실한 아프리카 외교

한국은 1961년부터 아프리카 카메룬, 차드, 코트디부아르, 니제르, 베냉, 콩고 등 6개국과 수교를 맺으면서 아프리카 대륙에 진출하기 시작했다. 당시 대아프리카 외교정책의 특징은 한 마디로 북한과의 이념 경쟁과 그로 인한 국제 사회에서의 입지 확보를 위한 노력의 일환이었다고 할 수 있다.

한국은 유엔을 통해 한반도 통일과 남북한 문제를 해결하고자 했다. 따라서 유엔에 상정되는 한반도 관련 의안의 표 대결에 있어서 유리한 입장을 차지하기 위해 아프리카 국가들을 접촉했다. 이런 정부의 정치적 의지는 경제 교류로도 이어져, 당시 아프리카는 한국 전체 수출의 6%를 점유할 정도로 한국의 외교적 노력에 비례해 한-아프리카 경제 관계도 강화됐다.

정권에 따라 아프리카 정책 오락가락

1980년대까지 이런 흐름이 이어졌지만, 1990년대부터 한국의 아프리카에 대한 관심은 급격히 줄어들었다. 그 이유로 첫째, 1988년 노태우 대통령의 7·7 특별선언을 계기로 과거 북한을 비롯한 북방 대륙 세력과의 소모적인 경쟁 외교를 지양하고, 아프리카 등 제3세계와의 관계에 있어 할슈타인 원칙을 폐지하는 등 아프리카가 제3세계로서 갖는 정치적 중요성이 줄어들었다. 둘째, 동남아의 본격적인 성장과 더불어 중국, 소련, 동유럽 등 북방 신시장 개척이 활발해지면서 아프리카가 갖고 있던 시장으로서의 매력 역시 감소했다.

한국이 다시 아프리카에 관심을 기울이기 시작한 것은 2006년이다. 노무현 대통령은 그해 3월 '아프리카 개발을 위한 한국의 이니셔티브'를 발표했다. 이는 향후 3년간 개발 원조에서부터 통상·투자 확대 계획 등 종합적인 한국의 대아프리카 협력 방안을 천명한 우리 정부의 공식 문서다.

이니셔티브의 주요 내용은, 아프리카 지원 ODA를 3년간 1억 달러로 증액하는 등 3배 확대하고, 농어촌 개발, 행정·제도, 보건·의료, 교육, 정보통신의 5개 분야를 중점적으로 지원한다는 것이었다. 이를 위해 연수생 1,000명 초청, 봉사단 파견 인원 확대 등의 방안이 추진됐다. 이는 개발 아프리카 국가들과의 양자 관계뿐만 아니라, 한국과 아프리카 대륙 전체의 관계를 강화하는 방향으로 진행됐다는 점에서 긍정적인 평가를 받고 있다.

» 아프리카 이니셔티브의 주요 내용

- 2008년까지 대아프리카 ODA 3배 확대

- 무상원조 예산 획기적 증대

- 확대 예산은 선정(Good Governance) 국가에 집중 지원

- 한국의 개발 경험을 아프리카 국가들과 공유

- 향후 3년 내 아프리카인 1,000명을 한국에 초청

- 봉사단 파견인력을 확대해 지역개발 활동 전개

- 아프리카 아동사망률 감소 및 질병퇴치 지원

- 의료단 파견 확대

- 병원 건립, 의료장비 및 백신 개발 지원

- 아프리카 기초교육, 직업교육 지원을 통한 인적 개발

- 학교건립과 교육정보화 지원

- 직업훈련센터 건립, 관련 분야 교사 초청 연수

- 아프리카의 식량문제 해결과 1차 산업 육성 지원

- 농업기술 전수 및 농촌 인프라 구축 지원

- 어업 및 수산 양식분야 기술 지원

- 한국의 첨단 IT 기술 공유로 정보화 격차해소

- IT 분야 연수생 초청, 봉사단 파견확대

- IT 훈련원 건립, 전자정부 사업 지원

- 다양한 분야의 한국·아프리카 개발 효율성 증진

- 민·관·학 협의체인 한·아프리카 포럼, 한국·아프리카 경제협력 포럼 활성화

  국제기구와 협력해 아프리카 개발 효율성 증진

- 세계식량계획(WFP), 유엔공업개발기구(UNIDO), 세계관광기구

그러나 이는 장기적 전략에 따른 것이라기보다는 유엔 사무총장 선거를 앞두고 아프리카 지지를 받기 위한 측면이 컸다. 이해찬 국무총리와 반기문 외교통상부 장관, 천영우 외교정책실장의 아프리카 방문이 2005년과 2006년 집중됐었다는 점만 봐도 알 수 있다. 반 장관이 유엔 사무총장으로 당선된 뒤 아프리카를 방문한 고위급 인사는 한 명도 없었다.

이명박 정부 역시 표면적으로는 2006년 시작된 아프리카 이니셔티브의 분위기를 이어 적극적인 대아프리카 외교, 특히 에너지 지원 확보를 위한 외교 활동을 벌이고 있다. 2009년 8월 박영준 국무총리실 차장(현 지식경제부 차관)이 남아프리카공화국과 콩고민주공화국, 가나를 방문해 도로와 가스, 플랜트 수출을 논의했고, 2010년 3월 콩고민주공화국 카빌라 대통령의 방한 당시 수력발전소와 상수도 건설을 통해 구리 광산 광업권을 받는 15억 달러 상당의 투자 협정이 체결됐다. 또 2009년에는 STX그룹이 가나에서 100억 달러 규모의 주택 사업을 수주했다. 2010년 6월에는 박영준 차장이 이명박 대통령의 특사 자격으로 다시 DR콩고와 가나를 방문하기도 했다.

그러나 여전히 아프리카 정책의 명확한 방향은 설정되지 않은 상태다. 이명박 대통령의 아프리카 방문도 계획과 취소를 반복하고 있을 뿐이다. 게다가 이명박 정부의 아프리카 접근법은 다분히 자원 획득에 집중돼 있다.

이에 대해 외교통상부 박수덕 과장은 2010년 12월 외교협회 기고문에서 "한국이 자원의 보고이자 수출시장인 아프리카에 경제적 이해관계를 가지고 있는 것은 사실이다. 중국은 물론 인도, 브라질 등 신흥 경제대국이 앞 다투어 아프리카 진출에 열을 올리고 있는 상황에서, 다른 나라에 뒤처질까봐 조바심을 내기도 한다. 그러나 조바심을 내고 경제적 이익에 집착해 아프리카에 접근하게 되면 과거 여러 나라들이 아프리카에서 겪었던 오류와 시행착오에서 우리도 벗어나기 어려울 것이다"라고 지적했다.

50년간 아프리카 정상 방문 단 두 차례

오락가락하는 외교 방향은 근본적으로 아프리카에 대한 무관심에서 비롯됐다. 먼저 정상외교를 보자. 1961년 아프리카와 외교관계를 시작한 이래 지금까지 아프리카를 방문한 대통령은 단 두 명,

1982년 전두환 대통령과 2006년 노무현 대통령이 전부였다. 그마저도 유엔 가입과 유엔 사무총장 선거라는 눈앞의 이익을 위한 '표밭 다지기' 성격이 짙었다. 그러므로 원조 증대와 같은 단발성 '약속'은 있었지만, 거시 전략은 찾아볼 수 없었다.

» 수교 이후 현재까지 한국 고위급 인사의 아프리카 방문

1982년 8월 전두환 대통령 나이지리아, 가봉, 세네갈, 케냐 방문

2005년 1월 반기문 외교부 장관 알제리, 탄자니아, 케냐, 리비아 등
4개국 방문

2006년 1월 반기문 외교부 장관 가나, 콩고 등 2개국 방문

2006년 2월 이해찬 국무총리 남아공(제7차 진보정상회의 참석), 세
네갈 방문

2006년 3월 노무현 대통령 아프리카 3개국 순방
- 이집트 무바라크 대통령(6~9일)
- 나이지리아 오바산조 대통령(9~11일)
- 알제리 부테플리카 대통령(11~13일)

한국 외교에서 아프리카의 위상을 격상시키고 장기적 국익을 추구한다면, 후발 주자로서 단시간 내에 대아프리카 외교에 추동력을 줄 수 있는 가장 효율적인 길은 정상 외교였지만, 이를 외면해 온 것이다. 특히 냉전 종식으로 한국이 전방위 외교를 펼칠 수 있는 환경이

마련된 1990년 이후에도 정상의 아프리카 순방은 2006년 1회에 불과했다. 아프리카에 민주적이고 분권적인 정부가 증가하고 있다 하더라도 대부분이 대통령제를 채택한 아프리카 국가들의 경우, 정책 결정의 핵심은 대통령이다. 한국과 아프리카 정상 간의 인적 교류는 양국 관계의 급속한 진전을 가져오고 성과도 오래 지속될 수 있다.

부실한 외교 인프라

아프리카에 대한 무관심의 또 다른 예는 들쭉날쭉한 아프리카 대사관 수다. 1980년대 북한과 유엔 가입 경쟁을 하던 당시 한국은 블

아프리카 정책 일관성 부족 (단위: 개수)

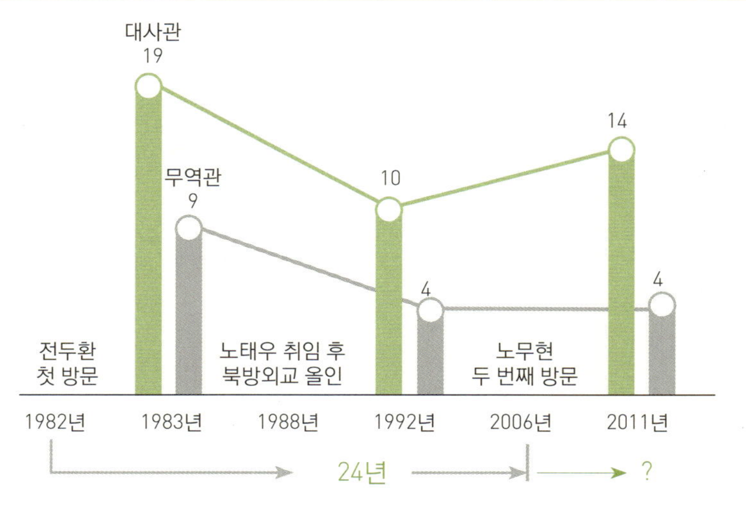

랙 아프리카 48개국 중 19개국에 대사관을 설치했다. 그러나 1991년 유엔 가입을 전후로 노태우 대통령이 북방외교를 펼치면서 한국은 1989년 니제르를 시작으로 1994년까지 8개의 공관을 폐쇄했다. 또 외환위기 직후인 1998년 3곳의 공관이 추가로 철수했다. 상황이 바뀌면 제일 먼저 버리는 카드가 바로 아프리카였던 것이다.

2011년 블랙 아프리카의 한국 대사관은 다시 14개로 늘었지만, 여전히 부족하다. 중국의 경우, 블랙 아프리카 48개국 중 43개국에 공관을 설치했고 일본도 27개에 달한다. 유럽의 경우 수교한 북부아프리카와 블랙 아프리카 53개국 가운데 34개국에 공관을 설치했다.

> ## » 아프리카 한국 대사관 철수 역사
>
> 1989년   니제르
> 1990년   라이베리아
> 1992년   소말리아, 시에라리온, 모리셔스, 말라위
> 1993년   스와질랜드
> 1994년   우간다
> 1998년   DR콩고, 카메룬, 잠비아

　이처럼 공관이 부족하다 보니 케냐 대사 1명이 담당하는 국가가 무려 7개국에 달한다. 세네갈 대사는 6개국, 남아프리카공화국 대사는 5개국을 맡는다. 블랙 아프리카 주재 한국 대사관 중 겸임국이 없는 곳은 수단이 유일하다.

　아프리카 대륙의 크기를 고려한다면 사실상 외교를 포기한 것이 다름없다.

　일례로 코트디부아르 대사 1명이 맡는 4개국의 면적은 197만 ㎢. 남한 면적의 19배다. 부임 후 겸임국에 신임장을 내기 위해서만 며

턱없이 부족한 대사관( )는 대사 1명이 맡는 국가 수

칠씩 출장을 가야 할 정도다.

　대사관에 근무하는 외교관 수도 절대적으로 부족하다. 유럽 지역은 32개 공관에 271명이 배치돼 있다. 공관 1곳당 8.5명 정도가 근무한다. 반면 아프리카는 14개 공관에 70명이 일한다. 평균 5명에 불과하다.

　코트라 아프리카 무역관 역시 1983년 9개에서 4개로 줄었다가, 2011년 3개를 증설해 오는 9월이면 7개의 무역관을 운영하게 된다. 그러나 7개의 무역관을 운영하는 인원은 10명 안팎에 불과해 실질적으로 활동할 수 있는 부분은 크지 않다. 유럽에만 22개 무역관에 64명이 근무하고 있는 것과 극명하게 대비된다.

아프리카 대사관 인력 현황

국가	인원(대사 포함)	담당 국가 수	자원주재관
앙골라	3명	2개	
짐바브웨	3명	4개	
코트디부아르	3명	4개	
가봉	4명	3개	있음
세네갈	5명	6개	
카메룬	4명	3개	있음
수단	4명	1개	
에티오피아	5명	2개	
가나	5명	3개	있음
탄자니아	5명	3개	있음
케냐	6명	7개	
DR콩고	6명	2개	있음
남아공	8명	5개	
나이지리아	8명	2개	있음

미국	유럽	아프리카
• 무역관 : 8개 • 파견 직원 : 35명	• 무역관 : 22개 • 파견 직원 : 64명	• 무역관 : 4개 • 파견 직원 : 8명

외교 시스템 자체에도 문제가 많다. 아프리카 정보를 얻으려면 아프리카만 봐서는 안 된다. 아프리카에 대한 심도 있는 연구와 자료는 오히려 영국과 프랑스에 더 많다. 아프리카인들조차 아프리카 소식을 유럽 언론을 통해 아는 경우가 비일비재하다.

이런 현실을 고려한다면, 영국과 프랑스, 중국, 미국 등 아프리카 진출이 활발한 국가 대사관에는 아프리카 담당관이 배치돼야 한다. 그들 국가의 아프리카 정책과 정보, 자료를 수집하고, 아프리카 진출 전략을 분석하는 작업이 필수적이다. 예를 들어 프랑스 기업이 아프리카에 함께 진출할 기업을 찾고 있다는 정보만 현지에서 파악해도, 국내 기업에는 큰 도움이 될 수 있다. 그러나 여전히 4강 외교가 중심이 되는 현실에서 다른 국가의 대사관은 주재국 동향만 파악하는 것이 고작이다.

정부 내 조직도 열악하다. 정부 부처 가운데 별도의 아프리카과가 있는 곳은 외교통상부가 유일하다. 그마저도 7명의 직원이 48개 국가를 맡는다. 김성환 외교통상부 장관은 취임 당시 아프리카과를 2개로 늘리고 인원도 확충하겠다고 했지만, 우선 순위에서 밀려 아직도 실행되지 않고 있다. 자원 개발을 담당하며 실질적으로 아프리카에 더 관심을 쏟아야 할 지식경제부는 중동과 아프리카를 한 과에서 함께 맡고 있다.

아프리카 전문가 부족

정부의 관심이 부족하다 보니 민간 차원의 연구도 제대로 이뤄지지 않고 있다. 아프리카를 연구해봤자, 그 결과가 정부 정책으로 반영되기 어렵고 연구 지원 자체가 제대로 이뤄지지 않기 때문에 전문가 풀마저 협소한 실정이다.

국내 대학에도 한국 외국어대학과 경희대학에 아프리카 연구소가 있기는 하다. 그러나 아프리카 문화와 사회, 언어 등 학술적 영역을 주로 다루고 있고, 실용적 부분에서 아프리카 진출과 경제 상황 등을 연구하는 곳은 국책연구소인 대외경제정책연구원이 유일하다. 하지만 그마저도 팀장을 포함한 3명이 중동과 아프리카를 함께 연구하고 있다.

이런 문제를 해결하기 위해 외교통상부는 2010년 아프리카 협력센터 프로젝트를 추진했지만, 예산안이 기획재정부 검토단계에서 전액 삭감됐다. 아프리카 연구의 중요성에 대한 기재부의 인식이 부족한 탓이기도 하지만, 더 큰 이유는 외교부가 인력 계획 등 구체적인 프로젝트 내용을 만들지 않은 채 예산만 따놓자는 식으로 일을 추진했기 때문이다. 아프리카 연구에 대한 우리 정부의 인식 수준을 단적으로 보여주는 예다.

체계 없는 원조

2006년 아프리카 3개국을 순방한 노무현 대통령은 아프리카원조를 3배로 늘리겠다며 '아프리카 이니셔티브'를 발표했다. 이에 따라 우리 정부는 2005년 3,500만 달러였던 아프리카원조를 2008년 1억 400만 달러까지 늘렸다. 2009년에는 9,400만 달러였다.

대폭적인 증액이었지만, 그 액수는 OECD 개발원조위원회(DAC)에 가입한 23개 국가 중 21위에 불과하다. 2009년 DAC 회원국은 평균 12억 2,400만 달러를 아프리카에 원조했다. DAC 평균이 한국의 13배에 달한 것이다.

한국 아프리카원조 규모 (단위: 만 달러)

2001년	2002년	2003년	2004년	2005년	2006년	2007년	2008년	2009년
4.38	5.63	18.98	28.11	39.14	47.83	70.17	104.06	94.48

효율성 없는 나눠주기식 원조

금액뿐 아니라 효율성도 현저하게 떨어진다. 우리와 경제 규모가 비슷한 네덜란드는 12억 1,600만 달러를 15개국에 투입했다. 반면 한국은 1억 달러에도 미치지 못하는 원조를 무려 39개 나라에 나눠 줬다. 국가별 지원액은 네덜란드가 8,100만 달러로 한국(241만 달러)보다 무려 33배에 달한다. 외교안보연구원 황규득 교수는 "우리 정부는 대아프리카 경제협력의 전략적 추진 방안에 있어서 원조 효과성(Aid Effectiveness) 제고를 통해 아프리카 개발원조의 실효성을 최적화할 필요가 있다"고 말했다.

전체 원조에서 아프리카가 차지하는 비중 역시 다른 국가에 비해

쥐꼬리원조(2009년) (단위: 달러)

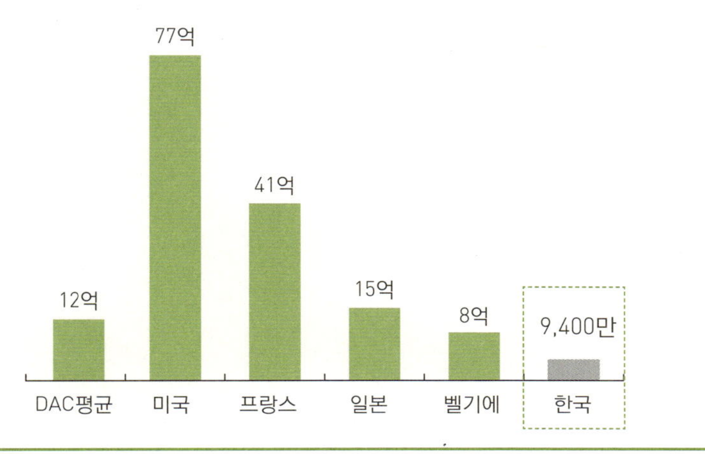

자료: OECD(2010)

현저히 낮은 수준이다. 2000년부터 2009년까지 아일랜드는 전체 원조의 82%를 아프리카에 집중했다. 벨기에는 75%, 포르투갈은 73%였다. DAC 평균이 42%였고, 전 세계를 아우른다는 미국도 아프리카원조 비중은 34%에 달했다. 반면 한국은 전체 원조의 14%만을 아프리카에 배정했을 뿐이다. 원조 규모 자체도 적은데, 거기서 아프리카가 차지하는 비중도 다른 나라와 비교가 되지 않는 것이다.

KOICA의 아프리카 국별 지원규모 (단위: 백만 원)

국가 명	2000년	2001년	2002년	2003년	2004년	2005년	2006년	2007년	2008년	2009년	합계
가나	172	250	287	493	229	268	228	1,478	2,792	3,290	9,487
가봉	66	66	89	23	42	55	0	35	52	107	535
감비아	22	8	103	63	77	79	34	117	0	12	515
기니	0	0	0	0	0	9	19	2,081	1,025	18	3,152
기니비사우	0	55	36	0	37	71	0	90	200	12	501
나미비아	0	9	309	24	8	11	7	26	17	10	421
나이지리아	32	129	275	97	125	163	996	813	2,657	2,197	7,484
남아공	2,124	661	44	81	75	60	81	56	74	0	3,256
니제르	0	42	23	19	56	110	66	195	61	198	770
레소토	0	0	0	64	30	0	0	0	21	125	240
르완다	35	30	102	41	62	73	325	911	1,928	3,011	6,518
리비아	109	655	1,708	103	101	78	55	369	579	0	3,757
마다가스카르	30	52	182	91	95	18	45	93	391	235	1,232
말라위	22	28	84	24	89	139	106	299	217	17	1,025
말리	22	145	11	78	78	69	6	39	317	0	765
모로코	44	121	560	705	2,784	1,393	2,194	2,601	2,791	2,700	15,893
모리셔스	3	0	6	0	62	0	0	23	14	0	108
모리타니	61	92	253	115	704	121	77	111	0	0	1,534
모잠비크	61	82	56	117	45	168	100	179	229	105	1,142
베냉	11	37	76	84	92	77	199	90	2,721	15	3,402
보츠와나	11	14	0	0	0	0	0	0	18	0	43

부룬디	36	33	37	0	0	171	193	101	10	12	593
부르키나파소	17	71	8	12	63	135	141	201	200	165	1,013
상투메프린시페	0	8	6	0	70	42	0	0	129	0	255
세네갈	73	184	271	319	424	306	764	2,166	3,888	6,893	15,288
세이셸	33	21	99	84	0	31	0	70	0	30	368
소말리아	0	0	0	0	0	168	73	0	108	297	646
수단	39	101	181	192	1,630	532	473	1,547	2,239	1,743	8,677
스와질란드	8	4	36	71	63	62	55	191	207	125	822
시에라리온	24	43	39	104	70	79	0	105	8	10	482
알제리	31	97	333	1,348	75	266	1,624	2,365	3,299	2,303	11,741
앙골라	12	271	5	0	0	19	0	115	125	1,162	1,709
에리트레아	43	0	99	60	0	71	0	10	0	27	310
에티오피아	548	670	998	1,191	2,319	2,343	2,109	2,957	4,654	6,172	23,961
우간다	172	186	346	125	244	121	155	1,105	814	549	3,817
이집트	585	649	2,318	1,458	2,250	4,163	5,037	5,037	8,290	7,244	37,031
잠비아	19	63	109	147	20	98	142	465	913	1,016	2,992
적도기니	23	0	0	0	0	55	0	146	10	16	250
중앙아프리카	0	0	66	0	0	68	0	113	31	28	306
지부티	58	0	54	47	97	98	505	531	282	32	1,704
짐바브웨	59	62	251	113	160	83	144	585	2,144	1,741	5,342
차드	244	43	0	18	0	0	0	0	12	0	317
카메룬	220	295	371	468	699	676	267	278	768	583	4,625
카보베르데	25	0	45	0	0	0	0	8	0	0	78
케냐	172	152	247	294	137	232	576	2,218	2,652	7,018	13,698
코모로	0	0	0	67	0	0	0	0	10	13	90
코트디부아르	4	0	16	158	219	269	923	973	1,666	1,270	5,498
콩고	28	5	75	8	71	78	234	1,221	457	90	2,267
DR콩고	9	42	40	84	11	325	297	1,514	2,418	2,798	7,538
탄자니아	291	312	696	760	1,327	2,329	3,577	4,346	5,626	10,211	29,475
토고	35	23	194	0	91	101	101	416	13	0	974
튀니지	157	135	333	222	1,371	225	432	934	3,561	4,285	11,655
총 52개국	5,792	5,950	11,476	9,572	16,199	16,104	22,360	39,324	60,638	67,885	255,300

자료: KOICA, http://stat.koica.go.kr/

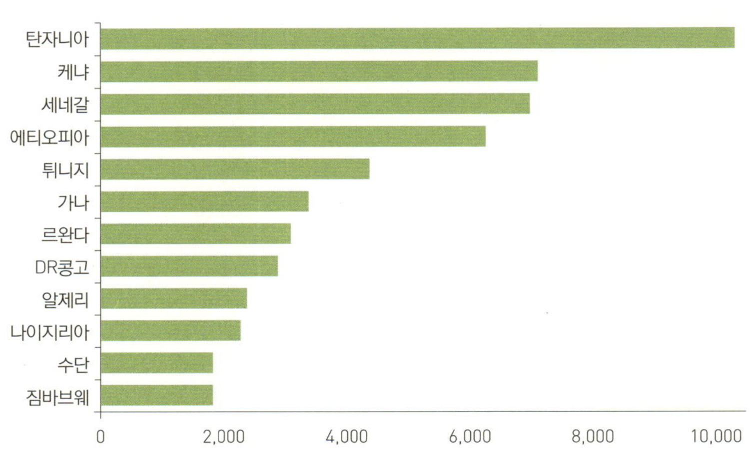

아프리카 지역 무상원조 분야별 지원 실적(2008년)

분야	금액(백만 원)	금액(천 달러)	비율(%)
보건·의료	12,151	10,946	20.0
교육	9,780	8,810	16.1
농어촌개발	9,447	8,510	15.6
정보통신	9,227	8,312	15.2
행정제도	7,665	6,904	12.7
산업에너지	6,217	5,601	10.3
환경 및 기타	4,654	4,193	7.7
긴급구호	1,436	1,294	2.4
계	60,576	54,568	100

자료: KOICA, 2008

단발성 원조가 문제

한국의 원조체계는 총괄 기관이 없다. 각 부처와 기관에 업무가 분산돼 효율성이 현저히 떨어진다. 이런 구조적 문제는 아프리카원조에서도 마찬가지다. 유상원조는 기획재정부가, 무상원조는 외교통상부가 맡다 보니 두 분야의 원조가 연계되지 않고 별도의 프로그램으로 진행된다. 무상원조 가운데서도 개발경험공유사업(KSP)은 기재부가 하고 있음에도, 유상원조를 통한 시스템 구축으로 이어지지 않고 단지 컨설팅에 머무는 실정이다.

이런 단절된 원조 시스템의 문제는 원조 사업과 효과가 지속되지 않고 하나의 사업에서 끝나는 단발성 원조에 머문다는 것이다. 실무협의체만 있어도 협력 사업의 연속성 있는 개발이나 다른 원조 프로

아프리카원조 총액 (단위: 백만 원)

구분	2005년	2006년	2007년	2008년	2009년
무상	16,104	22,387	39,368	60,576	67,907
유상	25,176	24,102	20,383	37,282	36,020
총액	41,190	46,507	59,751	97,858	103,927

자료: KOICA

아프리카원조 비중 (단위: %)

구분	아프리카원조액/총 원조액	사하라이남원조액/아프리카원조액	최빈국원조액/아프리카원조액
2005년	8.4%	60%	20%
2008년	19.8%	82%	65%

2009년부터 KOICA 협력사업 예산의 20%를 아프리카에 배정
* 아프리카 ODA 비중(2008):일본 35.4%, 중국 28.0%, 미국 27.4%

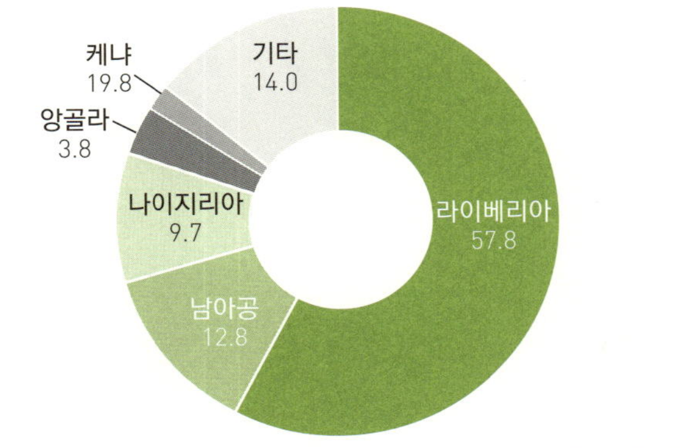

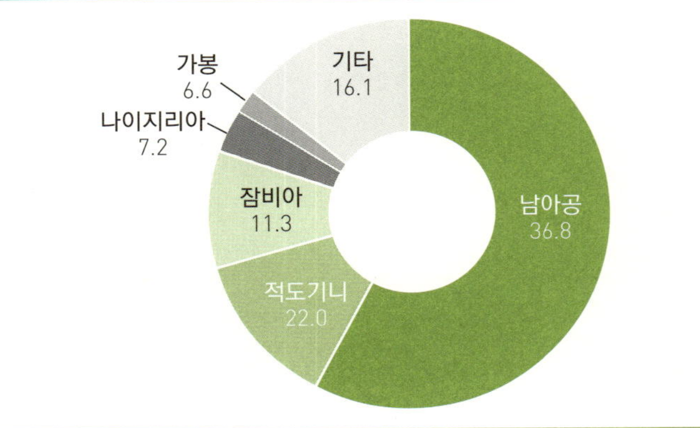

그램과의 후속 연계를 논의할 수 있는 일인데도, 전혀 시스템 구축이 되지 않고 있다.

여기서 비롯된 문제는 비단 원조에만 머무는 것이 아니라 우리

기업이 아프리카에 진출할 수 있는 기회의 문을 좁히는 것으로 이어진다. KSP를 통해 국가 기반 시스템에 대해 컨설팅을 하고, 이를 유상원조가 실행하는 방식으로 구조적 연계가 이뤄진다면, 실행단계에서는 노하우와 기술을 갖고 있는 우리 기업이 참여할 수 있다.

이처럼 원조 체제가 바탕을 이루지 못하다 보니 아프리카와의 교역도 미미한 수준을 벗어나지 못하고 있다. 2009년 아프리카 국가들에 대한 국내 기업들의 수출규모는 96억 2,000만 달러로 국내 총 수출액의 2%, 수입규모는 46억 8,000만 달러로 전체 수입액의 1.1%에 불과했다. 무역 상대국도 남아프리카공화국과 나이지리아 등 일부 소수 국가에 편중돼 있고, 이들 몇 나라를 제외하고는 소규

아시아 주요국의 아프리카 교역 비중 (단위: %)

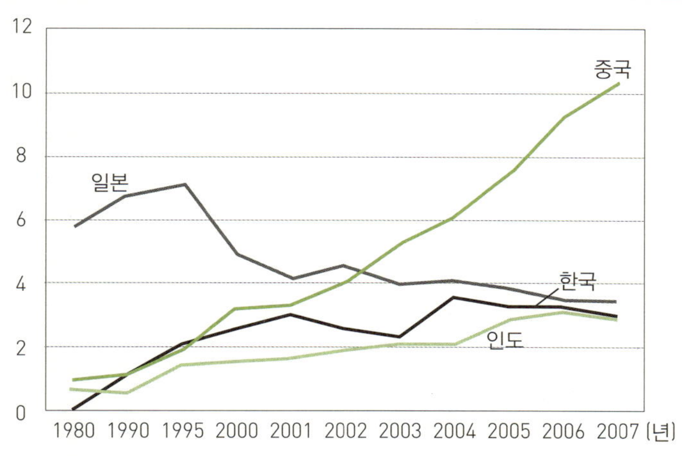

자료: OECD

모 교역이 이뤄지고 있다.

아프리카에 대한 직접투자(FDI)도 2001년 1,766만 달러에서 2009년 3억 7,360만 달러로 크게 늘기는 했지만, 전체 아프리카 FDI의 1.91%에 불과한 수준이다.

아프리카 진출 기반이 없다

"아프리카에 가라고 말만 할 게 아니라 갈 수 있는 기반을 만들어 줘야 하는 것 아니냐?" 국내 한 중소기업 임원의 볼멘소리다.

기업이 아프리카에 진출하려 해도 국내에서 파이낸싱을 하기란 '하늘의 별 따기'다. 아프리카 국가 대부분이 투자 부적격국으로 분류돼 대출 자체가 이뤄지지 않기 때문이다. 지난 2010년 가나에서 100만 달러 규모의 초대형 주택 사업을 수주한 STX 역시 같은 문제에 봉착했다. 가나 정부가 지급 보증을 했지만, 수출입은행은 신용등급을 이유로 거절했다. 결국, STX는 뱅크오브아메리카(BOA)의 투자은행 부분인 메릴린치와 파이낸싱 계약을 추진하고 있다.

가장 큰 원인은 아프리카에 대한 금융권의 시각이 부정적이라는 데 있다. 굳이 아프리카가 아니라 하더라도 중동을 비롯해 다른 시장이 많은데 위험을 감수할 필요가 없다는 게 지배적인 시각이다.

또 금융기관들이 프로젝트 파이낸싱을 할 때는 담보대출 형식이 대부분이다. 그런데 해외 담보는 인정을 하지 않는다. 프로젝트 자체의 수익성을 보는 투자가 이뤄지지 않다 보니 정작 돈이 필요한 곳에는 지원이 안 되는 것이다. DR콩고에서 태주종합철강이 상하수도 프로젝트를 진행하고 있지만, 광산 채굴권(무소시 광산)을 주고 파이낸싱을 하려 해도 자금 조달은 여의치 않은 상황이다.

결국, 금융권의 보수성을 상쇄하기 위해서는 정부가 나설 수밖에 없다. 가장 공격적으로 아프리카에 진출하고 있는 중국은 공상은행이 남아프리카공화국의 스탠다드 뱅크에 20% 지분을 투자했다. 또 스탠다드 뱅크 이사회에 2명의 이사도 배치했다. 이를 통해 중국기업에 대한 현지 파이낸싱을 제공하는 것이다.

또 2009년 50억 달러 규모의 아프리카 협력 기금도 만들었다. 아프리카에 진출하려는 자국 기업에 저리 대출을 해주면서, 초기 리스크를 상당부분 덜어줬다. 이처럼 금융 부분이 뒷받침된 결과 아프리카에 진출한 중국기업은 2010년까지 무려 1,200여 개에 달했다. 반면 한국은 143개 기업만 아프리카에서 활동하고 있을 뿐이다.

컨트롤 타워가 없다

"미국이나 유럽국가들은 아프리카 정부의 '굿 거버넌스'(Good Governance)와 민주화를 ODA의 조건으로 내세우면서 정치체제에 관여하고 있는 반면, 중국은 아프리카 내부정치에는 눈을 감고 자원 확보 등 경제관계 확대에만 주력하고 있는 모습을 보이고 있다. 한국은 어느 편에 더 가까운가?"

"한국은 총 GDP의 50% 이상을 대외수출을 통해 창출해내며 대부분의 산업원료를 수입에 의존하고 있음에 비춰, 한국 역시 중국과 마찬가지로 아프리카를 자원공급원이나 수출시장으로 생각해, 경제적 이득을 목적으로 원조 및 협력을 추진하는 것 아닌가? 중국과 다른 점은 무엇인가?"

2010년 12월 초 아프리카 차세대지도자 방한 초청사업에 참가한

DR콩고와 가나 참가자의 질문이다. 질문을 받은 담당 외교관은 개인적인 견해로 답을 대신했다. 아프리카 정책에 대한 우리 정부의 마스터 플랜이 없었기 때문이다.

정책과 전략의 기본 방향이 없는 것은 우리 정부 내에서 아프리카 정책을 조율할 조직이 없기 때문이다. 지난 2008년 DR콩고에서 60억 달러 상당의 구리광 개발권이 매물로 나왔을 때, 현지 대사관은 DR콩고에 필요한 철도·도로 건설과 묶어 개발권을 얻는 패키지 딜 아이디어를 외교통상부로 보고했다.

그러나 '울림 없는 메아리'였을 뿐이다. 외교부와 기획재정부, 지식경제부, 국토해양부 등으로 업무가 나뉘어 있는 상황에서 이를 총괄해 의사 결정을 할 주체가 없었기 때문이다. 총리실에서 아프리카 정책협의회를 한다고는 하지만, 비상설 기구로 사안이 있을 때 한 번씩 모여서 의견을 나누는 정도뿐이다. 결국, 이 광권은 중국이 같은 방식의 패키지 딜로 차지했다.

2011년 한국 정부는 외교통상부와 기획재정부, 지식경제부가 각각 아프리카 포럼을 운영하고 있다. 외교부는 아프리카와의 외무장관 포럼을 3년 주기로, 기재부는 경제장관 포럼을 2년 주기로, 지경부는 산업협력 포럼을 매년 개최한다. 시기도 제각각일 뿐 아니라 각 포럼 간 내용 공유도 제대로 이뤄지지 않고 있다. 외교협력과 경제 협력, 산업협력이 모두 따로 진행되는 것이다. 종합적 논의 틀이 갖춰지지 않은 탓에 정상급 협의체로 발전하지 못한 채 장관급 채널

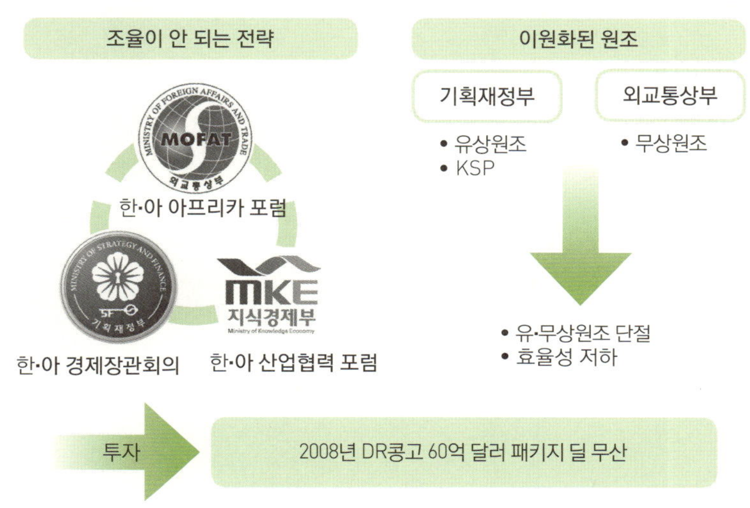

에 머물러 있다. 이에 비해 중국과 일본, EU, 인도, 터키 등은 역량을 집중해 아프리카 국가들과 정상급 협의체를 운영하고 있다.

Chapter 04
한국만의 장점 있다

중국과 비교했을 때 연간 대아프리카원조 금액, 아프리카 내 대사관 수, 국가 원수 방문 횟수 등 모든 면에서 한국의 수준은 참담한 실정이다. 중국은 차치하더라도 아프리카를 식민지배 했던 유럽이나 미국에 비해서도 한국은 한참 뒤처져 있다. 유럽은 기존에 자신들이 가지고 있던 기득권을 공고히 하기 위해 아프리카시장에 집중하고 있고, 미국은 중동산 석유를 대체할 수 있는 시장으로 아프리카에 주목, 막대한 금액의 원조를 퍼붓고 있다.

이처럼 아프리카시장에 선제적으로 진출하고 있는 국가들과 비교했을 때 한국의 수준은 부끄럽다고 할 수 있다. 한 마디로 아프리카에 한국은 없다.

그러나 아프리카에서 한국만이 활용할 수 있는 차별화된 장점은 적지 않다. 먼저 아프리카 내 경제 우등국 '한국 배우기' 열풍이다. 경제개발경험 공유라는 당근책을 통해 한국과 아프리카가 더욱 가까워질 수 있다.

과거 유럽국가 식민지

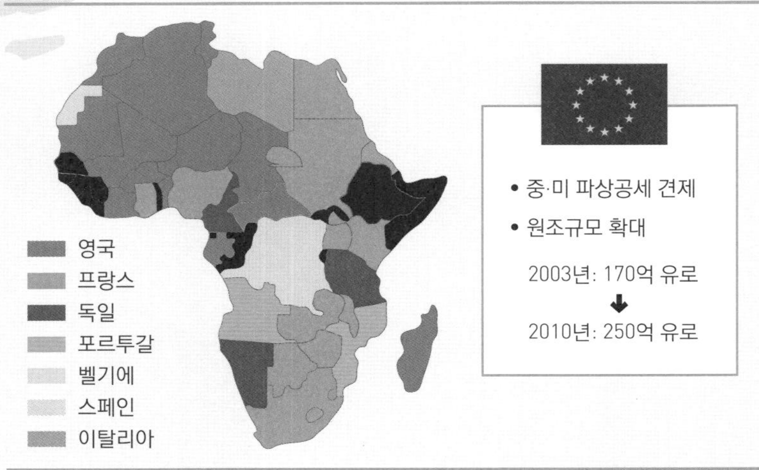

최근 아프리카에 중국견제 심리가 확산되는 점도 한국에게는 기회다. 중국은 일찍부터 막대한 원조자금을 앞세운 '스타디움 외교'를 통해 아프리카 자원시장을 싹쓸이해 나가고 있지만 현지고용과 부가가치를 창출하지 못하고 있다.

'새마을운동'도 한국만의 차별화된 경쟁력 중 하나다. 새마을운동을 통한 '할 수 있다'는 의식의 확산이 빈곤 탈출의 토대가 됐다는 점에서 새마을운동은 한국만이 할 수 있는 아프리카 지원 사업이다.

아프리카 경제개발 롤 모델 한국

"1950년대 당시 케냐의 1인당 수입은 한국보다 더 높았다. 그러나 케냐를 비롯해 많은 아프리카 국가들이 여전히 경제적으로 고통을 받고 있는 사이 한국은 산업화에 성공했다. 아프리카 국가들이 한국

아프리카 최대 지원국 미국

버락 오바마 미국 대통령

자료: OECD(2010)

과 같은 일을 못할 이유가 없다."

2009년 7월 가나 의회 연설 중 버락 오바마 미국 대통령의 말이다.

사실 한국과 아프리카의 출발은 유사했다. 한국은 과거 일본으로부터 식민 지배를 받았고 아프리카 대다수 국가들도 유럽 식민지 경험이 있다. 한국과 아프리카 모두 지난 1960년대 최빈국의 딪에 걸려 있었다. 1960년대 한국 1인당 GDP는 156달러였고 가나는 179달러였다. 그러나 50년이 지난 지금 한국은 수출주도형 경제개발모델로 1인당 GDP를 1만 7,080달러로 올렸다.

가나의 1인당 GDP는 1,000달러 수준이다. 아프리카와 비슷한 식민지배 역사와 빈곤을 겪었던 한국이 글로벌 경제강국으로 성장한 노하우를 전수받으면 아프리카도 한국의 성공을 되풀이할 수 있을 것으로 기대한다.

동일한 출발점, 다른 현재 (단위: 달러)

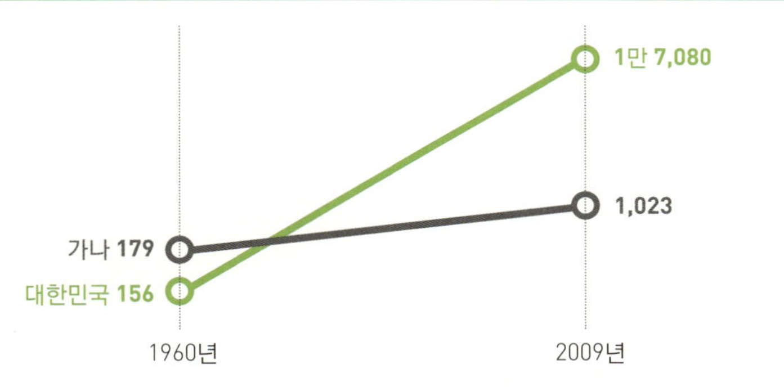

자료: 월드뱅크

에티오피아 멜레스 제나위 총리

한국과의 협력을 중요시하는 이유다. DR콩고 조세프 카빌라 대통령은 2010년 한국을 방문, DR콩고의 지속 가능한 경제성장을 위한 맞춤형 경제개발모델을 만들어달라고 한국 정부에 요청한 바 있다.

한국식 경제개발모델 배우기 열풍

아프리카 경제성장에 필요한 것은 무조건적인 원조가 아니다. 아프리카 국가들은 단순히 물고기를 그냥 받는 것보다 물고기 잡는 법을 전수받기 원한다. 최근 아프리카 각국이 관심을 쏟고 있는 것이 바로 한국의 성공 경험과 경제개발모델이다.

특히 지하자원이 부족하고 제조업 기반이 열악한 에티오피아와 같은 국가들은 기본적으로 제조업 육성을 통한 수출진흥정책을 추구할 수밖에 없다. 때문에 한국의 경제개발모델이 벤치마킹 대상이 될 수 있다. 에티오피아 수도 아디스아바바에서 만난 멜레스 제나위 총리는 '새로운 꽃(New Flower)'이라는 의미를 품고 있는 아디스아바바처럼 에티오피아 경제가 새롭게 꽃을 피우려면 한국식 경제개

발 모델을 전수받아야 한다고 믿고 있었다. 제나위 총리는 "1960년 대 한국은 다른 많은 아프리카 국가들보다 가난했다. 그러나 경제개 발에 매진하면서 상황이 완전히 바뀌었다. 한국은 최빈국에서 부자 국가로 성장한 가장 최근 사례다"라고 강조한다. 아프리카처럼 과 거 빈곤과 식민지배 경험이 있는 한국이 저개발국에서 첨단기술을 확보한 선진국 반열에 오른 모습은 아프리카 국가들로 하여금 우리 도 노력하면 성공의 역사를 만들 수 있다는 자신감을 심어주고 있는 것이다. 제나위 총리는 고 박정희 대통령의 회고록을 토대로 논문을 작성해 각료들에게 돌려 읽게 할 정도로 한국을 배우고자 하는 열의 가 강하다.

맞춤형 경제개발 모델 제시

제조업 육성을 위해서는 한국이 그랬던 것처럼 아프리카 각국이 강점이 있는 분야를 제대로 선별해 집중하는 전략을 펼쳐야 한다. 한국의 경우 한국 전쟁 이후 폐허 속에서 해외원조를 받으며 2차 산업 위주의 수출진흥 정책에 집중해 단기간에 성장의 기틀을 다질 수 있었다. 에티오피아는 나이지리아에 이어서 블랙 아프리카 국가 중 2번째로 많은 인구(약 85만 명)를 보유하고 있어 풍부한 노동력을 확보하고 있다. 또 넓고 비옥한 국토를 보유하고 있어 농업 발전가능성이 크다.

제나위 총리도 중점 수출대상 산업을 농업 및 농업 프로세싱 제품에 맞추고 있었다. 제나위 총리는 "현재 비료제품 수입 대체 가능성을 엿보고 있다. 시멘트, 철강, 식용유 등 농업 프로세싱 제품 등이 수입대체 프로그램 대상"이라며 향후 농업 관련 산업에 역량을 집중할 뜻을 밝혔다. 제나위 총리는 이에 덧붙여 "노동집약적인 제조업분야 투자도 필요하다. 제조업 기반이 앞으로 아시아에서 아프리카 지역으로 이동할 것으로 믿는다. 신발, 섬유 등 노동집약적 산업에 종사하는 한국기업들이 이제부터라도 아프리카로 공장을 이전해 아프리카 산업화 기반을 닦아 주기 바란다"라며 한국의 적극적인 진출을 당부했다.

한국이 에티오피아처럼 개별 국가에 걸맞은 경제개발경험을 전수해주고 동반성장할 수 있는 기틀을 닦아주면 한국과 해당 국가들 간 장기적이고 지속적인 경제협력 관계를 이어갈 수 있다.

반중국정서와 한국의 길

"중국이 아프리카에 도로와 항만을 건설해주고 있지만 그 대가로 광물자원을 싹쓸이하고 있다. 일부에서는 과거 유럽이 아프리카를 식민지화한 것처럼 중국이 간접적으로 아프리카를 식민지화하고 있는 것으로 보기도 한다." (남아공 파라곤 아키텍츠 헤닝 라스무스 이사)

"아프리카에서 건설사업을 하는 중국기업들은 현지인을 활용하는 대신 전체 인력의 90% 이상을 중국에서 데려온다. 중국인들이 도로에서 아이스크림·빵 장사를 하며 현지인들의 일자리를 빼앗고 있다." (정해정 MK인터내셔널 회장)

스타디움 외교 후폭풍

적도기니의 대통령궁, DR콩고와 세네갈의 스타디움. 이들의 공통점은 바로 중국이 아프리카에 무상으로 지어준 대표적인 건물이라는 것이다. 이런 중국의 아프리카 진출 전략을 일컬어 '스타디움 외교'라고 한다. 또 최근 중국은 에티오피아 아디스아바바 한복판에서도 새로운 역사를 쓰고 있다. 매년 아프리카 정상들이 모여 아프리카 미래를 만들어가는 플랫폼인 아프리카연합(AU) 본부 건물과 대규모 컨벤션센터를 중국이 공짜로 지어주고 있다. 50층이 넘는 AU 본관이 완성되면 에티오피아 최고층 빌딩으로 자리매김하게 된다. 아프리카 국가에 상징물이 될 만한 건축물을 지어주고 환심을 사는 중국의 스타디움 외교는 중국의 전방위적인 아프리카 물량공세의 한 단면이다. 중국이 공격적으로 아프리카에 진출하면서 말 그대로 아프리카는 중국판이다.

그러나 중국의 아프리카 진출은 시간이 지날수록 아프리카인들의 반감을 사고 있다. 2011년 아프리카에 진출해 있는 중국인들은 주로 건설노동자들로 이들의 숫자는 대략 160만 명에 달한다. 이들 대부분 중국의 스타디움 외교 정책에 의해 아프리카로 들어온 사람들이다. 중국은 아프리카에 상징적인 건물들을 무상으로 지어주면서 중국 본토에서 직접 노동자들을 데려왔다. 아프리카 전문가인 김은석 외교통상부 에너지자원대사는 "공사 현장에서 밀짚모자를 쓰고

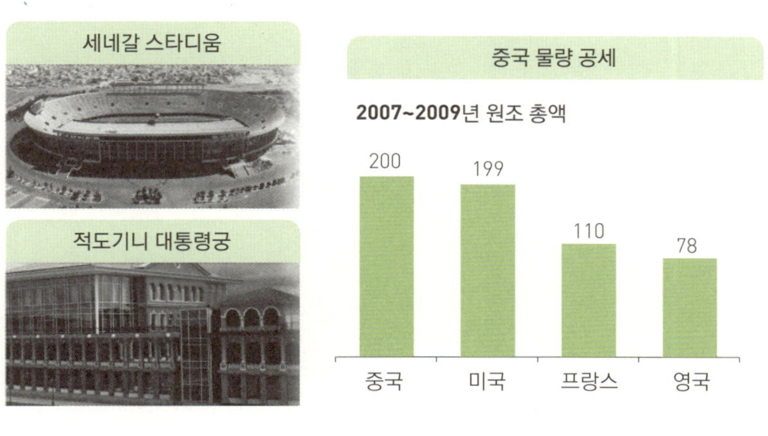

있는 사람은 십중팔구 십장 역할을 맡은 중국인이며 중장비 운전사도 대부분 중국인"이라고 설명했다.

아프리카 뒷골목 상권 장악한 중국

문제는 단순히 여기서 그치지 않는다. 아프리카에 대규모로 넘어온 중국인들이 건설 프로젝트가 끝난 후에도 본국으로 돌아가지 않고 아프리카에 정착하면서 뒷골목 상권까지 장악하고 있다. 아프리카에 정착한 중국인들이 값싼 중국의 공산품 등을 대량으로 들여와 싸게 팔면서 안 그래도 약한 아프리카의 제조업을 고사 위기에 빠뜨리고 있다. 상대적으로 가격 경쟁력이 떨어지는 아프리카의 제조업

공장들은 이런 중국 공산품의 범람으로 줄줄이 문을 닫고 있는 실정이다.

중국은 아프리카 건설 사업을 중국 건설업체에게 전적으로 밀어줬다. 아프리카원조금의 대부분은 결국 다시 중국 건설업체들에게 돌아갔다. 표면적으로 중국이 아프리카에 무상으로 건물을 지어준 것으로 보이지만 이런 중국식 원조는 결국 '왼쪽 주머니에서 꺼내 오른쪽 주머니로 옮기는' 형식적 원조에 그치고 말았다. 중국식 패키지 딜의 단면이다.

이처럼 아프리카에 확산되는 중국에 대한 견제심리는 한국에게 기회가 될 수 있다. 한국은 지금까지 중국의 아프리카 진출 전략을 반면교사(反面敎師)로 삼아야 한다. 상대방을 동반성장 파트너로 여기는 마인드 없이는 기득권도 오래가지 못한다. '대못부터 노동자까지'라고 표현할 정도로 중국에서 필요한 것을 모두 가져와 쓰다 보니 동반성장과는 거리가 멀다. 적극적인 기술이전과 현지 일자리 창출을 통한 한국형 동반성장 모델은 아프리카의 귀를 솔깃하게 만든다. 외통부 김은석 에너지자원대사는 "경남건설이 에티오피아 아디스아바바에서 도로건설을 할 때 한국근로자는 58명만 쓰고 1만 명의 현지인을 활용했다"며 "이런 이야기를 아프리카 지도자들에게 하면 큰 감동을 받는다"고 강조했다.

한국만의 의식개혁 '새마을운동'

우간다 수도 캄팔라 시내를 벗어나 북쪽으로 40분 정도 떨어진 와키소주 카테레케(Katereke). 소형 자동차 한 대도 빠져나가기 힘든 좁다란 비탈길 사이로 가옥들이 띄엄띄엄 들어서 있는 전형적인 시골 마을이다. 자네스 비아루한가 씨는 남편, 두 자녀와 함께 이곳에서 살고 있다. 1년 전만 해도 그는 다른 우간다 시골 여성처럼 빈곤 속에서 별다른 희망 없이 일상을 보내고 있었다. 삶이 바뀐 것은 2009년 우간다 새마을운동 회원이 되면서부터다.

같은 해 10월 한국 중앙회에서 사업자금으로 860만 우간다 실링(430만여 원)을 빌렸다. 그 돈으로 육계를 사들여 양계장을 시작했다. 벌이는 시원찮았다. 결국 육계를 처분하고 2010년 5월 산란계 1,500마리를 사들였다. 그는 "좋을 때는 하루 30트레이(1트레이=달걀 30개)가량 달걀을 생산한다"며 "지금 매달 원금 일부와 이자를 제외한 뒤 손에 쥐는 돈은 30만 실링(약 15만 원) 정도지만 1년 6개

우간다 와키소주 카테레케 지역에 살고 있는 자네스 비아루한가 씨가 새마을운동중앙회 지원 자금으로 지은 양계장에서 닭들을 키우고 있다.

월 후 빚을 다 갚으면 더 많은 돈을 모을 수 있을 것"이라고 기대했다. 그녀의 꿈은 주변 땅을 더 사들여 더 큰 양계장을 만드는 것이다.

그녀 집에서 10여 km에 있는 키테무(Kitemu) 지역에는 또 한 명의 우간다 새마을운동회 회원 카니이케 솔로몬 씨가 다른 회원들과 공동으로 관리하는 양돈장이 있다. 솔로몬 씨는 "한국 새마을운동 본부에서 교육을 이수한 뒤 2010년 5월부터 양돈장을 시작했다"고 설명했다. 그는 "지금 14마리의 돼지를 사육하고 있다. 우간다에서 돼지는 값비싼 가축"이라며 "더 많은 돼지를 보유할수록 부자가 된다는 것을 의미한다. 사육 두수를 빨리 늘려 빈곤에서 벗어나자는 것이 회원들의 공통된 생각"이라고 강조했다. 그는 또 "새마을운동은 협력정신(Spirit of Cooperation)을 기반으로 한다"며 "협력하지 않고 열심히 일하지 않으면 빈곤에서 헤어날 수 없다"고 덧붙였다.

이들 두 명은 새마을운동 중앙회가 저개발국에서 시행하는 소득 증대 사업 프로젝트 수혜자들이다. 새마을운동 중앙회는 카테라케·키테무 지역을 새마을운동시범 마을로 지정, 사업자금을 저리로 빌려줬다. 양돈·양계장은 물론 빵공장도 들어서 지역주민들의 소득원이 되고 있다. 이처럼 사업자금은 새마을운동 중앙회에서 지원하고 선교단체 월드미션 프론티어가 한국·아프리카 투자개발(KAID, Korea Africa Investment & Development)을 통해 이들 프로젝트를 위탁·관리하고 있다.

우간다 엔테베공항에서 3시간 정도 떨어진 카치리. 이곳은 우간다에서 최초로 새마을운동을 벤치마킹하고 있는 현장이다. 카치리는 부켄야 부통령이 야심차게 추진하고 있는 농촌마을 개선 프로젝트인 뉴 아프리칸 밀레니엄 빌리지의 첫 번째 시범마을이다. 실제 눈으로 목격한 카치리는 아직은 전기도 들어오지 않는 아프리카 시골 마을 모습 그대로였다. 그러나 1년 내에 이곳에 190채의 밀레니엄 빌리지 건설을 목표로 이미 공사에 들어갔다. 또한 이 밀레니엄 빌리지는 카치리 지역 거주민을 대상으로 결손가정 등 사정이 어려운 거주민들에게 입주 우선권을 부여할 계획이다.

물론 공짜는 아니다. 입주민들에게 자립심을 키워주기 위해서다. 이곳에 입주를 하게 되는 거주민들은 입주금을 25년 동안 조금씩 갚아나가게 된다. 그리고 이 입주금을 마련할 수 있는 생계수단도 정부에서 새마을운동의 일환으로 제공할 예정이다. 카치리 입주민들

은 정부의 보조 아래 가축도 기르고 수익성이 높은 특용작물을 재배해 돈을 벌 수 있게 된다. 부켄야 부통령은 카치리 시범단지를 출발점으로 앞으로 2년 안에 각각 190채의 집이 들어서는 130개 시범단지를 우간다 전역에 건설할 계획을 세워놓고 있다.

새마을운동의 힘

'새마을운동'이라는 한국만의 콘텐츠도 주요 경쟁력 중에 하나다. 한국은 과거 새마을운동을 통한 의식 개혁을 바탕으로 눈부신 경제 성장을 이뤘다. 새마을운동을 통한 '할 수 있다'는 정신의 확산이 빈곤 탈출의 주요 요소였다. 이런 점에서 '새마을운동' 전파는 한국만이 할 수 있는 아프리카 지원 사업이라고 할 수 있다.

우간다 새마을운동은 단순히 가옥·도로개선 등 환경미화에 집중하는 대신 소득증대사업에 무게중심을 두고 프로젝트를 진행하고 있다. 고기를 잡아주는 것과 같은 원조 대신 고기를 잡는 법을 가르쳐주기 위해서다. 한국의 새마을운동 중앙회는 사업자금을 대주는 것뿐만 아니라 이 지역의 새마을 지도자들을 1년에 한 번씩 한국으로 초청, 새마을 중앙회, KAID에서 2주간 교육을 받도록 하고 있다. 연수생들은 우간다로 돌아와서 한국에서 배운 농업·목축 기술 등을 다른 회원들에게 전수하는 역할을 담당한다.

우간다 KAID 총무를 맡고 있는 만지 대니 씨는 "새마을운동이 중요한 것은 사람들의 마인트세트를 바꾸기 때문"이라며 "새마을운동 정신이 우간다 사람들의 사고방식을 많이 바꿔놓았고 앞으로 바꿔놓을 것"이라고 자신했다. 솔로몬 씨도 "주변에 많은 마을 주민들이 새마을운동 회원이 돼 한국으로부터 더 많은 농업·축산 지식을 얻기를 원하고 있다"며 "새마을운동 리더로서 롤모델이 돼 자립·협동의 새마을운동 정신을 확산시키고 모든 ·사람들이 빈곤에서 헤어나올 수 있도록 돕고 싶다"고 밝혔다. 과거 한국을 가난의 굴레에서 탈피하는 데 기반이 됐던 새마을운동이 아프리카로 영토를 확장하고 있는 셈이다.

매일경제 컬러풀 아프리카 프로젝트팀이 만난 부퀜야 우간다 부통령은 새마을운동 정신이 아프리카 농촌에 혁신적인 변화를 일으킬 것이라고 자신했다. 사실 아프리카는 오랜 식민지 경험과 빈곤의 역사로 인해 대부분의 사람들 사이에 패배의식이 만연해 있다. 단순히 원조 규모를 늘리는 것만으로는 아프리카의 빈곤문제를 해결하기 어렵다.

우간다 밀레니엄 빌리지 역시 앞의 사례들과 마찬가지로 아프리카 사람들에게 삶의 터전과 생계 문제를 해결해 줌으로써 '할 수 있다'는 긍정의 마인드로 아프리카 빈곤 퇴치에 기여할 것이다. 이처럼 의식 개혁·소득 증대를 가져올 수 있는 새마을운동 정신과 가난의 대물림을 타개할 수 있는 교육 지원 사업은 중국의 물량 공세에 맞서 한국이 아프리카에서 활용할 수 있는 무기들이다.

한국 경쟁력 최대한 활용해야

한국과 아프리카 역사의 유사성, 새마을운동이라는 브랜드, 그리고 때마침 불고 있는 중국 견제심리 등 한국이 아프리카에서 활용할 수 있는 경쟁수단이 적지 않다. 아프리카는 지금의 가치보다는 미래 성장 가능성을 보고 투자해야 한다. 아프리카의 성장 모멘텀이 갖춰지고 난 후에 진출을 하려면 한국 경제력이나 ODA 등 국제원조 규모를 봤을 때 많은 어려움이 예상된다. 아직 아프리카가 한국의 도움을 필요로 할 때 더 늦기 전에 적극적인 진출 전략을 세워야 한다.

아프리카는 미래 생산 기지이자 중동을 대체할 자원의 보고다. 또 마지막 남은 미개발 지역으로 관심을 받고 있다. 중국과 차별화되는 한국만의 동반성장 전략을 바탕으로 아프리카를 성장의 파트너로 인식하고 한국만이 제공할 수 있는 적극적인 기술이전과 현지 일자리 창출에 역량을 집중한다면 미래 한국 성장의 동력 역할을 할 아프리카시장을 선점할 수 있는 가능성은 아직 열려있다.

Chapter 05

아프리카가 한국을 부른다

한국만의 차별화된 장점을 살리고 아프리카와 동반성장하기 위해서는 먼저 소통해야 한다. 아프리카가 지구상 마지막 남은 미개척시장이자 선진국 도약을 노리는 한국에 신 성장동력 역할을 할 시장이라는 점에서 많은 사람들이 공감한다. 그러나 정부나 국내 기업들이 아프리카에 대해 갖고 있는 지식은 전무한 수준이다.

정치적으로 한국은 아프리카를 철저히 무시해왔다. 한-아프리카 수교 50년 동안 아프리카를 찾은 우리나라 대통령은 딱 2명뿐이다. 정부 부처별로 아프리카 포럼을 준비하는 등 아프리카에 관심을 기울이는 듯 보이지만 각 부처를 총괄하는 컨트롤 타워가 없어 시너지가 발휘되지 않는 것도 문제다.

아프리카를 이해하기 위한 노력과 투자도 부족한 실정이다. 사하라 이남 아프리카 48개국에 한국 대사관 수도 14개에 불과하다. 국내 기업들의 진출을 돕고 아프리카시장 조사 역할을 해야 할 **KOTRA** 무역관 역시 4곳에 불과하다. 우리와 이질적인 문화를 가진 아프리카를 전문적으로 연구할 연구기관은 말할 것도 없고 국내 아프리카 전문가 수도 채 **100**명이 되지 않는다.

가장 큰 문제는 물리적 거리 문제를 해결해줄 직항로가 없다는 점이다. 한국에서 아프리카를 가기 위해서는 홍콩이나 유럽을 경유해서 들어가야 한다. 아프리카시장에 본격적으로 진출하기 위해서 직항로 문제를 시급히 해결할 필요가 있다.

그동안 아프리카 외교를 등한시했던 정부의 전향적인 방향 전환과 효율적 정책 실행을 위한 시스템 구축이 시급하다.

아프리카와 소통합시다

아프리카와 외교관계를 맺은 지 50년이 지났지만, 우리의 아프리카 외교는 걸음마 수준이다. 지난 50여 년간 한국 대통령의 아프리카 순방은 2번뿐이었다. 아프리카연합(AU) 정상회의에 외무장관을

한국의 아프리카 정상외교 역사

- **2003년** 이후 후진타오 **4회**, 원자바오 **8회** 순방

- **2009년** 중국·아프리카 포럼, 아프리카 정상 **49명** 참석

보낸 것은 단 한 번이었다. 후발 주자로서 단시간 내 아프리카 외교에 추동력을 줄 수 있는 길은 정상 외교다. 외교안보연구원 강선주 교수는 "정상 간의 인적 교류는 관계의 급속한 진전을 가져오고 관계도 오래갈 수 있다"며 "정상 순방을 정례화해 한국이 아프리카를 동반성장의 파트너로서 중요시하고 있다는 점을 확실하게 인식시킬 필요가 있다"고 말했다.

한국 외교의 우선순위를 고려할 때 정상의 연례 아프리카 방문이 어려울 경우, 대통령과 국무총리가 격년으로 아프리카를 순방하는 방안을 검토해 볼 수 있다.

아프리카 정상들이 모두 참석하는 AU 정상회의에도 매년 외무장관을 파견해 관계를 강화해야 한다. 정상급 채널을 갖지 못한 한국이 1년에 2번씩 열리는 아프리카 정상 모임을 외면한 채 다른 곳에서 관계 강화를 외친다는 것은 말이 되지 않는다. 자체적으로 아프리카 정상이 참여하는 아프리카 포럼을 운영하고 있는 중국은 이에 만족하지 않고 AU 정상회의에도 장관급 대표단을 매년 보내고 있

AU 정상회의 참석 현황

구분	상반기	하반기
2005년	천영우 외교정책실장	반기문 외교부 장관 (유엔 사무총장 출마용)
2007년	에티오피아 대사	에티오피아 대사
2008년	본부 대사	차관보
2009년	에티오피아 대사	리비아 대사
2010년	에티오피아 대사	유엔 국장
2011년	차관보	적도기니 개최 예정

다. 한국은 2006년 당시 반기문 외교통상부 장관이 유엔 사무총장 선거를 앞두고 AU 정상회의에 방문한 바 있다. 이후 한국은 AU 정상회의에 장관급 고위 인사를 보내지 않고 있다.

대사관·무역관 증설합시다

소말리아 해역에서 우리 선박이 해적에 납치됐을 때, 담당 영사가 현장에 도착하기까지 3~4일의 시간이 걸린다. 소말리아에 우리 대사관이 없어 케냐에서 가야 하기 때문이다. 케냐 대사 한 명이 담당하는 국가는 무려 7개국에 달한다.

또 코트디부아르 대사가 맡는 4개국의 면적은 197만 ㎢. 남한 면적의 19배다.

소통을 강화하려면 접촉면을 넓혀야 한다. 지금처럼 절대적인 공관 부족으로 대사 1명이 여러 국가를 겸임해야 하는 상황에서 제대로 된 소통을 기대하기 어렵다. 지역별 거점국가와 앞으로 협력관계가 커질 가능성이 있는 국가를 중심으로 10개 이상 대사관을 증설해야 한다.

당장 대사관이 없는 국가의 경우, 특사 외교를 활용할 필요가 있다. 강 교수는 "연례 특사 파견은 한국 정상과 외무장관의 아프리카 외교를 보완하는 효율적 수단"이라고 강조한다.

대사관 역할에 대한 전략적 재인식도 필요하다. 지금처럼 정무·경제·영사 담당으로 1명씩 배치하는 방식으로는 대사관이 늘어난다

해도 커다란 협력 증대를 기대하기 어렵다. 대사관이 외교와 무역·
투자, 자원·에너지, 건설·플랜트, 금융 등을 총괄적으로 지원할 수 있
는 서비스 기관이 돼야 한다. 남부와 동부, 서부 3곳의 거점 국가에
이 같은 종합적 기능을 갖춘 대사관을 만든다면, 주변국에 대한 지
역 센터로서의 지원 기능과 역량을 발휘할 수 있다.

물론 행정 조직 특성상 법과 제도가 갖춰져야 하기 때문에, 지금
당장 조직을 바꾸는 데 필요한 예산이 충분치 않을 것이다. 그렇다
면 할 수 있는 것부터 해보자. 국가별로 중점 협력분야를 정하고 거
기에 맞는 인력을 우선 배치하는 것이다. 국가 전산망에 관심 있는
국가에 정무와 영사 인력만 보내서야 협력이 되겠는가? 해당 국가
에서 필요로 하는 분야를 파악한 뒤 이에 걸맞은 협력관을 대사관에
배치할 수 있다. 박사급 전문 인력이면 더 효과가 있을 것이다. 이렇
듯 주요 기능별로 대사관을 재편하는 노력이 필요하다.

코트라 조직과 인력 재배치도 시급하다. 코트라는 미국과 유럽에
각각 8개, 22개 무역관을 두고 있지만, 아프리카 무역관은 단 4개에
불과하다. 아프리카 진출을 노리는 중소기업에 더 많은 정보를 제공
하려면 선진국에 있는 무역관과 인력을 줄이고 아프리카로 재배치
해야 한다.

아프리카 평화유지군 참여합시다

한국이 아프리카와의 관계를 강화하는 좋은 방안 가운데 하나는 아

프리카 평화와 안정 유지에 보다 적극적으로 참여하는 것이다. 특히 UN으로부터 국제적 정당성을 부여받은 아프리카 평화유지활동 또는 국가 재건사업 등에 적극적으로 참가하는 것으로 고려해야 한다.

평화유지군 참여는 여러 면에서 외교적 효과를 발휘할 수 있다. 평화유지군을 파견하면 해당 아프리카 국가와의 외교적 접촉이 자연스럽게 증가한다. 미래의 정치·경제적 관계의 토대를 마련할 수 있는 것이다.

평화유지군에 참가한 한국군의 아프리카 경험도 훌륭한 정보 공급원 역할을 할 수 있다. 여기서 한 가지 명심해야 할 것은 평화유지군은 실제 전투를 하는 경우가 극히 드물다는 것이다. 국내에서 제기되는 해외 파병 논란의 상당부분이 실제 전투에 따른 사상자 발생 가능성에 초점을 맞추고 있다. 하지만 평화 유지 활동, 즉 'Peace Keeping'은 말 그대로 전투보다는 해당 지역의 평화유지가 목적이다.

또 아프가니스탄 지방재건지원팀처럼 우리 예산이 드는 파병이 아니다. 유엔평화유지군은 세계 각국이 내는 PKO 분담금으로 운영된다. 그러므로 PKO 파병은 우리가 내고 있는 막대한 PKO 분담금을 다시 찾아올 수 있는 방법이기도 하다.

여기서 중요한 것은 평화유지군을 받아들이는 해당 국가 상황이다. PKO를 수용하겠다는 것은 전후 복구와 재건·인도적 지원을 필요로 한다는 것이다. 따라서 우리 평화유지군 활동이 제대로 진행되기 위해서는 PKO 활동과 개발협력 간 정보 교환과 협력 체계를 구축해야 한다. 개발 협력을 맡는 외교통상부와 해외 파병을 맡는 국방부가 파병군의 활동에 대해 민·군 협동 체제를 마련하는 것도 하나의 방법이 될 것이다.

컨트롤 타워 설치합시다

아프리카 정책을 통합·조율할 컨트롤 타워도 세워야 한다. 지금은 총리실 주관으로 아프리카 정책협의회를 열고 있지만, 비상설 기구로 현안이 있을 때 한 번씩 모여 부처별로 의견을 나누는 정도다. 이에 따라 지금 우리 정부의 아프리카 진출은 부처별·분야별로 분산돼 추진되고 있다. 시너지 효과가 전혀 발휘되지 못하고 있고 얼마 안 되는 가용 자원마저 낭비되고 있는 것이 현실이다. 아프리카 주요 국가와의 협력에 있어 다양한 부처별 자원이 통합적으로 운용되지 못함에 따라 훨씬 많은 것을 할 수 있음에도 성과를 내지 못하고 있는 것이다.

기업체 입장에서도 아프리카에 진출하거나, 정보를 얻으려면 필요한 분야를 찾아 부처별·기관별로 접근해야 한다. 금융을 위해서는 한국수출입은행을, 자원개발 현황은 지식경제부에, 무역 상황은 코트라, 정치 상황이나 생활 여건은 외교통상부에 물어봐야 한다.

아프리카 관련 정책을 범부처 차원에서 검토하고 조율할 수 있는 컨트롤 타워가 절실하다. 총리실 산하에 국무총리실장을 책임자로 하는 아프리카 전략본부가 설치된다면 큰 역할을 할 수 있을 것이다.

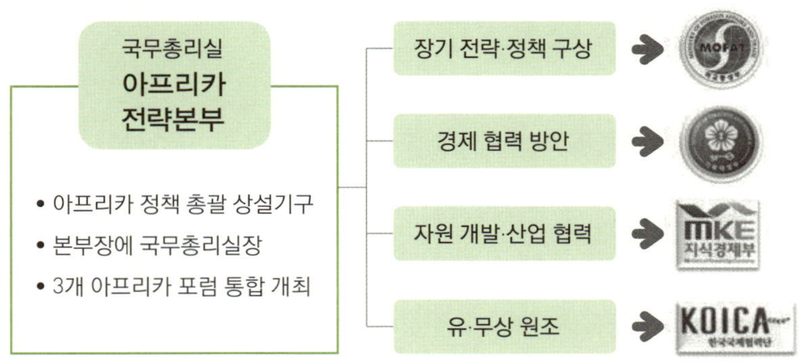

컨트롤 타워는 아프리카 전반에 대한 범부처적인 경협 활성화 전략을 마련할 수 있다. 또 전략적 협력국에 대한 장기적 진출 전략도 만들어야 한다.

아프리카 진출과 관련한 부처 간 사업과 예산을 조율하고 고위급 플랫폼을 통합 운영하는 것도 필요하다. 특히 외교통상부와 기획재정부·지식경제부가 제각기 개최하는 아프리카 포럼을 하나로 통합, 아프리카 정상이 참여하는 '한·아프리카 서밋'으로 확대·발전시켜야 한다.

때마침 2012년은 3년마다 개최되는 외교통상부의 한-아프리카 포럼, 2년마다 열리는 기획재정부의 한-아프리카 경제장관 포럼, 매년 개최되는 지식경제부의 산업협력 포럼이 같이 열리는 해다.

이 기회를 살려 일단 3개 포럼의 시기를 집중할 필요가 있다. 아프리카 주간을 만들어 3개 포럼 개최 시기를 맞춰 아프리카 정상 초청도 시도할 만하다. 각각의 포럼은 장관급 영역이지만, 3개 포럼을 합친다면 아프리카 정상이 참여하는 아프리카 서밋으로 격상시킬 수 있다.

다만 중국-아프리카 포럼과의 차별성은 반드시 고려해야 한다. 3년 주기로 열리는 중국-아프리카 포럼은 한-아프리카 포럼과 시기가 겹친다. 한-아프리카 서밋을 출범시킨다면, 중국 포럼과의 시기 문제, 더 나아가서 아프리카 정상이 중국 포럼과는 별도로 한국의 포럼에 참석해야만 하는 이유를 만들어내야 한다. 아프리카 국가 정상의 입장에서 봤을 때, 중국·일본에 이어 한국까지 방문하려면 그만큼 얻어가는 것이 있어야 하기 때문이다. 한국의 차별화된 강점을 포럼에 적극 반영할 필요가 있다.

한-아프리카 경제연구원 설립합시다

중국은 지난 2010년 아프리카 리서치센터를 설립, 아프리카 관련 자료와 정보를 수집하고 있다. 그러나 한국에는 아프리카 전문가도 부족하고 아프리카 관련 정보를 취합할 시스템도 구축돼 있지 않다.

아프리카 진출 정보를 일원화할 수 있는 조직이 반드시 필요하다. 이와 관련, 아프리카 전문가를 키우고 관련 정보를 통합 관리할 수 있는 아프리카 경제연구원 설립을 생각해 볼 수 있다.

아프리카 경제연구원은 외교통상부와 기획재정부, 지식경제부 등 정부 부처와 코트라, 수출입은행 등 국책 기관에 흩어진 아프리카 관련 정보를 모아 아프리카와 동반성장할 수 있는 전략을 이론적으로 뒷받침하는 역할을 할 수 있다. 취합된 정보를 정부뿐 아니라, 아프리카 진출을 노리는 기업이나 대학에도 제공, 한-아프리카 경제연구원을 한국의 '아프리카 정보 허브'로 키워야 한다.

또 영국, 프랑스 등 아프리카에 대한 오랜 연구 경험이 축적된 국가의 연구소와 네트워크를 구축하는 차원에서라도 아프리카 경제 연구원은 필요하다. 연구 기관 간 협력 시스템이 구축되면 먼저 그들의 시행착오에 대한 정보를 확보하는 한편 공동으로 아프리카 지역 전략으로 마련할 수 있다.

한·아프리카 경제 연구원 역할과 기능

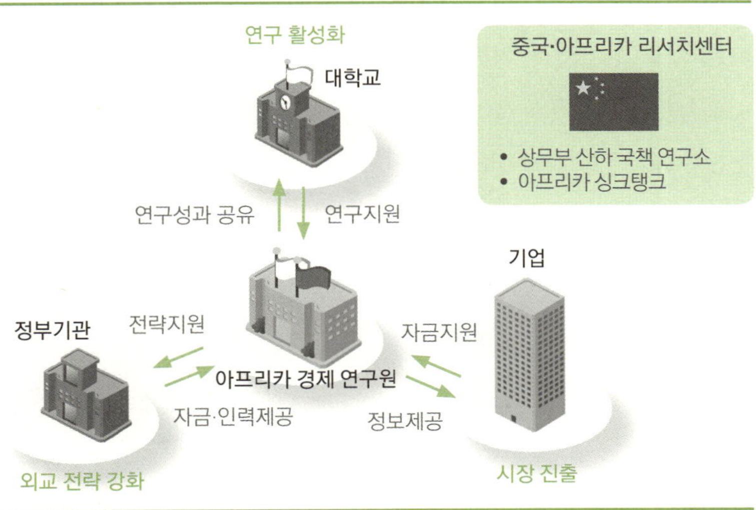

효율적 원조 시스템 도입합시다

아프리카원조 전략도 전면 재정비해야 한다. 지금은 유상원조와 무상원조, KSP(개발경험공유사업)가 국가 선정부터 사업 진행까지 모두 별도로 운영되면서 전혀 시너지 효과를 내지 못하고 있다.

아프리카원조의 효율성을 높이려면, 컨설팅에서 인프라 구축, 교육 훈련까지 연결되는 '원조 패키지'가 필요하다. 원조가 개발로 이어질 수 있도록 정책 방향과 경제 기반을 함께 지원하는 것이다. 이를 통해 '한국형 원조 모델'을 만들어야 한다. 후발주자인 한국이 강대국 틈바구니에서 아프리카 저변을 확대하기 위해서라도 절실히 요구되는 사안이다.

선결 조건은 각 원조의 유기적 연결이다. 한국개발전략연구소(KDS) 전홍민 실장은 "개별 원조 프로그램만으로는 대상국의 개발 과제 지원이 어렵다"며 "개발과제에 따라 유·무상원조와 개발경험공유사업(KSP)을 통합한 하나의 원조 시스템이 필요하다"고 강조한다. '인프라 개발을 위한 전략 수립(KSP) → 개별 사업의 마스터 플래닝(무상원조) → 인프라 구축 사업(유상원조) → 관련 교육 훈련(무상원조)'으로 이어지는 원조 모델이다.

아프리카원조 비중도 높여야 한다. 한국은 2009년 양자 간 공적개발원조(ODA)의 11.9%를 아프리카에 배정했다. 전 세계 공여국 평균치인 32.8%의 1/3 수준이다. 정부는 2010년 ODA 선진화 계획에서 아프리카원조 비중을 20%까지 늘리겠다고 발표했지만 '한국형 원조

모델'을 만들기 위해서는 이를 30% 이상으로 상향조정해야 한다.

또 지금처럼 많은 나라에 적은 원조를 나눠주는 '백화점식 원조'에서 벗어나 중점 협력국에 원조를 집중해야 한다. 코이카 한승헌 연구원은 "네덜란드는 협력 대상국을 3개의 카테고리로 나누고 지속 지원 국가군과 지원 중단 국가군을 분류하고 있다"며 "많은 협력국을 지속적으로 지원하기 어려운 현실에서 국가군을 나눠 지원하는 것은 좋은 대안이 될 것"이라고 말했다.

보다 근본적으로는 아프리카원조에 대한 종합적 전략이 필요하다. 이는 아프리카에서 한국이 추구할 국익, 가치와 규범, 거점국가 선택, 비용과 이익 등을 종합적으로 고려한 것이어야 한다.

먼저 원조를 전면에 내세워 아프리카 에너지와 광물 자원 확보에만 과도하게 집착하는 것은 지양해야 한다. 아프리카원조를 통해 에너지와 수출시장 확보 등 반대급부를 기대할 수 있다. 그러나 대규모 원조를 통해 아프리카 각국의 환심을 사려면 한국이 감당하기 힘든 비용을 투입해야 한다. 아예 대놓고 원조와 자원을 직접적으로 연결하고 있는 중국과 같은 방식으로 경쟁을 할 수는 없는 일이다.

또 원조를 앞세운 자원·에너지 외교는 가치 규범의 존중을 어렵게 하고, 해당 국가뿐 아니라 국제사회에서 한국의 이미지를 추락시킬 가능성이 크다. 따라서 아프리카의 파트너로서 신뢰를 쌓는 것이 한국의 국격을 높이는 길이고 장기적으로 국가적 이익이 될 수 있다. 이런 방식은 시간은 걸리겠지만, 아프리카 국가들에게 정치적 안정과 경제 성장을 가져다 주고, 한국에게도 도움이 된다.

원조 방향은 아프리카 생산 역량 증가와 전 세계적인 자유무역 체제로 통합시키는 방안을 포함해야 한다. 이른바 '무역을 위한 원조(Aid for Trade)'다. 아프리카 국가들의 무역 역량을 키워주고 무역을 촉진시키는 방향으로 원조를 집중할 필요가 있다.

한국의 노동집약적인 산업을 BOT(Build-Operate-Transfer) 방식으로 아프리카에 직접 투자하는 것도 또 다른 원조가 될 수 있다. 이 경우, 아프리카는 자신들의 노동력을 이용할 뿐 아니라 제조업 능력을 확충할 수 있다. 한국 입장에서는 보다 경쟁력 있는 곳에서 노동집약적 산업을 지속할 수 있다는 점에서 긍정적이다. 아프리카 국가들을 위한 'Aid for Trade'가 한국과 FTA나 BIT(Bilateral Investment Treaty, 양자투자협정)로 이어질 수 있고, 한국기업의 아프리카 진출을 촉진해 그만큼 경제적 기회를 제공할 수 있다.

직항로 개설합시다

아프리카는 멀다. 중동이나 동남아, 유럽을 거쳐야 하고 비행기만 20시간가량 타야 한다. 그러나 정작 실거리는 14시간 안팎이면 갈 수 있는 미국 동부와 비슷하다. 단지 직항이 없기 때문에 심리적으로 더 멀게 느껴지고 가기 어려울 뿐이다.

한국과 아프리카의 소통 강화를 위해 가장 필요한 일은 물리적 거리를 좁히는 것이다. 중국은 홍콩에서 케세이 퍼시픽과 케냐 항공,

남아공 항공을 이용해 아프리카 전역에 바로 진입할 수 있다.

한국도 아프리카 직항로 개설이 필요하다. 기존의 '인천-뉴델리' 또는 '인천-뭄바이' 노선을 연장하거나, '인천-나이로비(케냐)-요하네스버그(남아공)' 노선 신설을 추진해야 한다.

이미 한국과 항공협정을 체결한 아프리카 국가만 11개국에 달한다. 이 중 남아프리카공화국, 케냐, 나이지리아 등 8개국은 운항 횟수까지 합의했다. 국내 항공사들도 남아공 노선을 지난 몇 년간 검토해왔다. 그러나 수익성을 이유로 선뜻 나서지 못하고 있다. 이를 해결하기 위해서는 공급이 수요를 창출할 수 있다는 발상의 전환이 필요하다. 이미 기반은 갖춰져 있는 만큼, 기업들이 나설 수 있게 정부도 정책적 지원을 검토해야 한다.

한국-아프리카 직항로

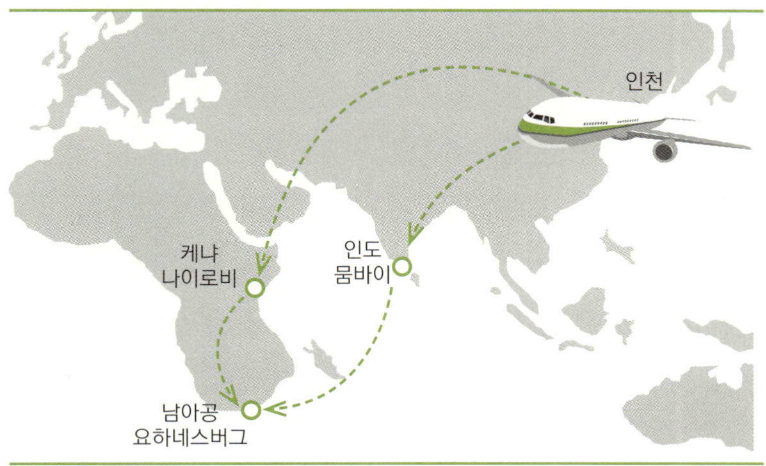

아프리카 마음을 얻읍시다

"예수님이라면 이곳에 학교를 먼저 세울까? 성당을 먼저 세울까? '학교'를 먼저 세웠을 것이다."

〈울지마 톤즈〉의 고(故) 이태석 신부는 남수단의 참담한 상황을 보고 이렇게 되뇌었다. "빈곤을 벗어날 수 있다"는 희망을 보여주기 위해 그는 먼저 '학교'를 짓고 또 '병원'을 짓는다.

오지 중에서도 오지인 아프리카 수단 남쪽의 작은 마을 톤즈. 내전으로 인해 200만 명 이상이 목숨을 잃고, 빈곤과 기아, 질병에 허덕이는 최악의 마을에서 이태석 신부는 희망의 씨앗을 뿌렸다.

의사라는 편한 길을 버리고 신부의 길을 걸었던 이태석 신부는 그곳에서 진짜 의사가 되고 또 참 사제가 됐다. 이태석 신부는 아프리카인들의 마음을 얻기 위해 우리가 무엇을 어떻게 해야 하는지 삶을 던져 보여줬다.

도서관 1,000개 지어줍시다

유엔 세계관광기구 스텝재단은 아프리카 아이들에게 도서관을 만들어주는 '고마워요, 작은 도서관' 사업을 벌이고 있다. 2007년 10월 시작한 이 사업으로 지금까지 아프리카에 100개의 도서관이 들어섰다.

이 사업을 이끌고 있는 스텝재단 도영심 이사장은 "작은 도서관 하나가 마을에 가져온 변화는 상상할 수 없는 수준"이라고 말했다.

도 이사장은 "아프리카를 여러 차례 방문했는데 현장을 보고 겪으면서 단순히 원조만으로는 안 된다는 걸 알았다"며 "원조받는 사람들의 태도를 변화시켜야 근본적인 빈곤 탈출이 가능하고 이를 위해서는 교육이 가장 확실한 방법"이라고 주장한다.

"도서관이 마을 공동체의 중심이 됩니다. 아이와 엄마들이 이곳에

아프리카에 도서관 지어주기 캠페인

- 기업참여 아프리카 도서관 지어주기 캠페인
- **3,000만 원**으로 아이들에게 희망
- 문맹률 감소, 교육 기반 확보, 한국 이미지 제고

와서 글을 깨치고 책을 읽습니다. 가난을 벗어나는 첫 걸음이 배움이라는 것을 배워 나가는 겁니다."

현지에서 도서관 건물과 인력을 제공하면 스텝재단은 국고 지원 등을 받아 책과 학용품으로 내부를 채운다. 원조는 주는 쪽과 받는 쪽의 '파트너십'에 기반해야 한다는 원칙 때문이다. '작은 도서관' 사업은 한 번에 큰돈을 풀고 마는 방식에서 벗어나 현장에 꼭 필요한 소규모 원조로 꾸준히 돕는 '스마트원조'의 대표적인 예다.

반기문 유엔 사무총장도 '고마워요, 작은 도서관' 사업에 큰 애정을 보이고 있다.

가나에서 주택사업을 시작한 STX가 가장 먼저 시작한 사회공헌 사업도 도서관 짓기다. STX는 가나 수도 아크라에서 약 25km 떨어진 카소아(Kasoa)마을에 첫 도서관을 지었고 또 오지마을로 찾아가는 이동식 도서관 사업도 시작했다.

STX 관계자는 "가나를 위해 무엇을 할까 고민하다 도서관 사업을 시작했다"며 "아프리카 아이들의 꿈이 자라는 터전으로 만들고 싶다"고 말했다.

아프리카 마을에 도서관 하나 짓는 데 드는 비용은 3,000만 원에 불과하다. 도 이사장은 "국내 기업들과 NGO 단체가 나선다면 1,000개의 도서관은 충분히 지어줄 수가 있다"며 "아프리카에서 한국에 대한 인식을 바꿀 수 있는 좋은 사례가 될 수 있을 것"이라고 말했다.

하지만 도서관을 지어주는 데도 원칙이 있다고 한다. 모든 것을 다해주면 안 된다는 것이다. 예를 들어 현지인들이 직접 책을 고르고 운영하게 하는 것이다. 도 이사장은 이렇게 이야기한다.

"사람의 능력 배양에 초점을 맞춰야 해요. '1+1=2'인 것도 모르는 엄마들을 가르쳐야 해요. 중요한 건 우리가 직접 하지 않고 그곳 사람들에게 모든 걸 맡긴다는 거예요. 정부와 민간단체가 도서관을 세울 곳을 선정하고, 원하는 책도 고르게 해야 합니다. 그래야 사후관리를 열심히 하니까요. 책 목록을 정하는 마을 회의에는 추장부터 어린 아이까지, 열띤 토론이 벌어져요. 《이순신》이나 《장화 홍련》 같은 전래 동화를 모은 '코리안 코너'는 꼭 만들 필요가 있습니다."

도서관과 함께 학교를 지어주는 교육사업도 아프리카 자립의 씨앗이 될 수 있다.

한국국제협력단(KOICA)은 경상북도 등과 공동으로 우간다와 탄자니아 4개 마을에 '한국형 밀레니엄 빌리지' 조성사업을 벌이고 있다. 밀레니엄 빌리지 사업의 핵심 중 하나는 학교 설립이다. 자립을 위한 가장 빠른 길이 바로 교육 사업이기 때문이다. 이를 알기에 유명인들도 아프리카 학교 설립 사업에 나서고 있다. '토크쇼의 여왕' 오프라 윈프리는 남아프리카공화국에 여학교를 설립해 운영하고 있다. 빌 게이츠도 아프리카 학교 설립을 지원하고 있다. 국내에서는 가수 이승철 씨가 국제구호개발기구 굿네이버스와 손잡고 '아프리카 희망학교 만들기'에 동참해 차드에 학교를 건립하겠다고 밝혔다.

하지만 국내 기업들의 참여는 부족한 상황이다. 허쉬코리아가 펼치고 있는 아프리카 학교 건립 지원 사업은 좋은 참고가 될 수 있다. 허쉬코리아는 초콜릿 판매 수익금의 일부를 적립해 아프리카 어린

이들을 위한 학교 설립 후원금으로 기부할 예정이다. 이처럼 기업들의 공익캠페인을 통해 학교 건립을 지원할 수도 있고 사회공헌차원에서 직접 학교를 설립해 운영을 할 수도 있다.

현지 진출을 시도하는 기업이라면 인력훈련센터를 설립해 지원할 필요가 있다. 기업이 현지에 공장을 설립할 때 인력훈련센터를 함께 가지고 들어가면 센터에서 필요한 인력을 직접 훈련시켜 일자리를 제공할 수 있다. 심의섭 명지대 교수는 "우리나라의 은퇴한 기술인 등을 활용하면 효과가 클 것"이라고 말했다.

한국형 풀브라이트 장학재단 만듭시다

한국 경제학의 기틀을 마련한 조순 전 경제부총리는 미국 풀브라이트재단의 장학금을 받아 미국에서 유학했다. 유학 후 한국으로 돌

아프리카 장학재단

아온 조순 전 부총리는 한국 경제 발전의 씨앗을 뿌린 많은 제자들을 길러냈다.

1946년 설립된 미국의 풀브라이트재단은 세계 각국의 교수·교사·학생들을 미국에 보내 공부할 수 있도록 하는 역할을 맡아 왔다. 이를 통해 미국에서 공부한 전 세계 지식인들이 약 120개국 10만여 명에 이른다. 이들은 대부분 유학을 마친 후 고국으로 돌아가 고국 발전의 밑거름이 된 것은 물론 양국 간 가교 역할도 했다. 한국에서도 조순 전 부총리와 이현재 전 국무총리 등 1,000여 명이 장학 혜택을 받았다.

미국에는 제3세계 엘리트들을 유학시켜주는 장학재단이 풀브라이트재단 외에도 많다. 1983년 아웅산 폭탄테러로 숨진 김재익 청와대 경제수석은 젊은 시절 서울대 외교학과를 졸업하고 미국 유학을 계획했다. 하지만 경제적인 문제가 해결되지 않아 고민하고 있을 때 미국 포드재단이 그에게 손을 내밀었다. 하와이대 동서문화센터도 그에게 도움을 주었다.

이런 도움으로 미국 스탠퍼드대에서 경제학 박사 학위까지 받은 그는 귀국 후 한국 경제 밑그림을 그리는 역할을 했다. 그는 경제기획원 경제기획국장을 거쳐 1980년부터 사망 때까지 대통령비서실 경제수석비서관을 지냈다. 북한은 당시 버마(현 미얀마)를 방문 중이던 전두환 대통령과 수행원을 대상으로 폭탄테러를 저질렀고, 김 수석 등 수행원 17명이 사망했다.

그런 김재익 수석의 미망인 이순자 숙명여대 명예교수가 남편과 자신의 모교인 서울대에 20억 원을 기부했다. 남편이 받았던 도움처럼 개발도상국 젊은이에게 힘이 되어달라는 뜻에서다.

이 교수는 서울대에 보낸 편지에서 "남편은 미국에서 박사 학위를 받을 때까지 하와이대 동서문화센터와 포드재단으로부터 학비 전액을 지원받았다"며 "반세기 전 남편이 받은 혜택처럼 이번 장학금을 활용해 서울대에 유학 온 개발도상국 젊은이들에게 도움을 주고 이들이 귀국해서 자신이 받은 혜택을 바탕으로 자신들의 나라를 좀 더 잘 사는 나라로 만들자는 애국심을 키우길 바란다"고 했다.

"이건 오래전부터 생각해왔어요. 생전에 남편은 우리가 좀 살게 되면 우리보다 못한 나라 젊은이를 위해 교육프로그램을 해야 한다고 했어요. 제가 내놓으려는 액수가 제 형편에서는 매우 크지만 참 적다는 걸 알았어요. 개인당 한 해 3,300만 원가량 든다고 하네요. 선의를 가지고 있는 사람들이 혹 더 있을지 모르니, 대학 측에서는 펀드를 키우자고 하더군요." 이 명예교수의 이야기다.

서울대는 고 김재익 수석과 이순자 교수의 뜻을 받들어 아프리카 등 개발도상국의 뜻있는 학생과 젊은 관료들이 서울대에서 경제, 행정, 경영, IT 등 다양한 분야를 공부할 수 있도록 '김재익 펠로십(Fellowship) 펀드'를 만들었다. 이 명예교수는 김재익 펠로십 펀드가 "풀브라이트 장학금처럼 커질 수 있다면 좋겠다"는 기대감을 나타냈다.

이처럼 한국과 아프리카의 관계를 강화하기 위해서는 아프리카 대학생과 관료, 언론인 등을 한국으로 초청해 교육시키는 한국형 풀브라이트 장학재단을 만들 필요가 있다. 현재도 교육부와 코이카(KOICA) 등에서 아프리카 유학생 교육 사업을 진행하고 있지만 이를 좀 더 체계화하고 유학생 수를 1,000명 규모로 늘려야 한다.

교육과학기술부는 국립국제교육원이 실시해 오던 '정부초청 외국인 장학생 사업'과 '국비유학생 사업'을 통합하고, 여기에 정부 차원의 학술교류 진흥사업을 묶어 한국형 풀브라이트 프로그램을 진행한다는 구상을 가지고 있다.

하지만 문제는 재원마련이다. 정부 자금만으로는 한계가 있다. 진정한 풀브라이트 장학재단이 되기 위해서는 민간 차원의 지원이 절실하다. 삼성과 현대차, LG 등 대기업이 사회공헌차원에서 적극적으로 참여할 필요가 있다.

박수덕 외교통상부 아프리카 과장은 "아프리카 엘리트들을 교육시키면 돌아가서 그 나라 차관도 되고 장관도 될 것"이라며 "한국·아프리카 간 네트워크를 강화할 수 있는 가교 역할을 할 것"이라고 진단했다.

호스피털 외교에 나섭시다

원광대 의대를 졸업한 유지만 씨는 군의관이나 공중보건의를 선택하지 않고 아프리카 가나에서 의료봉사를 하는 것으로 군복무를 대신했다. 그는 2010년 말까지 가나 수도 아크라에 있는 종합병원에서 일했다.

유 씨는 "한국에서는 감기처럼 쉽게 낫는 병에 걸려도 그곳에서는 아무런 치료도 못 받고 죽는 사람을 많이 봤다"며 "그들이 절실히 필요로 하는 것은 의료 서비스 지원"이라고 말했다. 중국의 대아프리카 외교가 '스타디움 외교'로 불린다면 우리는 병원을 지어주는 '호스피털(Hospital) 외교'로 그들의 마음을 얻을 필요가 있다. '호스피털 외교'는 정부 차원에서 진행하는 것보다는 대기업들이 사회공헌 차원에서 나서는 것이 바람직하다.

유 씨는 "우리나라에서 안 쓰게 되는 진단·치료장비도 그 나라에서는 최첨단 장비"라며 "이런 장비를 활용한다면 어렵지 않게 병원을 지을 수 있다"고 지적했다.

또 유 씨처럼 아프리카에서 의료봉사를 하는 인력을 늘릴 필요가 있다. 현재 대체복무로 코이카에서 파견하는 의사가 있지만 연간 15명 수준이다. 이를 100명 이상 수준으로 확대해야 한다.

유 씨는 "나처럼 아프리카에서 의료봉사활동을 하고 싶어 하는 의대생들이 많지만 이런 제도가 잘 알려지지 않고 있다"며 "인원을 늘리고 적극적으로 홍보한다면 지원자는 많을 것"이라고 자신했다. 이밖에 무의촌을 찾아다니는 모바일 역할을 할 수 있도록 앰뷸런스를 지원해주는 것도 호스피털 외교의 한 방법이다.

병원을 지어주고 의료진을 보내는 것도 중요하지만 아프리카 의료인력을 키울 수 있는 대학병원을 지어주는 것도 의미 있는 일이다. 다른 분야처럼 의료 분야에서도 자립 능력을 키워줘야 한다. 현재 미국 존스홉킨스대가 가나대학과 함께 현지에 대학병원 건설을 추진하고 있다.

아프리카에 대학병원 같은 수련병원(Teaching Hospital)이 자리 잡기 전에는 아프리카 의대생이나 의사 지망생들을 데려다 한국 대학병원에서 교육을 시키는 것도 좋은 방안이다.

'미네소타 프로젝트'라는 것이 있었다. 우리가 지금의 아프리카보다 더 못살던 시절인 1955년부터 1961년까지 7년 동안 미국 국제협력본부가 한국 원조 프로그램 일환으로 미네소타대에 의뢰해 서울대 의대생과 교수요원들을 데려다 교육을 시켜주던 지원프로그램이다.

당시 230명에 가까운 서울대 의대생과 예비 교수들이 짧게는 3개월, 길게는 4년간 미국 미네소타 의대에서 의료 교육을 받았다. 이뿐 아니라 모두 60여 명의 미네소타의대 자문교수들이 길게는 7년간 한국에서 생활하면서 한국 대학의 의학 교육 전반에 대해 자문을 해주는 역할을 했다. 미네소타 프로젝트는 서울대 의대는 물론, 한국 의료 발전의 초석이 되었다.

다행스러운 점은 원조를 받는 국가에서 원조를 하는 나라로 발전한 우리나라에서도 개발도상국을 상대로 한국판 '미네소타 프로젝트'를 진행하고 있다는 점이다.

서울대병원은 1950년대 중반 미국 미네소타대가 주도한 '미네소타 프로젝트'를 통해 선진 의료기술을 접하고 국내 의료인력 기반을 마련한 것처럼, 개발도상국에 우리의 보건의료 개발경험을 토대로 한 지식과 기술을 나눔으로써 개도국 의료 수준을 끌어올리기 위한 프로젝트를 진행하고 있다. 이 프로젝트의 이름은 '이종욱-서울 프로젝트'다.

한국국제보건의료재단과 서울대 의대가 개발도상국 보건의료인력 양성을 위해 마련한 '이종욱-서울 프로젝트'는 고(故) 이종욱 세계보건기구 전 사무총장의 이름을 딴 한국형 보건의료 원조모델이다.

또 서울아산병원 역시 아산판 미네소타 프로젝트인 '아시아 속 아산 프로젝트'를 운영, 현지 의료진들의 국내 연수를 활발히 진행하고 있다. 세브란스병원 역시 활발한 해외 의료인력 지원활동을 펼치고 있다.

민간 차원에서 이뤄지는 외국 의료지원 사업만이 활발한 것은 아니다. 정부 역시 앞 다퉈 외국 의료인력의 국내 연수사업을 지원하는 등 활발한 활동을 펼치고 있다.

앞으로 한국판 '미네소타 프로젝트'를 아프리카 국가들을 상대로 적극적으로 추진할 필요가 있다.

아프리카에 부족한 의약품을 지원하는 사업도 정부와 민간차원에서 동시에 진행해야 한다. 이를 위해 빌 게이츠의 사례를 벤치마킹할 필요가 있다.

빌 게이츠가 만든 자선단체 '빌 앤 멜린다 게이츠 재단'은 일본 제약업체와 손잡고 빈곤국을 위한 저가 의약품 개발에 나섰다. 특히 빈곤국의 말라리아와 소아마비 등의 질병 퇴치와 예방을 위해 저가 백신 보급을 1차 과제로 삼았다. 이는 저소득층을 위한 제품을 대량 공급함으로써 기업 수익과 개발도상국 지원이라는 두 마리 토끼를 잡기 위한 포석으로 해석된다.

빌 게이츠는 "신약 개발을 위해 일본 제약사가 보유하고 있는 데이터를 제공받기로 합의했다"고 밝혔다. 일본에서는 다이이치산쿄가 소아마비 치료를 위한 4종 혼합 왁진 개발에 나섰고, 다케다제약과 에자이 등 대기업도 백신 사업에 눈을 뜨고 있다.

게이츠는 "전 세계에서 연간 5세 미만 유아가 900만 명이 사망하고 있다"며 "일본 제약사와 협력함으로써 유아 사망률을 절반 수준으로 줄일 수 있을 것"으로 기대했다.

의료바이오분야를 차세대 성장엔진으로 선정한 삼성그룹이 이 같은 모델을 따를 필요가 있다. 바이오시밀러를 통한 저가 의약품을 개발해 이를 아프리카에 공급하면 사회공헌활동과 경제적 수익이라는 두 마리 토끼를 잡을 수 있다.

또 한국에서 쓰다가 교체하게 되는 의료장비도 아프리카로 보내면 최첨단 의료 장비가 될 수 있다. 이런 물건들을 모아 아프리카에 보내는 활동도 적극적으로 펼쳐야 한다.

의약품분야의 신풍제약 사례도 아프리카의 마음을 얻어 경제적으로 성공한 케이스다. 신풍제약은 1989년 수단 남부에 디스토마 치료제를 생산하는 제약공장을 완공했다. 사업성은 없었지만 사회공헌 차원에서 수단 투자를 결정했다. 천정갑 신풍제약 이사는 "당시 디스토마 특효치료제 합성에 성공했는데 세계은행과 세계보건기구에서 디스토마 감염 사망자가 많은 수단에 공장을 지어줄 것을 요청해왔다. 풍토병을 퇴치하자는 생각에 공장을 지었다"고 설명했다. 돈을 벌기 위해 수단에 진출한 것은 아니었지만 결과적으로 신풍제약 수단 공장은 경제적으로도 성공했다. 이 공장은 연매출 1,100만 달러의 수단 2위 제약업체로 성장했다.

아프리카판 경부고속도로를 건설합시다

내륙국가인 잠비아는 1970년대 남아프리카공화국의 봉쇄조치로 해외로 나갈 통로를 잃어버렸다. 그러자 당시 비동맹국가 맹주를 자처하던 중국이 나섰다. 중국은 4억 4,000만 달러를 투자해 잠비아에서 탄자니아 다르살람 항구로 이어지는 탄잠철도를 건설해줬다.

탄잠철도는 오늘날까지 중국과 아프리카 우호의 상징물로 여겨진다. 지금도 탄잠철도가 지나가는 잠비아 주요 역에는 마오쩌둥의 초상화가 걸려 있다. 이런 상징성 외에도 중국은 이 철도를 잠비아 철

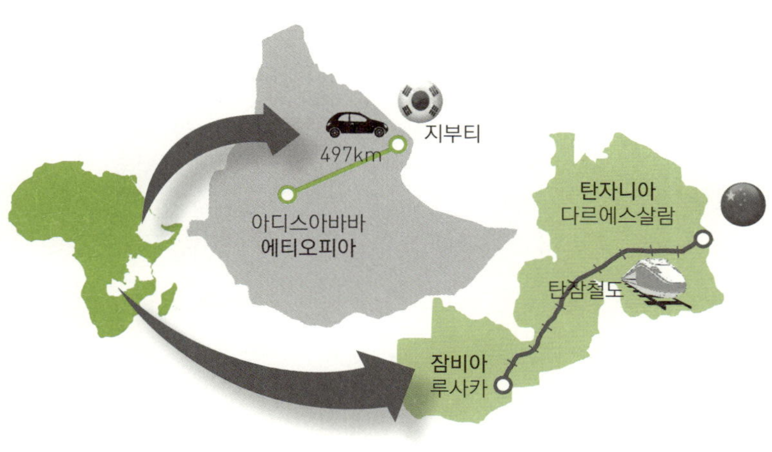

광석의 중국 본토 운송 통로로 활용하면서 경제적 실리도 챙겼다.

우리나라도 탄잠철도와 같은 상징적인 기반시설을 지어줄 필요가 있다. 외교통상부 김은석 에너지자원대사는 "대상국으로 한국전에 참전해 우리를 도와준 에티오피아가 적당하다"며 "에티오피아는 수출지향형 산업 개발을 원하고 있기 때문에 아디스아바바에서 항구인 지부티까지 고속도로를 건설해 준다면 경부고속도로가 한국 경제발전에 중요한 역할을 한 것처럼 에티오피아 경제 개발에 기여할 것"이라고 주장한다.

경부고속도로는 한국 경제발전에 혁명적인 공헌을 했다. 경부고속도로는 수도권 산업기지를 항만으로 연결해 수출 혈관 역할을 했을 뿐 아니라 포항에서 울산을 거쳐 부산과 창원으로 이어지는 남동해안 지역이 중화학산업 중심으로 발전하는 데 큰 기여를 했다.

아디스아바바와 지부티를 잇는 아프리카판 경부고속도로를 건설한다면 이 도로는 에티오피아 발전의 젖줄이 될 수 있다.

에티오피아는 한국형 경제발전을 꿈꾼다. 멜레스 제나위 에티오피아 총리가 고 박정희 대통령의 회고록을 토대로 논문을 작성해 각료들에게 돌려 읽게 할 정도로 최빈국에서 경제대국으로 발돋움한 한국을 배우고자 하는 열망이 강하다.

제나위 총리는 "에티오피아의 기본적인 경제개발전략은 바로 수출진흥"이라며 "수입대체가 가능한 산업분야를 파악하는 것도 중요하다"고 말했다.

하지만 인프라스트럭처 부족이 문제다. 턱없이 부족한 인프라 문제를 해결하지 못하면 경제 발전의 시동을 걸 수 없다. 제나위 총리는 "한국이 도로, 철도, 항만, 공항, 발전소 등 인프라분야에서 큰 기여를 할 수 있다고 생각한다"며 한국의 적극적인 참여를 요청하고 있다.

아프리카판 경부고속도로를 건설해 준다면 에티오피아에서 생산한 수출품을 지부티항을 통해 수출할 수 있는 길이 열리게 되고 또 지부티항을 통해 원자재를 들여와 이를 가공해 재수출하는 방식으로 산업을 발전시킬 수 있다.

아디스아바바에서 지부티까지 거리가 497㎞에 달하지만 고속도로 공사에 들어가는 비용은 사실 생각보다 많지 않을 수 있다. 국내

도로사업에서 토지보상비가 차지하는 비율이 50%에 육박하는데 에티오피아 도로공사에서는 이 비용이 들지 않기 때문이다. 김은석 대사는 "원조자금을 효과적으로 활용한다면 충분히 가능하다"고 내다봤다.

꼭 아프리카판 경부고속도로가 아니더라도 아프리카의 주요 거점 국가에 경제자립을 위한 사회간접자원 건설을 적극적으로 지원해 줄 필요가 있다. 국가에 따라 그것이 항만일 수도 있고 철도일 수도 있고 발전소일 수도 있다.

개발경험 공유합시다

1960년대 초 한국과 아프리카의 경제는 비슷한 수준이었다. 그러나 약 40년이 지난 지금 한국은 세계 15위권 경제대국이 된 반면 아프리카는 여전히 저발전 단계에 머물고 있다. 대다수 아프리카 국가들은 광대한 국토, 풍부한 자원, 값싼 인력, 방대한 잠재시장 등 상당한 성장잠재력을 보유하고 있지만 좀처럼 성장의 길을 발견하지 못하고 있다.

아프리카는 한국처럼 경제선진국이 되고 싶어 한다. 그리고 이 과정에서 한국이 수행할 역할은 분명히 있다. 식민지배경험, 내전, 식량 부족, 정치 쿠데타 등 지금 아프리카가 겪고 있는 어려움을 모두 극복해 낸 한국이 아프리카 경제 성장의 롤모델이 될 수 있다. 한국은 중국, 미국처럼 막대한 자금력을 가지고 있지는 않지만 아프리카가 절실하게 필요로 하는 경제발전경험을 가지고 있다. 특히 워싱턴 컨센서스에서 제시하는 것과는 달리 국가 주도 경제발전을 이뤘다는 점은 아직 시장 시스템이 미성숙한 아프리카 국가들에게 또 다른 경제발전의 청사진을 제공할 수 있다는 점에서 의미가 크다. 아프리카 또한 한국이 필요로 하는 석유 및 자원, 값싼 인력, 잠재 시장을 보유하고 있기 때문에 양측의 협력은 커다란 상생의 기회를 창출할 수 있다.

아프리카와의 협력에 있어 중요한 점은 협력대상국별로 맞춤형 전략이 필요하다는 사실이다. 일반적으로 아프리카를 하나의 국가로 인식하는 경향이 있다. 그러나 이 같은 시각을 가지고 아프리카에 접근할 경우 아프리카에서 발생하는 중요한 현상과 변화를 놓치거나 잘못 해석할 수 있는 여지가 있다. 특히 과거 블랙 아프리카로 통칭되던 사하라 이남 아프리카는 실로 풍부한 다양성을 가지고 있다. 48개 국가 모두 각각 다른 역사, 지형, 문화, 정치 시스템, 그리고 경제적 잠재력을 가지고 있다. 때문에 더더욱 맞춤형 전략이 필요하다.

이 같은 맞춤형 전략은 과거 자원 중심적 접근 방식을 뛰어넘어 아프리카의 다양한 발전 잠재력을 활용하고, ODA 등 다양한 외교 수단과 연계할 수 있는 방향으로 구상될 필요가 있다. 또 자금, 관련 인재 등 제반 제약요인을 고려할 경우, 아프리카 모든 국가에 대해 맞춤형 전략을 수립하는 것이 현실적으로 어렵기 때문에 협력의 효과를 극대화할 수 있는 국가를 선별, 이들 국가를 중심으로 한 맞춤형 전략 수립이 필요하다.

대아프리카 협력에서도 '선택과 집중' 원칙이 적용돼야 한다. 이를 위해 매일경제 아프리카 특별취재팀은 아프리카 국가들을 객관적으로 평가해 주요 협력대상국을 선정하고, 해당 국가들에 대한 기초 국가연구를 토대로 한 맞춤형 전략을 제시하고자 한다.

협력 대상국 이렇게 선정했다

아프리카 협력 대상국을 선정하기 위해 기존에 주로 고려했던 부존자원량 외에도 해당 국가의 발전가능성을 평가할 수 있는 다양한 지표를 복합적으로 활용, 객관적인 평가 매트릭스를 개발했다. 최근 정치적으로 불안한 북아프리카 5개국(이집트, 리비아, 튀니지, 알제리, 모로코)을 제외한 사하라 이남 아프리카 48개국을 분석 대상으로 삼았다.

크게 '국가매력도'와 '협력관계 및 의지'를 기본지표로 삼아 두 지표에서 모두 높은 점수를 받은 국가를 앞으로 상호협력을 통한 동반성장(Win-Win) 가능성이 높은 국가로 선정했다. 국가매력도에는 하위지표로서 경제 규모, 성장률, 정치적 안정, 자원 부존량, 투자 환경, 소비시장 크기 등을 포함했고 협력관계 및 의지분야에는 한국 공관 유무, 교역·투자·원조규모, 고위급 인사 방한횟수 등의 지표를 활용했다. 기본적으로 모든 지수에 대해 1~5점 척도의 상대평가를 진행했고 객관성 유지를 위해 정량지표를 다수 활용했다. 아프리카의 지역적 특수성을 감안해 델파이(Delphi) 방법 등을 통해 측정한 진입 용이도 등 정성지표도 함께 포함시켜 매트릭스를 구상했다.

아프리카 협력대상국 선정기준

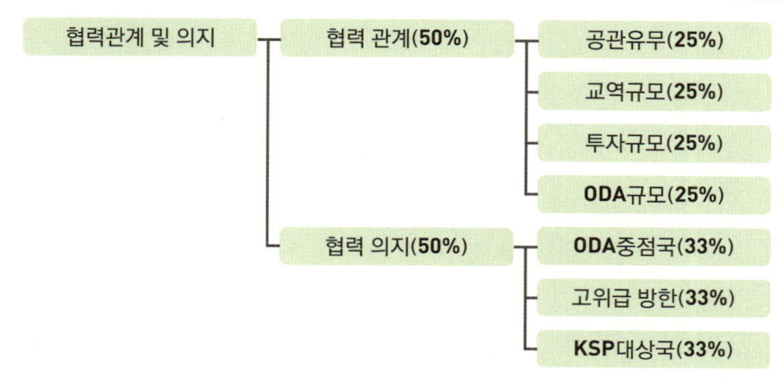

아프리카 협력대상국 선정기준

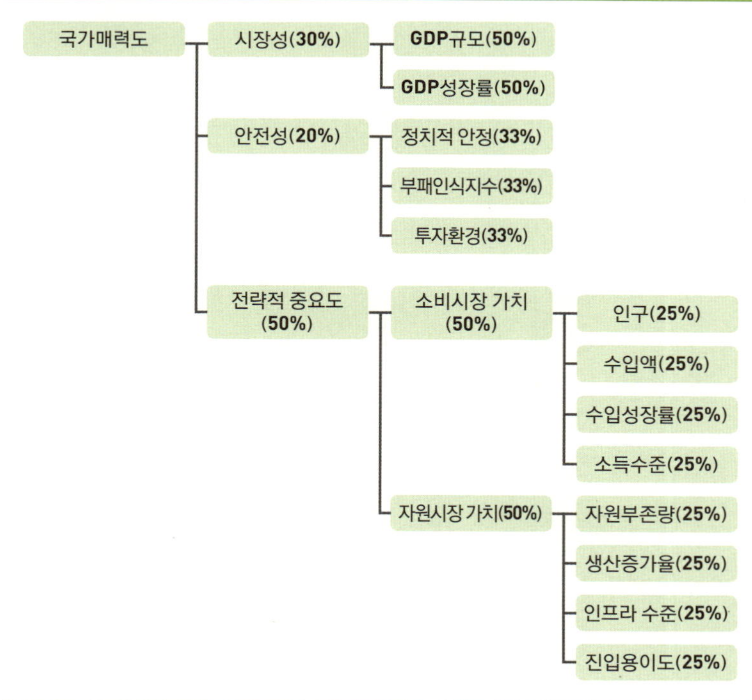

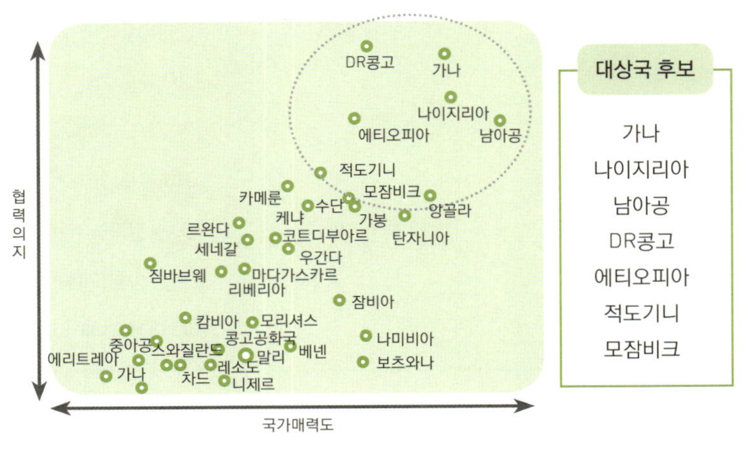

평가 매트릭스에 따른 분석 결과 가나, DR콩고, 에티오피아, 모잠비크, 나이지리아, 남아공, 적도기니 등 총 7개 대상국 후보가 선정됐다. 이들 국가는 상당한 발전 잠재력을 가지고 있을 뿐만 아니라 우리와의 협력관계 및 의지도 양호한 국가들이라고 할 수 있다.

또 이들 7개 국가를 대상으로 보다 집중적인 협력방안 모색을 위해 현실성이 있으면서 협력 파급효과(도미노 이펙트)가 높을 것으로 예상되는 중점 협력국가를 선별하는 작업을 추가로 진행했다. 이를 위해 아프리카 주요 지역별 경제공동체에 대한 고려를 연구에 포함시켰다.

아프리카에서 최근 지역통합 의지가 강화되고 있고 실제로 남아프리카개발공동체(SADC) 등이 앞으로 더 활발하게 운영될 것이라

는 전망을 감안한 것이다. 구체적으로 앞서 선정한 7개국과 남아프리카개발공동체(SADC), 서아프리카경제공동체(ECOWAS), 동남아프리카공동시장(COMESA), 중앙아프리카경제공동체(ECCAS) 등 주요 지역별 경제협력체를 함께 고려한 결과, 가나, DR콩고, 에티오피아, 모잠비크 등 4개국을 지역별 거점국가로 선정했다. 이들 국가에 대한 성공적인 협력관계 수립은 주변국가로의 협력 확대에 큰 기여를 할 것으로 기대된다.

지역별 거점국가에 대한 맞춤 전략

지역별 거점국가로 선정된 가나, DR콩고, 에티오피아, 모잠비크 등 4개국에 대해 해당국가 경제 및 정치 현황을 살펴보고, 국가개발 우선과제를 분석함으로써 맞춤형 전략을 도출했다.

:: 가나

● 경제 및 정치 현황

가나의 개발 우선과제와 이에 부합하는 맞춤 전략을 제시하기 전에 가나의 정치 및 거시경제 일반 현황을 먼저 살펴볼 필요가 있다. 우선 정치적인 측면을 살펴보면, 가나는 식민지 독립 후 긴 내전기간을 거치다가 신헌법과 정당제를 도입한 이후 정치적인 안정을 보이고 있다. 지난 2008년 12월 대선에서 국민민주회의(NDC) 존 아타 밀스(John Atta Mills) 후보가 승리, 지난 8년간 유지돼온 신애국

가나 국가 개황

일반 사항

- 수도 : 아크라(Accra)
- 인구 : 2,479만 명
- 면적 : 238,539㎢(한반도의 1.1배)
- 대통령 : 존 에반스 아타 밀스(2009년~)
- 우리와의 관계 :
  - 1977년 수교
  - 1978년부터 상주공관 설치·운영

경제 및 정치 현황

- GDP : 382억 4,000만 달러(PPP)
- 1인당 GDP : 1,600달러
- 산업별 GDP 비중 :
  - 1차 산업 : 33.7%
  - 2차 산업 : 24.7%
  - 3차 산업 : 41.6%
- 수출입현황 및 주요 품목 :
  - 수출 : 73억 2,600만 달러(금, 코코아, 목재 등)
  - 수입 : 101억 8,000만 달러(자본재, 석유, 식품 등)
- 외환보유고 : 38억 달러
- 대외부채 : 64억 8,000만 달러

자료: CIA Fact Book : 2010년 기준

당(NPP)의 지배체제가 마감됐다. 아프리카에서 보기 드문 민주적 정권교체로 가나는 사하라 이남 아프리카에서도 가장 민주화되고 안정적인 국가로 평가받고 있다. 이 같은 정치적 안정은 가나가 여타 아프리카 국가보다 더 많은 원조 및 투자자금을 유치하는 데 주요요인으로 작용하고 있다.

거시경제 상황을 살펴볼 경우, 코코아를 중심으로 한 농업이 가장 주된 산업이었지만(2010년 기준 GDP의 33.7%), 최근에는 전기·건설·통신부문 약진에 힘입어 서비스업 역시 빠르게 성장하고 있다. 가나는 2000년대 이후 꾸준한 경제성장을 보이고 있고, 특히 2005~2010년에는 금, 다이아몬드 등의 귀금속을 중심으로 한 광업부문 성장과 코코아 수출 및 관광산업 호조, 도로 항만 등 경제 인프라 건설에 힘입어 5.9%대의 양호한 경제성장률을 보였다. 제조업부문은 낮은 생산성으로 인해 여타부문에 비해 아직 약한 편이지만 광물자원 1차 가공을 중심으로 2차 산업 역시 꾸준히 성장하고 있는 추세다.

2007년 9월에는 서부 쥬빌리(Jubilee) 심해 유전에서 상업적 생산이 가능한 원유 및 가스가 발견됐고 이후 총 4차례에 걸쳐 원유 및 가스가 추가 발견돼 가나의 새로운 성장 축으로 주목받고 있다. 가나의 지질 구조는 대규모 원유 보유국인 나이지리아 등 인근 기니만 연안 국가와 비슷해 앞으로 추가적인 원유 발견이 기대되고 있다.

가나 정부는 내륙 및 해안의 원유 매장량을 수백억 배럴로 예상하고 있다. 2011년 딥 워터 태노(Deep Water Tano), 웨스트 케이프

쓰리 포인트(West Cape Three Points) 등 서부 심해에서 유전 탐사 및 개발이 진행 중이다. 가장 먼저 원유가 발견된 쥬빌리 유전의 석유 매장량은 무려 30억 배럴로 추정된다. 쥬빌리 유전에서는 이미 2010년부터 석유생산이 시작돼 투로우 오일(Tullow Oil)사가 주도하는 컨소시움을 통해 하루 5만 5,000배럴의 석유가 생산되고 있다. 향후 유공(油孔)을 추가로 뚫을 경우 생산량은 하루 12만 배럴로 증가할 전망이다. 이는 아프리카 최대 산유국 중 하나인 나이지리아 생산량의 약 10%에 해당하는 규모다. 석유생산이 본격화되면서 향후 경제 발전에 대한 기대감이 커지고 있는 상태다.

● 국가개발 우선과제

원유 및 가스가 발견된 이후, 가나 정부는 신규 유전 및 가스 개발을 통해 중장기 경제성장을 모색하고 있다. 가나 정부는 여타 아프리카 산유국의 경험을 토대로 석유 수입(Oil Revenue)을 효율적으로 관리하고 이를 전략적 산업 육성에 투자함으로써 중장기적인 국가 경제성장을 도모하고 있다. 쥬빌리 유전과 가스 개발을 가나 부흥의 전환점으로 보고, 이를 기반으로 도로, 전기, 상하수도, 통신 등 사회기반시설을 대폭 확충하고 있다. 또 단순히 원유를 수출하는 데 그치지 않고 원유 부가가치를 높이기 위한 석유화학 산업 발전에 무게중심을 두고 있다.

그러나 일각에서는 석유탐사 관련 핵심 입법(Oil Exploration Bill)이 마무리되지 못한 점에 대해 우려를 제기하고 있다. 2011

년 3월 가나 의회가 통과시킨 석유수익법안(Oil Revenue And Management Bill)이 석유수입을 담보로 한 무분별한 차관 유입을 초래할 수 있다는 점 역시 주요 문제점으로 지적되고 있다.

가나 정부의 또 다른 국가개발 우선과제로는 국가적인 정보화 추진을 들 수 있다. 만성적 재정적자 해소 및 석유수입 배분의 투명성 확보라는 가나의 국정 목적을 감안할 때 국가 정보화는 정책 수단으로 중요하게 기능할 것이다. 국가 정보화에서 핵심적인 전자정부(e-Government) 설치는 가나 성장과 빈곤감소전략(GPRS, Growth and Poverty Reduction Strategy, 2006~2009년)을 통해 우선전략으로 제시된 바 있다. 2011년 세계은행(World Bank)과 e-가나(Ghana) 프로젝트를 추진 중으로 금융, 통신, 공공행정 등 IT 기반의 국가시스템을 전방위적으로 구축하고 있다. e-가나 프로젝트는 2006~2014년 사이 수행되며 약 4,000만 달러의 자금이 투입되는 대형 프로젝트로서 IT기술을 활용해 재정 운영능력 향상을 위한 통합 재정관리 정보시스템 구축 등을 목표로 하고 있다.

● 맞춤형 전략 : 석유화학단지 구축합시다

지난 2010년부터 본격적인 석유생산에 들어간 가나 정부의 최우선 과제는 석유의 고부가가치 산업화를 통한 장기적인 성장기반을 마련하는 것이다. 아프리카 타 산유국의 경우, 원유수출에만 집중하다보니 국제 유가 등락에 따라 경기가 활황·침체를 반복하는 불안정한 모습을 보이고 있다. 석유수출로 쌓은 국부를 전략적 산업 육성에 투자하지 못해 제조업 기반이 없고 일자리도 창출되지 않고 있다. 이 때문에 가나 정부는 단순히 원유를 수출하는 데 그치지 않고 석유화학산업 발전을 통해 부가가치 창출에 나설 수 있기를 바란다. 이 경우 최상의 파트너는 한국이 될 수 있다. 한국은 석유화학 플랜트분야에서 세계 최고 기술을 확보하고 있기 때문이다.

따라서 가나에 대한 맞춤형 진출 전략으로 석유화학단지를 가나 정부와 공동으로 조성하는 것을 꼽을 수 있다. 마스터플랜 수립을 통해 장기적인 관점에서 석유화학산업의 발전을 기획해주는 한편 그 계획에 적합한 석유화학 플랜트를 지어준 뒤 그 대가로 석유를 받는 방식으로 사업을 진행할 수 있다. 여기에 엔지니어, 기술자 등 전문 인력 육성 프로그램까지 추가된다면 인재양성이 시급한 가나

이명박 대통령(오른쪽)이 2010년 3월 방한한 조셉 카빌라 DR콩고 대통령과 건배하고 있다.

측에게는 매우 매력적인 제안이 될 것이다.

가나 정부가 추진하고 있는 국가 정보화와 관련 핵심요소인 전자 정부 구축도 우리가 공략해야 할 맞춤형 진출 전략 포인트가 될 수 있다. 재정개혁을 뒷받침할 수 있는 디지털예산회계시스템, 관세 및 조달시스템 등을 전수해준다면 향후 가나의 안정적 재정관리 및 거시경제 안정화는 물론 재정 관련 정보통신 인프라 환경 개선에 이바지할 수 있다. 이외 세무 및 통관, 전자여권 및 비자발급, 정부조달 및 특허, 우편, 자금거래 추적, 재난관리, 질병관리 등과 같은 분야에서도 가나 정부의 전산화는 매우 중요한 정책과제다.

한국은 2010년 UN 전자정부 평가 결과에서 '전자정부 준비지수'와 '온라인 참여지수' 모두 세계 1위를 할 정도로 전자정부 분야에서 세계적인 기술력을 인정받고 있다. 한국의 우수한 기술력 및 해외전

가나 맞춤형 전략

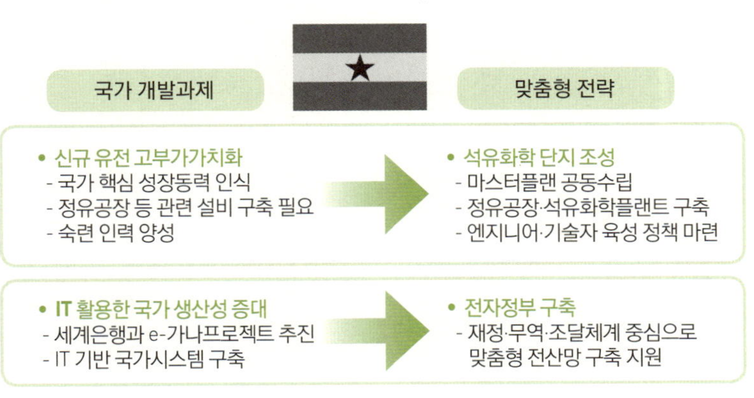

수 사례를 바탕으로 가나 전자정부 구축에 기여할 경우 이는 양국 간 협력강화 매개체가 될 수 있다. 가나 측에서도 동 협력 사업이 e-가나 프로젝트를 보완한다는 측면에서 적지 않은 시너지 효과를 기대할 수 있다.

:: DR콩고

● 경제 및 정치 현황

DR콩고는 사하라 이남 아프리카 국가 중 세 번째로 많은 인구(7,171만 명), 두 번째로 큰 국토면적(2,345㎢)에 풍부한 수자원과 천연자원을 보유하고 있어 발전 잠재력이 큰 국가다. 2002년 말 6년간의 내전이 종식된 후 , 2006년 국제사회 지원 하에 실시한 국민투

DR콩고 국가 개황

일반 사항

- 수도 : 킨샤사(Kinshasa)
- 인구 : 7,171만 명
- 면적 : 2,344,858㎢(한반도의 10.6배)
- 대통령 : 조셉 카빌라(2001년~)
- 우리와의 관계 :
  -1963년 수교
  -1969년부터 상주공관 설치·운영

경제 및 정치 현황

- GDP : 229억 2,000만 달러(PPP)
- 1인당 GDP : 300달러
- 산업별 GDP 비중 :
  - 1차 산업 : 33.4%
  - 2차 산업 : 26%
  - 3차 산업 : 36.6%
- 수출입현황 및 주요 품목 :
  - 수출 : 38억 달러(다이아몬드, 금 , 원유 등)
  - 수입 : 52억 달러(식품, 기계, 운송장비 등)
- 외환보유고 : 10억 1,000만 달러
- 대외부채 : 43억 달러

자료: CIA Fact Book, 2010년 기준

표에서 조셉 카빌라(Kabila)를 수반으로 하는 합법정부가 탄생했고 2011년까지 안정적인 국정운영이 지속되고 있다.

내전 종식 이후 정치적 안정세를 바탕으로 DR콩고에 자원 개발을 중심으로 해외직접투자(FDI)가 대규모로 유입되고 있다. 이를 통해 지난 2005년 이후 연평균 6%대의 건실한 경제 성장세를 지속해오고 있다. 특히 2006년 '빈곤경감 및 성장을 위한 발전계획(PRGSP, Poverty Reduction and Growth Strategy Paper)'을 마련한 이후 카빌라 대통령의 강력한 개발의지 하에 국가재건 및 경제개발에 박차를 가하고 있다.

중요한 사실은 카빌라 대통령이 한국식 개발모델에 상당한 관심과 열정을 보이고 있다는 점이다. 카빌라 대통령은 2010년 3월 29일 이명박 대통령과의 정상회담에서 "한국은 아프리카 국가들의 개발과정에서 본받을 수 있는 가장 훌륭한 모델"이라고 평가하고 한국이 DR콩고의 국가 경제개발계획 수립을 지원해 줄 것을 요청했다. 2010년 카빌라 대통령의 방한 이후 DR콩고 정부는 한국을 모델로 자국을 발전시키기 위한 목적으로 '한국·콩고 경제협력 고위급협의회'를 구성하는 등 한국과의 협력에 적극적인 모습을 보이고 있다.

• 국가개발 우선과제

DR콩고는 국가재건과 함께 중장기 개발 패러다임을 마련해야 하는 상황에 있다. 이를 위해 개발정책 수립·실행을 위한 전략적 체제(Strategic Framework)를 구축하는 중이다. 그동안 카빌라 정부는 강력한 개발의지를 보이며 2006년 무려 25년에 걸친 장기 국가 발전계획인 PRGSP/DSCRP를 수립했다. 이를 실현하기 위해 1차 5개년 중기계획으로 5대 국정 우선과제(Cinq Chantiers)를 추진 중이다.

5대 국정 우선과제는 2006년 IMF와 세계은행이 승인한 PRGSP에 기반을 두고 2007년부터 대통령 선정 주요과제 형태로 실행되고 있다. 구체적으로 인프라 구축, 고용, 교육, 수력·전력 및 보건 등의 항목을 포함하고 있다. 동 중기계획은 2012년에 종료될 예정이다. 이에 따라 DR콩고 정부는 국가재건을 넘어 보다 중장기적인 국가개발전략 수립 필요성을 강하게 인식하고 있다. 대내외적 환경과 개발역량을 진단해 발전방향을 제시하고, 이를 위한 경제개발계획을 수립하고 실행할 수 있는 기반을 구축할 필요성이 제기된 것이다.

DR콩고 정부의 또 다른 개발 우선과제는 풍부한 광물자원을 바탕으로 한 산업화 및 관련 인프라 건설이다. DR콩고의 코발트는 전 세계 매장량의 약 50%를 차지한다. 다이아몬드의 경우 약 20%, 구리의 경우 전 세계 매장량의 약 10% 이상을 차지하고 있다. 이 같은 매장량은 약 1세기 전에 초보적인 기술과 방법으로 조사된 것이기 때문에 첨단기술을 활용, 재조사할 경우 보다 많은 광물매장량을 발견할 가능성이 매우 높다. 이렇게 풍부한 광물자원을 개발해 산업화로 연결 짓기 위해 DR콩고 정부는 광물자원 개발과 관련된 해외직접투자자를 적극적으로 유치하고 있고 관련 인프라 건설에도 박차를 가하고 있다.

특히 인프라 구축 및 수력발전·전력개발은 DR콩고 5대 국정 우선과제에도 포함된 주요한 개발과제다. DR콩고의 낙후된 인프라는 국가 발전을 저해하는 주요 원인으로, 동유럽과 맞먹는 넓은 국토에 포장도로로는 3,000km가 채 안 된다. 또 나일 강에 이어 아프리카에서 두 번째로 큰 콩고 강(4,700km)을 끼고 있어 수력발전 잠재력도 매우 높지만 관련 인프라 부족으로 전 인구의 7%만이 전기 공급을 받고 있는 실정이다. 최근 이러한 문제를 인식한 DR콩고 정부에서 적극적으로 건설 사업을 추진함에 따라 DR콩고에서는 대대적인 건설 붐이 일어나고 있다.

● 맞춤형 전략: 경제기획원을 설립해줍시다

DR콩고 카빌라 정부는 앞서 언급한 바와 같이 한국의 개발경험을 높이 평가하고 자국 경제발전에 한국의 경험을 적극 활용하려고 한다. 실제로 지난 2010년 3월 DR콩고 정부는 각 정부 부처 개발 프로그램을 효과적으로 운영하기 위해 대통령 직속기구로 국가 경제개발전략 전담기구(NCSP, National Center for Strategic Planning)를 설치하기 위해 과거 한국의 경제기획원을 벤치마킹하고 싶다는 의사를 표명해왔다.

한국은 DR콩고판 경제기획원을 설립·지원하는 과정에서 과거 국가개발계획 수립 및 집행의 생생한 개발경험을 공유할 수 있다. DR콩고판 경제기획원은 앞으로 DR콩고의 국가개발계획역량강화(Capacity Building for National Development Planning)를 위한 연구와 정책자문을 실시하고 관련 정책실무자의 역량구축을 지원하는 역할을 맡게 될 것이다. 특히 경제기획원의 계획수립(Planning)

기능에 수반한 예산편성(Budgeting) 권한이 계획의 효율적·조직적 집행을 가능하게 했다는 점을 감안할 때, CNSP가 '계획수립-예산편성, 실시·관리·조정-외자조달 및 대외경제협력'의 핵심적 기능을 수행할 수 있도록 제언 및 가이드라인을 제공하는 것이 중요하다. 이를 위해 한국 정부는 DR콩고에 대규모 정책자문 사업을 실시하고 분야별 실무자 초청 연수프로그램을 실시할 필요가 있다.

또 DR콩고의 산업화 기반 마련을 위해 한국-DR콩고 산업수출공단 조성을 시도할 수 있다. 산업수출공단은 DR콩고의 풍부한 광물 및 삼림자원의 개발·가공·수출을 지원할 뿐 아니라 엔지니어 등 기술 전문 인력 양성까지 포괄하는 패키지 사업형태가 돼야 한다. DR콩고가 오랜 내전으로 산업 기반시설이 대부분이 파괴돼 SOC 건설에 매진하고 있음을 고려할 때, 자원개발과 연계해 산업수출공단 관

DR콩고 맞춤형 전략

련 SOC 및 플랜트 등을 제공하는 패키지 딜을 적극적으로 활용해야 한다. 제철소 및 제련소 등을 구축해주고 이에 대한 반대급부로 해당 생산물의 저가 매수권 및 플랜트 운영권 등을 확보하는 방안이 추진될 수 있다. 2011년 현재 국토해양부, 수자원공사 등이 DR콩고에서 바나나항 개발, 댐 개발, 간선도로 현대화 사업을 추진할 계획이다.

:: 에티오피아

● 경제 및 정치 현황

한국전에 참전해 우리나라를 도와준 오래된 우방국인 에티오피아는 오랫동안 발전이 정체돼 세계 최빈국 지위를 벗어나지 못하고

에티오피아 국가 개황

일반 사항	경제 및 정치 현황
● 수도 : 아디스아바바(Addis Ababa) ● 인구 : 9,087만 명 ● 면적 : 1,104,300㎢(한반도의 5배) ● 총리 : 멜레스 제나위(2001년~) ● 우리와의 관계 : 　-1963년 수교 　-1965년부터 상주공관 설치·운영	● GDP : 840억 2,000만 달러(PPP) ● 1인당 GDP : 1,000달러 ● 산업별 GDP 비중 : 　- 1차 산업 : 85% 　- 2차 산업 : 5% 　- 3차 산업 : 10% ● 수출입현황 및 주요 품목 : 　- 수출 : 17억 3,000만 달러(커피, 금, 가죽제품 등) 　- 수입 : 75억 2,000만 달러(식품, 기계, 석유 등) ● 외환보유고 : 18억 8,000만 달러 ● 대외부채 : 42억 9,000만 달러

자료: CIA Fact Book, 2010년 기준

있다. 1991년 이래 사회주의 정권이 붕괴되고 인민혁명민주노선당(EPRDF)이 장기집권하면서 정치적 안정을 바탕으로 과거와 달리 빠른 경제성장을 구가하고 있다. 특히 2007~2008년에는 농업의 호조와 원조공여 증가 등을 기반으로 11%대의 높은 경제성장률을 기록했다. 2009년에는 글로벌 경제위기 여파에도 불구하고 8.7%의 성장률을 달성했다.

아프리카개발은행(2010년)은 에티오피아의 높은 경제성장률에 비춰 에티오피아가 2015년 새천년개발목표(MDGs)를 달성할 가능성이 높다는 긍정적인 전망을 내놓은 바 있다. 에티오피아 경제에서 농업은 국내총생산(GDP)의 50% 이상, 총 수출의 80% 이상, 고용의 85% 정도를 차지하고 있다. 농업 산업이 향후 경제성장에서도 가장 중요한 역할을 할 것으로 예상된다.

● 국가개발 우선과제

에티오피아의 빈곤 종식을 위한 가속적이고 지속적인 개발계획(PASDEP, 2005~2010년) 및 성장과 변환 계획(GTP, Growth and Transformation Plan, 2010년 11월~2014년) 모두 농업 발전을 가장 중요한 개발과제로 지적하고 있다.

농업이 경제의 근간을 이루고 있는 에티오피아에서 농업 생산성 혁신은 빈곤 극복전략의 최우선 과제다. 아직까지 관개시설을 비롯한 농업 인프라가 부족해 농업 생산성이 크게 떨어지고 많은 인구가 기근에 시달리고 있기 때문이다. 생산성 혁신을 위해 1991년부터

에티오피아 주요 개발계획

PASDEP 주요과제

1) PASDEP의 포괄적인 실행역량 구축
2) 성장가속화 총력 추진
3) 인구문제에 대한 적극 대응
4) 여성개발 잠재력 확대
5) 국가 인프라 강화
6) 인적자원개발 강화
7) 위험 및 취약성 대응능력 강화
8) 고용기회 창출

농업부문 생산성 제고
- 국내 및 수출용 농산물 상품 집중 지원
- 농산품 마케팅 시스템의 투명성과 효율성 강화
- 장기적으로, 산업 구조 개혁과 수출 확대, 식량 안보확보를 위해 농업의 고성장을 목표
- 소형 관개수로 중심으로 수자원 관리 시설 확대

GTP 주요과제

1) 빠른 경제 성장의 지속
2) 경제개발의 주 원동력으로 농업을 개발
3) 더 나은 산업 환경 조성
4) 인프라 개발의 질 개선과 확대
5) 사회 개발의 질 개선과 확대
6) 거버넌스 역량 구축
7) 여성과 청년층을 위한 평등한 환경 조성

국가 경제개발을 위한 농업의 상업화와 인프라 확대
- 농장에서 시장까지의 도로 건설
- 국가적 농업 비즈니스 계획 개발과 특수농산품 작물 패키지 개발
- 소형 관개수로 지원과 다목적 댐을 이용한 물 공급
- 비료와 씨앗 가용성 개선을 위한 개혁
- 농업 금융 시장 개발

농업개발 전략을 추진했지만 그 효과는 미미한 상태다. 영농기법이 여전히 전근대적인 방식에서 벗어나지 못하고 있기 때문이다. 특히 관개시설 등 수자원관리가 중요한 과제로 떠오르고 있다. 전체 경작 가능 농지 가운데 개간 농지는 10% 정도이고 그나마 관개시설이 있는 농지는 1.7%에 불과해 잠재적인 농업 생산량을 실현하지 못하고 있다. 또 관개시설이 부족한 관계로 농업용수를 빗물에 의존하기 때문에 농산물 작황이 불안정하고 이것이 기근 등 식량안보 문제로 이어지고 있어 에티오피아 정부의 가장 큰 골칫거리가 되고 있다.

에티오피아의 또 다른 국가개발 우선과제는 수입대체산업 발전이다. 일본국제협력기구(JICA)는 2009년 정책연구대학원(GRIPS) 개발 포럼 및 정책권고안에서 에티오피아가 중점적으로 육성해야 할 핵심 산업에는 수출산업뿐 아니라, 국내 수요가 높고, 기술 습득이 쉬운 수입대체산업도 포함해야 한다고 권고한 바 있다. 천연자원이 크게 부족한 에티오피아 현실을 감안할 경우, 경상수지 안정화를 위해서는 불필요한 수입을 축소시키는 것이 수출을 확대하는 것만큼 중요하다. 에티오피아 정부는 이를 반영해 가죽, 가죽제품, 농가공업, 섬유, 화훼 등을 주요 수출산업으로, 철 및 금속가공, 시멘트, 유리, 비누, 세제, 기초약품 등을 주요 수입대체산업으로 지정하고 적극 육성하고자 하고 있다.

• 맞춤형 전략: 농업·수출산업 육성합시다

에티오피아의 발전을 위해서는 무엇보다도 농업부문의 견실한 성장이 선행돼야 한다. 에티오피아 GDP의 50% 이상을 차지하는 농업부문 발전이 필수적이라는 점을 감안할 경우, 한국 새마을운동을 기반으로 한 농업 종합개발 프로그램 추진을 효과적인 맞춤형 전략으로 꼽을 수 있다. 보다 구체적으로는 새마을운동과 같은 농촌개발 프로그램 실시, 농기계 보급 및 비료공장 설립, 수자원 관리 기술 및 경험 전수가 사업에 포함될 수 있다.

특히 새마을운동은 UN 거버넌스 센터(UNPOG)의 2010년 연구

에서도 아프리카에 적용할 수 있는 적합한 모델이라는 점이 확인된 바 있기 때문에 에티오피아 정부도 충분히 관심을 보일 만하다. 그 외에도 농촌지도자 연수프로그램 운영, 농업전문 교육훈련기관 설립 등을 통해 에티오피아 지도자층 육성과 마을 주민들의 농업관련 지식 및 자립심 고양을 유도할 수 있다. 농업기술 및 인프라와 관련해서는 생산성이 높고 식량 자급자족에 기여할 수 있는 쌀과 옥수수에 지원을 전략적으로 집중하는 것이 효과적이다. 가축의 인공수정 및 우량종 개발 등 축산기술을 보급하는 것과 사육환경 개선을 통해 가축생산성도 끌어올릴 수 있다.

또 에티오피아 핵심 산업 육성을 위한 프로그램 추진이 필요하다. 한국의 수출활성화 정책 및 경험을 전수함으로써 핵심 산업 발전을 통한 수입대체 효과를 누릴 수 있도록 하는 한편, 수출활성화도 함께 이룰 수 있도록 지원해야 한다. 구체적으로 한국은 다양한 정책자문 및 기술보급 프로그램을 실시하고, 그에 관련되는 수출산업단지 및 지원센터 구축과 도로, 전력 등 기초 인프라 개선을 지원할 수 있다. 한국의 중소기업 진출을 장려, 현지 합작법인을 설립토록 함으로써 에티오피아 수출활성화에 도움을 주는 방안도 검토할 수 있다.

:: 모잠비크

● 경제 및 정치 현황

모잠비크는 아프리카에서 정치·사회적으로 가장 안정적인 모습을 보이고 있는 국가 중 하나다. 모잠비크 독립운동을 주도한 민족전선(Frelimo)이 오랜 지지기반을 토대로 장기집권체제를 유지해오고 있다. 평화로운 선거를 통해 정통성을 확보하는 등 비교적 안정적인 정치·사회기반이 유지되고 있다. 이 같은 안정세를 바탕으로 농업, 운송업, 통신 산업 호조세, 자원개발분야에 대한 FDI 유입 확대, 정부의 적극적인 민영화 정책 추진 등이 이뤄지고 있다. 2004년 이후 연평균 7%대의 높은 경제성장률을 유지하는 배경이다. 2009~2010년에는 세계 경기 침체에도 불구하고 농업부문 호조세와 원조·FDI 자금 유입 확대, 주요 대규모 개발 프로젝트 추진 등이 경제성장을 견인해 양호한 경제성장세를 지속했다.

국내총생산(GDP) 대비 산업별 기여비율을 보면 농업·에너지산업에 과도하게 편중된 다른 아프리카 국가와 달리 모잠비크는 농업, 제

모잠비크 국가 개황

일반 사항

- 수도 : 마푸토(Maputo)
- 인구 : 2,295만 명
- 면적 : 799,380㎢(한반도의 3.6배)
- 대통령 : 아르만도 게부자(2004년~)
- 우리와의 관계 :
  - 1993년 수교
  - 짐바브웨 대사 겸임

경제 및 정치 현황

- GDP : 221억 9,000만 달러
- 1인당 GDP : 1,000달러
- 산업별 GDP 비중 :
  - 1차 산업 : 80%
  - 2차 산업 : 6%
  - 3차 산업 : 13%
- 수출입현황 및 주요 품목 :
  - 수출 : 25억 2,000만 달러(알루미늄, 새우 등)
  - 수입 : 35억 3,000만 달러(기계, 운송 장비 등)
- 외환보유고 : 19억 8,000만 달러
- 대외부채 : 49억 9,000만 달러

자료: CIA Fact Book, 2010년 기준

조업, 수산업, 관광업 등 다양한 산업 분야가 국가 총생산에 비교적 고르게 기여하는 특성을 보인다. 서비스산업이 GDP에서 가장 큰 비중을 차지(GDP의 47.6%)하고 있지만 노동 인구의 약 80%는 농업에 종사하고 있어 실질적으로 농업이 국가경제 주요 산업으로 인식되고 있다. 모잠비크는 남동부 지역에서 탄자니아와 함께 벼 재배에 가장 유리한 환경을 가지고 있다. 국내 소비량 및 인근 지역 쌀 수입량을 고려할 때 쌀의 시장성이 좋은 편이다. 특히, 남아프리카 개발공동체(SADC) 회원국으로 모잠비크와 이웃한 남아공은 한 해 쌀 수입량만 60만 톤에 달할 정도로 모잠비크 쌀 수출의 잠재적 시장이 될 수 있다.

　모잠비크에서는 티타늄, 금, 석탄, 보크사이트 등이 채굴되고 있고 우라늄, 코발트, 니켈, 구리 등 자원 개발 잠재력이 높다. 2004년 세계은행은 모잠비크의 지지부진한 광업개발이 지질학 정보 부재,

광업 관련 투자법 등 제도적 기반 미비·낙후된 경제 인프라, 그리고 공공기관 역량 부족 등에 따른 것으로 분석한 바 있다. 이후 아프리카 개발은행과의 협력을 통해 2004년부터 지질조사 실시를 지원하는 한편, 광업부문 투자절차 수립 등을 도와주고 있다.

금속광물 이외의 천연가스 개발 잠재력 또한 풍부하다. 2010년 상용화 가능한 규모의 천연가스 매장량이 확인돼 시추작업이 한창이다. 노르웨이, 미국, 이탈리아, 말레이시아 등 세계 메이저 석유업체들이 모잠비크 해역에서 시추작업을 추진 중에 있다. 천연가스는 이미 구축된 파이프라인을 따라 남아프리카공화국에 공급하거나 모잠비크 내 건설된 신산업단지 내에서 활용될 전망이다.

● 국가개발 우선과제

모잠비크는 남아공과의 접근성, 다국어 인력 등 생산기지로서의 강점을 갖추고 있다. 이 같은 장점을 활용하기 위해 제조업 육성에 나섰고 적극적인 투자유치를 진행 중이다. 지리적으로 탄자니아, 말라위, 잠비아, 짐바브웨, 남아프리카공화국 등과 국경을 맞대고 있어 아시아 국가와의 교역을 위한 남아프리카 지역(SADC) 전초기지로 활용될 수 있는 지리적 이점을 갖추고 있다. 모잠비크의 다국어 인력은 제조업 유치에 유리하게 작용할 수 있다. 공용어인 포르투갈어의 경우 인구의 27%가 사용하고 있고 영어도 공용어처럼 이용하고 있다.

농업 생산성 혁신도 주요 개발 과제 중 하나로 꼽을 수 있다. 모잠비크의 중장기 농업발전전략(PROAGRI)에 따르면 모잠비크 농업

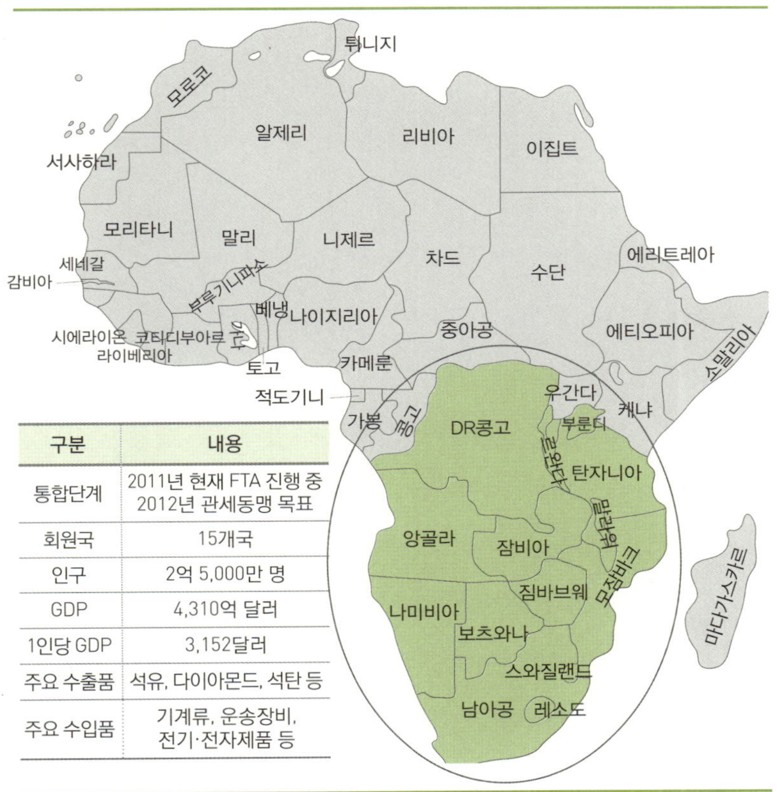

구분	내용
통합단계	2011년 현재 FTA 진행 중 2012년 관세동맹 목표
회원국	15개국
인구	2억 5,000만 명
GDP	4,310억 달러
1인당 GDP	3,152달러
주요 수출품	석유, 다이아몬드, 석탄 등
주요 수입품	기계류, 운송장비, 전기·전자제품 등

개발에 있어 주요 이슈는 영세농가(Small-Scale Farms) 농업생산성 증대 및 소득향상이다. 모잠비크는 넓은 국토, 농업에 유리한 지형과 토질, 기후를 갖춰 농업산업에 유리한 조건을 갖추고 있다. 그러나 농업기술보급 결여, 인프라 부족, 부족한 관개시설 등 농업발전 장애요인을 극복하지 못해 농업생산성이 극히 낮다. 모잠비크 주요작물인 옥수수의 경우 잠재 생산가능량이 1헥타르당 5.0~6.5톤인

반면 실제 거둬들이는 생산량은 0.74톤에 불과하다. 쌀도 잠재 생산량이 1헥타르당 2.5~6.0톤이지만 실제 생산량은 0.41톤에 불과하다. 이처럼 낮은 농업생산성이 식량 자급자족 달성의 제약요인으로 작용하고 있다. 또 모잠비크의 경작가능 농지는 3,600만 헥타르로 국토의 46%에 이른다. 하지만 실제 경작 농지 면적은 10%인 390만 헥타르 수준에 불과하다. 관개면적은 4만 헥타르밖에 되지 않는다. 농업부문 생산성을 끌어올린다면 모잠비크 식량난 및 경제개발에 큰 도움이 될 것이다.

모잠비크 정부는 또 풍부한 수산자원과 잠재력을 활용한 수산업 개발도 장려하고 있다. 모잠비크는 2,800km의 긴 해안선을 확보하고 있다. 특히 새우 산업은 모잠비크의 주요 외화 수입원이다. 그러나 수산업 역시 이 같은 좋은 조건을 최대한 활용하지 못하고 있다. 일례로 모잠비크 주요 수출항목인 타이거 새우의 총 허용 어획량은 2001년 기준 10만 3,000톤이었지만 실제 어획량은 1만 5,000톤에 불과하다. 수산·양식부문 미래도 밝다. 모잠비크는 기후가 온난하고, 바다가 오염되지 않아 양식에 적합한 면적이 3만 헥타르에 달하는 등 양식업 잠재력이 매우 큰 국가다. 수산업 생산성을 제고해 이 같은 잠재력을 실현하는 것이 모잠비크의 중요한 개발 우선과제로 떠오르고 있다.

● 맞춤형 전략

모잠비크 주요 개발과제를 고려할 때 모잠비크를 남부 아프리카

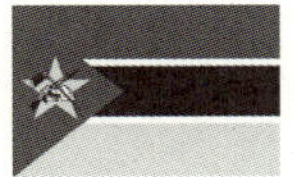

생산거점이 될 수 있도록 경제개발계획을 짜주는 것이 적합하다. 남아공을 중심으로 한 남부아프리카경제공동체(SADC)는 인구 2억 명, 15개 회원국을 아우르는 대규모 시장이다. 특히 남아공의 경우, 유럽계 산업자본이 이미 상당한 영향력을 발휘하고 있고 흑인우대정책(BEE)에 따른 노동시장 경직성 때문에 생산기반 마련이 쉽지 않은 반면, 모잠비크의 경우 진출여건이 상대적으로 양호한 편이기 때문에 생산거점화 전략은 상당한 가능성이 있다고 볼 수 있다.

모잠비크 수도 마푸토시는 인도양에 인접한 항구를 확보하고 있고 남아공 최대 도시인 요하네스버그와의 접근성이 우수하다는 장점을 갖추고 있다. 저임금, 양호한 치안, 다국어 사용인력 등 생산기지로 발전할 수 있는 기초 조건이 상당히 우수한 편이다. 다만, 복지를 지나치게 강조하는 노동제도, 낮은 인력수준과 근로의욕 등 부정적 요소 역시 충분히 감안해야 한다. 이 같은 요인을 충분히 고려한다면, 모잠비크에서 자동차 및 가전 조립공장 건설과 기초 인프라 구축, 인력양성 방안 등을 포괄한 종합 생산단지 조성을 통해 남부 아프리카시장 진출을 확대할 수 있을 것이다.

모잠비크 최대 숙원과제인 식량자급을 위해 농업 생산성 혁신 및 수산업 발전은 매우 중요하다. 농업의 경우, 농업기술센터를 설립해 농업기술교육, 농기계 운영 및 수리 교육, 토양 기초 분석, 농작물 병해충 진단 기술을 보급하고 전문가 파견 및 국내 초청연수를 확대 실시함으로써 획기적인 생산성 개선이 가능하다. 또 모잠비크 수산물 주요 수출시장인 남부아프리카개발공동체 국가들을 타깃으로 농수산업 가공·유통센터를 구축하고, 양식장 설치·양식기술을 공유할 수 있는 프로그램을 함께 모색하는 것 역시 모잠비크에 대한 효과적인 맞춤형 전략이 될 수 있다. 모잠비크의 우수한 수산 잠재력을 감안해 한국 중소 수산 업체들이 현지에 진출, 현대화된 어획·양식기술을 이전하고 윈윈할 수 있는 기반을 마련할 필요가 있다.

여타 협력대상국 맞춤 전략

지역별 파급효과가 큰 이들 중점 협력대상국 4개국에 대한 맞춤 전략 외에도 남아공, 나이지리아, 적도기니 3개국도 한국과의 협력 가능성이 크다.

:: 남아프리카공화국

● 경제 현황 및 국가개발과제

아프리카 경제 성장을 가장 먼저 이끌었다 해도 과언이 아닌 남아공은 여전히 아프리카에서 가장 중요한 경제적 지위를 차지하고 있다. 2010년 기준 아프리카 전 대륙 GDP에서 남아공 비중은 무려 24.6%에 달한다. GDP를 기준으로 산업구조를 분석할 경우, 다른 아프리카 국가들과 달리 서비스업 65.8%, 제조업 31.2%, 농업 3%를 차지하는 등 다양한 산업에 걸쳐 균형적인 성장을 이루고 있는 선진국형 경제구조를 보이고 있다.

다만 관련 인프라 확충이 경제성장 속도를 따라가지 못하고 있어 남아공의 지속적 경제발전에 제약요인으로 작용하고 있다. 특히 전력의

남아공 국가 개황

일반 사항

- 수도 : 프리토리아(Pretoria·행정수도)
- 인구 : 4,900만 명
- 면적 : 1,219,090㎢(한반도의 5.5배)
- 대통령 : 제이콥 주마(2009년~)
- 우리와의 관계 :
  - 1992년 수교
  - 1993년부터 상주공관 설치·운영

경제 및 정치 현황

- GDP : 5,275억 달러(PPP)
- 1인당 GDP : 1만 700달러
- 산업별 GDP 비중 :
  - 1차 산업 : 3%
  - 2차 산업 : 31.2%
  - 3차 산업 : 65.8%
- 수출입현황 및 주요 품목 :
  - 수출 : 768억 6,000만 달러(금, 다이아몬드 등)
  - 수입 : 770억 4,000만 달러(기계, 석유, 식품 등)
- 외환보유고 : 455억 2,000만 달러
- 대외부채 : 805억 2,000만 달러

자료: CIA Fact Book, 2010년 기준

남아공 에너지부문 개발 로드맵

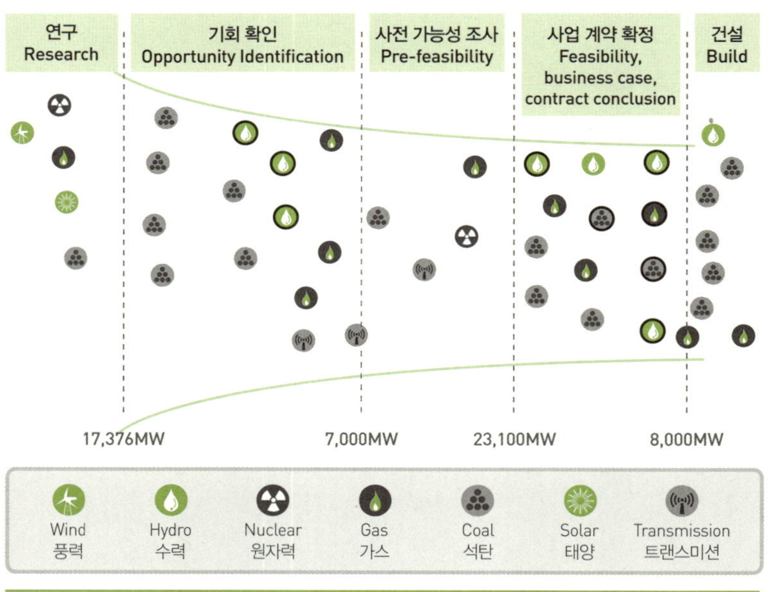

경우, 2010~2014년 사이 1인당 전기소비량이 16% 증가할 것으로 예측되고 있지만 지난 수 년간 전력시설 추가증설이 이뤄지지 못해 초과 전력 생산능력이 8%에 불과, 세계평균(15%)에 크게 못 미치고 있다. 또 지금까지 풍부한 석탄 매장량을 활용한 화력발전 위주로 전력을 생산해왔지만 최근 전 세계적으로 기후변화에 대한 공조체계를 마련하면서 전력 공급 확보와 에너지 발전방식 다변화가 남아공 정부의 주요 당면과제로 부상한 상태다. 남아공 1차 에너지 공급에서 신재생에너지가 차지하는 비중이 9%임을 감안한다면, 향후 태양력, 풍력 등 신재생에너지부문 발전 잠재력은 크다고 볼 수 있다.

영유아 사망률이 69%에 달하고, 전체 인구의 11%가 AIDS 감염자여서 보건부문도 상당히 취약한 실정이다. 국민의 약 80%가 대부분 무상으로 제공되는 공공의료부문 의료서비스를 받고 있지만 정부 재정적자 확대로 의료시설이 부족한데다가 고질적인 인력부족까지 겹쳐 실제로는 제대로 된 의료서비스를 받기 어려운 상황이다. 제이콥 주마 대통령의 총선 공약에 국민건강보험(NHI, National Health Insurance) 도입이 포함될 정도다. 다만 그럼에도 불구하고 남아공의 의료장비 및 의료기기 시장은 그 규모가 8억 5,000만 달러에 육박(2005년 기준), 아프리카 전체 의료기기 시장의 71%를 차지하고 있다.

남아공 진출에 있어 주목해야 할 점은 2009년 선거를 통해 정권을 잡은 아프리카민족회의(ANC)가 남아공 흑인경제 육성을 위해 추진하고 있는 흑인경제육성정책(BEE, Black Economic Empowerment)이 강화되고 있다는 것이다. 2003년 제정된 BEE는 2004년부터 다양한 방법과 제도를 통해 흑인계층을 지원하고 있다. 특히 정부 입찰 시 흑인기업에게 가산점을 부여하고 있기 때문에 남아공에 진출하는 외국기업에게 흑인경제육성정책은 선택이 아닌 필수사항이 됐다. 그래서 BEE는 사실상 우리의 남아공 진출에 상당한 제약요인으로 작용하고 있다.

● 맞춤형 전략

남아공 국가개발 우선과제를 고려할 때, 남아공에 대한 첫 번째 맞춤형 전략으로 한국의 에너지효율화 기술을 활용한 신재생에너지부문 협력을 꼽을 수 있다. 가장 기대되는 부문은 태양력과 풍력 분야다. 풍력부문은 이미 상당히 많은 외국 기업이 진출해있다는 점을 감안, 태양력부문을 집중적으로 공략하는 것이 바람직하다. 신재생에너지부문은 세계은행의 청정에너지 기금을 비롯해 국제기구 지원과 인센티브를 받을 수 있는 기회가 많기 때문에 아프리카 진출 과정에서 가장 문제가 되는 파이낸싱 이슈를 비교적 쉽게 풀어갈 수 있다. 남아공 정부가 적극적으로 개발을 지원하는 에탄올이나 바이오디젤분야에도 R&D 협력 등을 통해 향후 친환경 자동차 생산을 연계하는 방안이 좋다.

남아공에 대한 또 다른 맞춤형 전략으로는 병원 시설 현대화와 인력 양성 및 의료기기 시장에 대한 진출을 들 수 있다. 앞서 지적한 바

남아공 맞춤형 전략

국가 개발과제	맞춤형 전략
• 전력 인프라 확충 - 남아공을 중심으로 남부아프리카 전력난 심화 - 에너지 발전원 다양화 시급	• 에너지부문 협력 강화 - 원전 협력 확대 - 에너지 효율화 기술 보급 - 태양력, 풍력 등 신재생에너지부문 협력
• 보건부문 개선 - 영유아사망률 69%, AIDS 감염자 11% - 재정적자와 인력부족으로 공공의료부문이 매우 취약한 상황	• 의료시장 진출 - 병원 민영화 사업 참여 - 의료기기 시장 진출 - 의료부문 인력 양성

와 같이 남아공 공공의료부문은 시설이 낙후돼 있고 의료서비스 접근성이 떨어진다. 그러므로 병원 시설 현대화에 필요한 물자 공급 및 재건축 사업과 IT기술을 활용한 인프라 구축 사업 진출을 시도할 만하다. 또 공공의료와 민간의료 서비스 질 격차를 해소하기 위해 공공부문 의료 및 보건인력 교육 혹은 연수를 진행하거나, 관련 시스템 구축을 지원하는 것도 주요 협력방안이 될 수 있다. 남아공 의료기기 시장의 경우 상위 20%의 고소득층을 대상으로 하는 만큼 가격보다는 품질을 중시한다. 그러므로 우수한 품질을 갖춘 한국 업체가 진출 시 성공 가능성 높다고 볼 수 있다.

:: 나이지리아

• 경제 현황 및 국가개발과제

나이지리아는 석유, 천연가스 등 풍부한 에너지 자원으로 중동을 대체할 새로운 에너지 자원 공급처로 주목받고 있다. 하루 246만 배럴의 석유를 생산하는 아프리카 최대 생산국이기도 하다. 천연자원의 축복으로 나이지리아 경제는 다른 아프리카 국가에 비해 활발한 모습을 보이고 있다. 국제유가 상승에 따른 원유수출 증가, 농업 및 금융서비스 등 비석유부문 호조, 내수 증대 및 정부 공공지출 확대에 힘입어 2004~2008년에는 평균 6%대의 양호한 경제성장을 보였다. 글로벌 경제위기로 2009년 성장률이 소폭 둔화됐지만 여전히 5.6%의 비교적 양호한 경제성장률을 기록했다. 2010년 이후에도 경기 회복 및 현 정부의 적극적인 산업다각화 정책 추진 등에 힘입어 비교적 안정된 성장이 예상된다.

그러나 석유산업이 재정수입의 70~80%, 총수출의 90%를 차지하는 등 석유에 대한 경제의존도가 너무 높아 국제유가 등락에 국가경제 전반이 상당한 영향을 받는 등 석유 산업에 편중된 취약한 경제구조가 문제되고 있다. 게다가 인프라 미비와 취약한 거버넌스로 석유산업 성장이 기타 산업 발전으로 이어지지 못하고 있다. 석유부문을 제외한 소비재 제조업은 극히 낙후돼 있어 대부분의 일용재화는 수입에 전적으로 의존하고 있다.

이 같은 문제점을 해결하기 위해 나이지리아 정부도 다양한 노력을 기울이고 있다. 2010년 전격 출범한 굿럭 조나단 정부는 제조업

나이지리아 국가 개황

일반 사항

- 수도 : 아부자(Abuja)
- 인구 : 1억 5,522만 명
- 면적 : 923,768㎢(한반도의 4.1배)
- 대통령 : 굿럭 조나단(2010년~)
- 우리와의 관계 :
  - 1980년 수교
  - 1980년부터 상주공관 설치, 운영

경제 및 정치 현황

- GDP : 3,698억 달러(PPP)
- 1인당 GDP : 2,400달러
- 산업별 GDP 비중 :
  - 1차 산업 : 31.9%
  - 2차 산업 : 32.9%
  - 3차 산업 : 35.2%
- 수출입현황 및 주요 품목 :
  - 수출 : 763억 3,000만 달러(원유, 코코아, 고무 등)
  - 수입 : 341억 8,000만 달러(기계, 운송장비 등)
- 외환보유고 : 433억 6,000만 달러
- 대외부채 : 110억 2,000만 달러

자료: CIA Fact Book : 2010년 기준

부문 성장을 통한 산업다각화를 위해 국가 경제 부흥을 위한 장기 로드맵 'Vision 20: 2020'을 디자인하고 제1차 국가 실행 계획 'The First National Implementation Plan 2010~2013'을 내놨다. 이를 통해 물리적 인프라 개선(발전, 운송, 석유 및 가스), 생산분야 육성(농업 및 식량 안보, 제조업, 중소기업 등), 인력 및 사회 개발(교육, 보건, 노동 생산성 등), 지식기반경제 개발(ICT, 우편 서비스, 과학 기술 등), 거버넌스와 행정 개선(법 체제, 입법, 투명성 제고, 공공 서비스 등)과 같이 산업다변화를 통한 경제 발전을 추진하고 있다.

비석유분야 중 주목해야 할 부문으로 주택 건설을 꼽을 수 있다. 나이지리아는 인구가 약 1억 4,000만 명으로 아프리카에서 가장 많은 인구를 보유하고 있다. 2011년 현재 약 5,000만 명 이상의 많은 인구가 경제중심지 라고스에 집중돼 있어 추가적인 신도시 개발 및 도시 기반 재정비가 시급한 실정이다. 실제로 나이지리아 정부는 최근 에코 아틀란틱 시티(Eko Atlantic City)라는 이름으로 라고스 연안에 인공섬을 만들고 주택, 상가, 금융 및 관광지를 개발, 약 25만 명이 거주할 수 있는 프로젝트를 수립·진행 중에 있다. 또 라고스, 아부자, 포타코트, 칼라바 등 대도시를 중심으로 주거용, 상업용 및 산업용 건설 프로젝트들이 활발히 추진되고 있다.

● 맞춤형 전략

한국은 KSP 사업을 통해 산업다변화를 추진하는 나이지리아 정부의 국가발전 전략 수립을 지원해줄 수 있다. 2011년 나이지리아

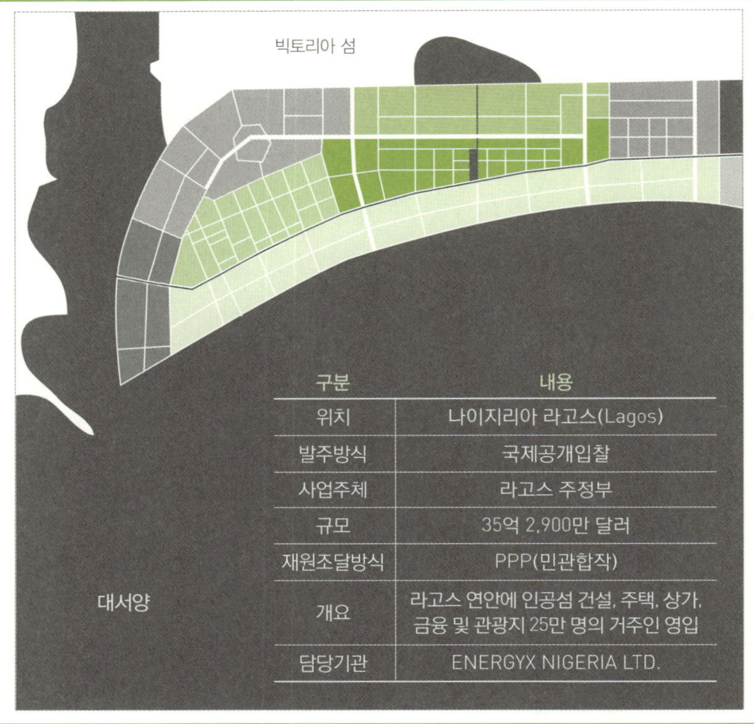

구분	내용
위치	나이지리아 라고스(Lagos)
발주방식	국제공개입찰
사업주체	라고스 주정부
규모	35억 2,900만 달러
재원조달방식	PPP(민관합작)
개요	라고스 연안에 인공섬 건설, 주택, 상가, 금융 및 관광지 25만 명의 거주인 영입
담당기관	ENERGYX NIGERIA LTD.

정부는 산업다각화와 경제기반 조성을 위해 생산분야와 제조업 및 중소기업 육성 등에 중점을 두고 있다. 한국의 경험이 매우 적절한 벤치마킹 대상이 될 수 있음을 나이지리아 측에 어필하고, 국가실행 계획 수립에 대한 정책자문을 추진할 경우 이를 바탕으로 한국과 나이지리아 간 추가적인 협력사업 개발이 가능해질 것이다.

최근 나이지리아 인구 밀집 현상에 따른 주거지 부족 문제를 해결하기 위해 추진 중인 신도시 개발과 주택 건설 분야 역시 나이지리

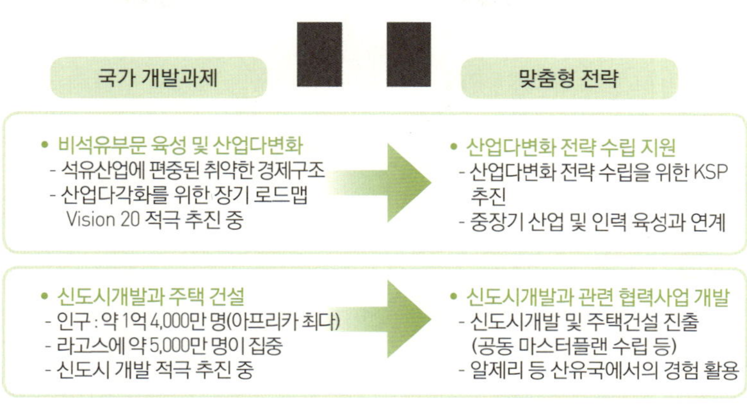

아에 대한 효과적 진출 전략이 될 수 있다. 알제리 등 산유국에서 진행한 신도시 개발 경험 및 노하우를 활용해 신도시 개발 마스터플랜을 제시할 경우, 한국 건설업체 진출이 활발해질 수 있다. 2011년 나이지리아 연방주택청이 추진하고 있는 중산층·서민층 주택 건설 사업에도 보다 적극적인 진출을 모색할 필요가 있다.

:: 적도기니

• 경제 현황 및 국가개발과제

적도기니는 스페인 식민지에서 독립한 이후 1990년대 초반까지 거의 경제성장이 없었던 빈곤국가로 자급자족형 농업과 어업이 주요 산업이었다. 그러나 1991년 석유개발 시작, 1995년 Zafiro 유전과 1999년 La Ceiba 유전 발견 이후 석유가스에 대한 대규모 해외 투자로 인해 매우 빠른 경제 성장세를 보이고 있다. 그 결과 2006년 적도기니 1인당 GDP는 PPP(Purchasing Power Parity, 구매력 평가) 기준으로 환산 시 5만 달러 이상으로 세계 2위를 차지하는 등 GDP 가 폭발적으로 늘어나고 있다.

그러나 높은 1인당 GDP에도 불구하고 적도기니의 기타 산업 부문은 아직 발전 속도가 매우 느리다. 농업의 경우 1985년 당시 GDP 의 68.9%를 차지하는 주요 산업부문이었지만 2008년 그 비중이 2%로 크게 떨어졌다. 여전히 자급자족적 소농 상태를 면치 못해 식량의 50% 정도를 수입에 의존하고 있다.

경제적 부의 불평등 역시 문제점이다. 30년 이상 오비앙 대통령 집권체제가 유지되면서 정책 안정성이 높아지기는 했지만 여전히

적도기니 국가 개황

일반 사항

- 수도 : 말라보(Malabo)
- 인구 : 65만 명
- 면적 : 28,051㎢(한반도의 1/8)
- 대통령 : 오비앙 응게마(1979년~)
- 우리와의 관계 :
  - 1977년 수교
  - 가봉 대사 겸임

경제 및 정치 현황

- GDP : 244억 달러(PPP)
- 1인당 GDP : 3만 7,900달러
- 산업별 GDP 비중 :
  - 1차 산업 : 2.2%
  - 2차 산업 : 93.9%
  - 3차 산업 : 3.8%
- 수출입현황 및 주요 품목 :
  - 수출 : 102억 4,000만 달러(원유, 목재 등)
  - 수입 : 57억 4,000만 달러(기계, 윤송장비 등)
- 외환보유고 : 40억 8,000만 달러
- 대외부채 : 8,300만 달러

자료: CIA Fact Book, 2010년 기준

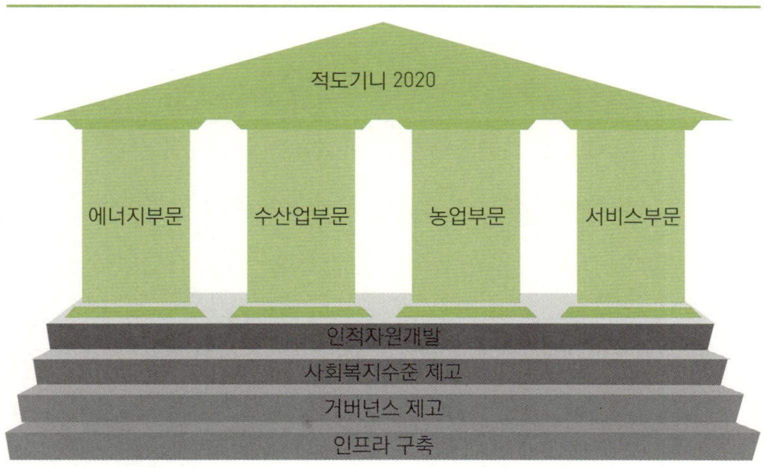

자료: FAQ

부패지수가 높다. 막대한 원유 수익이 소수에게만 집중돼 인구의 70% 이상이 절대빈곤선 이하 생활을 하고 있다.

적도기니 정부가 추진하는 중장기 국가개발계획 Agenda 2020에 따르면, 적도기니는 석유중심 산업구조를 다변화하고, 중산층을 육성해 빈곤을 극복하는 것을 국가개발 우선과제로 삼고 있다. 특히, 에너지, 수산업, 농업, 서비스업 등 성장의 축(Pillar)이 되는 4개 산업부문을 바탕으로 산업다각화 전략을 수립했다. 이의 성공적인 추진을 위해 인적자원개발, 사회복지수준 제고, 거버넌스 제고, 인프라 구축 등 4대 기반요소를 설정했다. 적도기니는 이처럼 총 8개 부문 발전을 통해 비석유부문 GDP 비중을 2010년 10%대에서 2020년 25%까지 제고하는 것을 목표로 하고 있다.

● 맞춤형 전략

적도기니에 대한 첫 번째 맞춤전략으로 적도기니 'Agenda 2020'의 경제개발 실행계획 마련 지원을 생각해 볼 수 있다. 아직 큰 그림에 불과한 Agenda 2020에 대해 지식공유(KSP) 사업 등을 통해 우리나라의 개발전략 수립 및 실행에 대한 노하우와 자문을 제공함으로써 구체적 실행계획을 마련해주는 것이다. 가령, 산업인력 육성을 위한 직업훈련시스템 개선방안에 대한 정책자문, 실행계획 마련 후 중기적인 시범프로그램(Pilot Program) 실시, 국내 공공 및 민간기관과 연계한 직업훈련 프로그램·기술인력 양성프로그램 시범사업 실시가 가능하다. 장기적으로 적도기니 정부와 지속적인 경제협력을 통해 적도기니 국가발전에 큰 기여를 할 수 있는 대규모 협력프로젝트를 수행할 수도 있다.

적도기니 맞춤형 전략

에너지분야의 전반적인 협력기반 조성을 위해서는 좀 더 장기적인 관점에서 접근, 에너지 분야 인력개발을 지원하고 단계별 협력방안을 추구해야 한다. 특히 경쟁이 치열한 원유부문이 아닌 천연가스부문에서 DME 플랜트 설립을 추진할 경우, 비교적 단기간 내 가시적인 성과를 도출할 수 있을 것이다.

수산업부문에서는 적도기니 식량 자급자족을 목표로 장비 현대화뿐 아니라 수산분야 전문가 양성을 지원할 수 있다. 인프라 차원에서도 수산물 저장 및 냉동시설을 구축하고 수산자원 관리·보호 차원의 협력 역시 이뤄져야 한다. 이 같은 인력자원 개발, 양식·가공센터 협력사업, 수산자원 관리 현대화는 각각의 단계별 사업으로 추진할 경우 효과를 극대화할 수 있다.

윈윈 전략으로 동반성장합시다

아프리카는 서구 열강으로부터 오랜 기간 식민지배를 받았다. 식민지배 기간 동안 발전은 이루지 못한 채 착취만 당한 기억 때문에 아프리카 사람들은 자원을 목적으로 아프리카에 진출하는 국가에 반감을 가지고 있는 것이 사실이다. 앞에서 제시한 반중국 정서가 그 좋은 예다.

중국은 아프리카에 진출하면서 엄청난 자금력을 동원해 아프리카 주요 국가에 국회의사당, 대통령궁, 스타디움 등 건물을 지어줬지만 중국에 대한 아프리카인들의 인식은 시간이 갈수록 나빠지고 있다. 중국은 아프리카 인프라 사업에 중국 건설회사들을 진출시키고 건설사업에 필요한 자재 및 노동자를 모두 중국에서 수입해서 써왔다. 그러다 보니 현지 고용창출이나 기반산업 설립에 필요한 핵심기술 이전 등은 전혀 이뤄지지 않았다. 함께 발전해 나가야 할 전략적 파트너가 아닌 자원 확보를 위한 시장으로서만 아프리카를 바라봤기 때문이다. 동반성장보다 자국 이익에만 치우치는 전략으로는 아프리카와 장기적인 협력관계를 지속하기 어렵다. 아프리카와 동반성장하는 전략을 추구해야만 한국과 아프리카 모두 윈윈할 수 있다.

이와 관련, 매일경제는 민관 합동의 한국형 패키지 딜, 자원 공기업 민영화, 아프리카판 개성공단 건설, 아그리젠토 코리아 생산기지 구축 등을 통해 아프리카와 동반성장할 것을 주문한다. 한국이 성장 정체에서 벗어나 선진국으로 한 발 더 도약하기 위해서도 아프리카는 꼭 필요한 시장이다. 아프리카가 성장할 수 있는 토대를 만들어주면 장기적으로 한국에도 이익으로 돌아온다. 윈윈 전략을 통한 동반성장이 한 발 늦게 아프리카에 뛰어들고 있는 한국에게 가장 효과적이고 적절한 접근방식이다.

아프리카판 개성공단 만듭시다

아프리카는 미국과 유럽 시장에 아프리카산 물품을 수출할 때 무관세 혜택을 받는다. 미국 수출 시에는 무쿼터도 적용받는다. 미국 클린턴 행정부가 제정한 아프리카 성장과 기회법(AGOA, Africa Growth Opportunity Act) 때문이다. AGOA는 미국이 아프리카 저개발 국가들의 경제회복을 지원하고 미국과 아프리카 국가 간 통상 협력 강화를 목표로 2000년 10월 1일부터 발효된 미국 국내법이다. 일반특혜관세제도(GSP, Generalized System of Preference)를 통해 의류제품 위주로 총 6,500개 품목에 대해 아프리카국가에서 제조된 품목은 대미 수출 시 무관세·무쿼터 혜택이 부여된다. 부시 행정부 들어 AGOA효력기간을 당초 2007년 9월 30일에서 2015년 9월 30일로 연장했다.

유럽 역시 같은 이유로 아프리카산 제품에 대해 무관세 혜택을 제공하고 있다. 유럽 국가들은 식민 역사를 통해 아프리카 국가들과 오랜 외교 전통을 맺고 있다. 아프리카 국가들은 유럽으로부터 독립을 성취한 후에도 언어·문화·경제적으로 유럽의 영향을 많이 받고 있다. 유럽 국가들의 통합체인 EU의 공동외교안보정책(CFSP, Common Foreign and Security Policy)은 초기부터 아프리카와의 관계를 중요하게 다뤘다. 개발원조와 특혜무역협정 Yaounde Conventions(1964~1975년), Lome Convention(1976~2000년), Cotonou Agreement(2001년) 등에서 다른 개도국보다 아프리카 국가들을 우선시했다. 이 같은 정책들을 통해 유럽으로 들어오는 아프

미국 vs. 유럽의 무관세·무쿼터 제도 비교

리카 수출품에 무관세가 적용된다.

아프리카 무관세·무쿼터 혜택을 누리면서 동시에 아프리카의 낮은 임금을 활용할 수 있는 해법이 바로 산업공단 건설이다. 아프리카판 개성 공단을 만들면 현지에서 일자리를 창출하는 한편 아프리카가 원하는 현지인 교육·기술이전도 가능해진다. 동반성장의 기틀을 마련할 수 있는 셈이다. 아프리카에 설립할 산업공단에 노동집약적 분야를 중심으로 아프리카인들이 필요로 하는 생활필수품은 물론 수출품을 함께 생산할 경우, 아프리카 제조업 기반확대에 큰 도움을 줄 수 있다. 한국의 자본과 기술에 아프리카의 노동력을 결합하는 시범산업단지를 만들어 성공적으로 운영할 경우, 아프리카 전역으로 공단건설을 확대할 수 있다.

아프리카 정부들의 적극적인 해외 생산업체 유치 분위기도 호재다. 아프리카는 제조업분야가 취약하다. 제조업 기반 마련을 위한 해외기업들의 투자에 목말라 있다. 대다수 아프리카 국가들이 토지 무상 제공, 세금 감면, 자유로운 과실송금 등 인센티브를 주는 경제자유구역(Free Trade Zone)을 지정하고 해외 제조업 유치에 열심이다. 여러 모로 아프리카판 개성공단 조성을 위한 분위기가 무르익고 있다. 아프리카 컨설팅 전문가인 김창환 비즈니스코리아 대표는 "아프리카의 경우 의류나 신발 등 노동집약적 산업 진출이 필요하다. 현지 임금 수준이 낮을 뿐만 아니라 아프리카에서 생산한 의류와 신발 등을 미국, 유럽 등 큰 시장에 무쿼터·무관세로 수출할 수 있어 해외 시장 개척도 쉽다"고 설명했다.

우간다에서 만난 길버트 부퀜야 부통령은 "한국 등 외국 투자자들에게 기업을 운영할 수 있는 용지를 무상으로 제공하는 한편 전기, 물 등 필요한 인프라스트럭처를 제공해줄 것"이라며 "농업분야의 경우 무관세로 농기계를 들여올 수 있다"고 밝혔다. 또 그는 "우간다에서 거둬들인 수익금을 본국으로 아무런 제한 없이 송금할 수 있다"며 한국기업들이 우간다를 제조업 기지로 활용해 줄 것을 주문했다.

아프리카에 산업공단이 조성되고 한국기업들의 진출이 활발해지면 제조업 기반이 없는 아프리카에 제조업 성장의 기틀을 마련, 동반성장의 출발점이 될 수 있다.

아그리젠토 코리아 생산기지 구축합시다

매일경제 비전코리아팀은 2010년 국민보고대회를 통해 '아그리젠토 코리아'를 주창한 바 있다. 첨단농업 부국으로 가기 위해서는 적극적으로 품종을 다변화하고 해외 생산기지를 확보해야 한다는 것이 주요 골자였다. 한국의 농업 생산성 향상 및 첨단 농업 발전을 위한 생산기지로 적합한 곳이 '아프리카'다.

아프리카는 총면적이 3,000만 ㎢가 넘고 전 세계 면적의 20%를 차지하는 매우 큰 대륙이다. 이 중에서 경작할 수 있는 땅은 8억 헥타르로 한국 면적의 80배에 이른다. 그러나 이 중 실제 경작되고 있는 면적은 2억 헥타르로 전체의 25% 수준이다. 또 아프리카 농업생산성은 한국의 6분의 1에 불과하다. 이처럼 한국의 농업이 진출할

자료: AFO(Food and Agricultural Organization)

수 있는 여지가 많다.

이진상 고려대 교수는 "아프리카에는 관개시설만 잘 갖추면 2~3모 작도 가능한 땅이 많다"며 "전 세계적인 식량난 속에 농산물 가격 상승 추세가 계속되고 있다는 점에서 농업 투자가 유망하다"고 내다봤다.

실제 에티오피아의 경우 일본 농림청에서 연구원들을 파견해 에티오피아 현지 농민들에게 쌀을 재배하는 기술을 가르쳐주고 있다. 우리나라도 새로운 농업 시장으로 아프리카를 주목할 필요가 있다. 우리나라의 1헥타르당 쌀 생산량은 6톤이 넘는다. 세계 평균은 4톤 정도다. 에티오피아 식량난이 심각한 원인 중에 하나는 바로 낮은 농업 생산성이다. 에티오피아 농업기술로는 1헥타르당 1톤의 생산량을 확보하기 힘들다. 이들에게 쌀을 재배하는 방법을 가르쳐주고 관개시설을 마련해 준다면 에티오피아 식량난을 해결할 수 있다.

에티오피아는 아프리카 국가 중에서도 물이 많고 기후가 좋아서 3모작도 가능하다. 카메룬이나 DR콩고 역시 농사가 잘되는 환경이다. 아프리카는 식량난을 해결하고 한국은 농산물 가격 상승에 대비한 농업 생산기지를 확보, 농업 자급률을 높일 수 있다. 이처럼 동반 성장 해법이 아프리카에 있다.

농업이 단순히 농작물생산부분에만 국한될 이유도 없다. 식품 가공공장을 만들어주는 방법도 생각해볼 수 있다. 국내 식품업체들이 현지 농부들과 계약을 체결해 아프리카에서 생산되는 농산물을 독점으로 사들인 후, 농산물 가공공장에서 농산물을 가공·수출할 수 있다. 실제 글로벌 식품기업 델몬트는 케냐 현지에 식품제조공장을 세웠다. 델몬트는 현지 농민들로 구성된 농산물생산자조합과 협약을 맺고 이들이 생산한 농작물을 구매한 뒤 현지 공장에서 가공해 수출하고 있다. 델몬트는 케냐 농민들로부터 직접 농작물을 사들여 구매비용을 낮출 수 있고 케냐 농민은 안정적인 판로를 확보해 수익을 보장받게 됐다. 델몬트는 이 같은 협력모델을 통해 아프리카에서 연간 10억 달러 규모의 농가공식품을 전 세계로 수출하고 있다.

한국형 민관 패키지 딜 만듭시다

"한국기업들과 자원주도형 경제발전모델을 공유하고 싶다. 한국기업들이 인프라사업에 적극 뛰어들기를 기대한다."

매일경제 아프리카 특별취재팀이 짐바브웨 현지에서 만난 모건 창기라이 짐바브웨 총리의 주문이다.

우리가 필요로 하는 것은 자원이고 아프리카가 필요로 하는 것은 도로, 철도, 항만, 발전소 등 인프라다. 이 둘을 엮은 것이 패키지 딜이다. 재정이 취약한 아프리카 국가들은 스스로의 힘으로 인프라를 지을 자금이나 기술력이 떨어진다. 그래서 아프리카 국가들은 패키지 딜을 선호한다. 중국이 막대한 자금을 바탕으로 아프리카에 대통령궁 등 건물을 지어주고 자원 탐사·개발권을 따낸 것도 패키지 딜로 보면 된다. 아프리카 전역에 이런 인프라 사업 기회가 널려있다. 그러

상생하는 델몬트와 케냐 농민

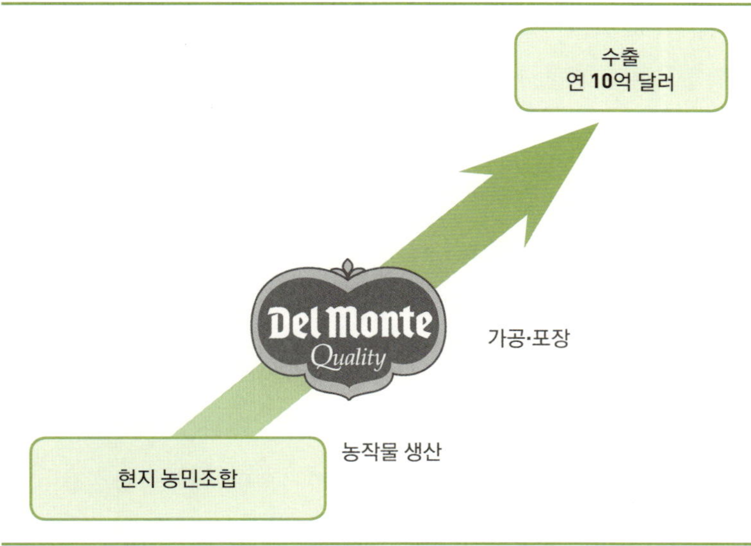

나 상대적으로 우리 기업들의 진출은 활발하지 못하다. 이유는 바로 아프리카 국가들이 갖는 컨트리 리스크(Country Risk) 때문이다.

아프리카 국가들이 정부 재정을 가지고 인프라 건설비용을 충당하기는 어렵다. 국가 신용도도 낮기 때문에 해외시장에서 파이낸싱을 하기도 쉽지 않다. 그래서 자원 개발권을 미끼로 자원을 노리는 국가나 기업들에게 자체 파이낸싱을 통해 인프라를 건설하라고 요구한다. 상식적으로는 납득하기 어려운 제안이지만 아프리카가 갖고 있는 자원의 매력 때문에 이마저도 서로 하려고 난리다. 한국도 인프라를 지어주고 광권이나 운영권을 받으려는 시도를 하고 있다. 그러나 현지에 진출한 금융기관도 없고 국내 금융기관들도 아프리카 국가에 대한 투자에 인색해 파이낸싱에서 어려움을 겪고 있다.

아프리카 패키지 딜 사업의 경우 인프라 건설에 돈이 들어가는 시점과 광물자원을 개발해서 수익을 올리는 시점 간에 상당한 갭(Gap)이 발생한다. 이 갭을 메워줄 파이낸싱 수단이 필요한데 국내 금융기간은 아프리카시장에 대해 여전히 보수적인 입장을 견지하고 있는 것이 현실이다. K-sure(한국무역보험공사)는 아프리카 프로젝트 파이낸싱 조건으로 국내담보를 요구하고 있다. 태주종합철강은 2010년 DR콩고에서 구리광산 개발권을 확보하고 정수장과 수력 댐을 지어주는 패키지 딜을 성사시켰다. 2011년 8월부터 정수장 건설에 나설 방침이지만 진행 여부는 미지수다. 태주종합철강이 구리광산 개발권 지분을 팔아 인프라 사업 자금을 조달하려고 했지만 선뜻 나서는 투자자가 없기 때문이다. 또 구리광산 개발권을 담보로 K-sure에 파이낸싱을 요청했지만 리스크 있는 해외담보물은 인정하지 않는 규정 때문에 이마저 무산될 위기에 놓여 있는 상태다.

국내업체들의 아프리카 패키지 딜 사업 성공 확률을 높이기 위해서는 공기업, 대기업, 중견기업, 금융회사 등이 함께 참여하는 한국형 민관협력 패키지 딜 모델을 만들어야 한다. 개별기업이 단독으로 아프리카에 진출해서는 중국 등 자금력이 앞서는 국가들과의 경쟁에서 승리할 수 없다. 그런 의미에서 공기업 역할이 크다. 공기업이 딜에 적극적으로 참여해 이끌어주면 민간기업들이 쉽게 프로젝트에 참여할 수 있다. 또 금융회사들 역시 공기업과 컨소시엄을 이뤄

파이낸싱 어려움 겪는 태주 철강

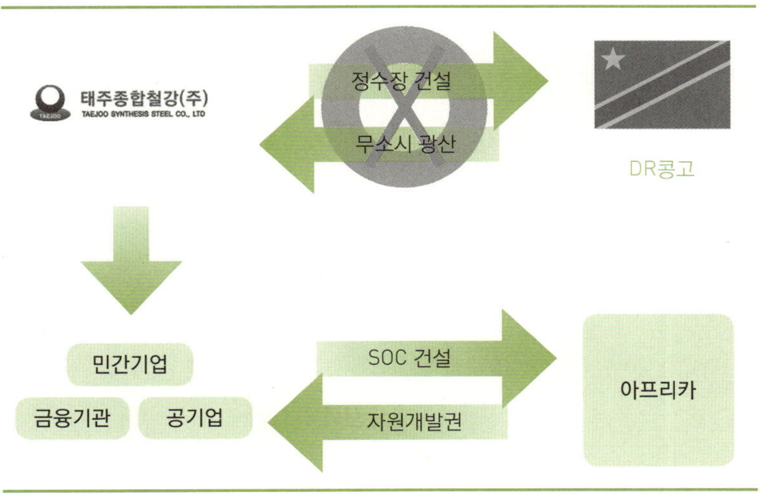

진출한다면 어느 정도 리스크를 감내할 가능성을 키울 수 있다.

1970년대 오일 쇼크 때, 미리 중동 건설 붐을 예상해 적극적으로 중동 시장 진출을 지원했던 당시 박정희 정부의 과감성이 아프리카 시장 진출 전략에 시사하는 바가 크다. 1970년대 당시 오원철 경제수석 제안으로 시작된 중동 진출은 박정희 전 대통령의 적극적인 추진 의지로 큰 성공을 거뒀다. 중동 진출을 위해 중동 대책 테스크포스와 중동경제연구원(대외경제정책연구원의 전신)을 만들었고 전략적으로 과감하게 접근했다. 당시 정부 지원 아래 중동 건설 계약서만 있으면 국내 금융기관들이 100% 파이낸싱을 해줬다. 정부 차원에서 과감히 추진했기 때문에 금융기업들과 민간 기업들이 정부를 믿고 적극적으로 사업을 벌여 엄청난 돈을 벌 수 있었다. 지금이 다시 한 번 그런 전략적인 투자가 필요한 시기다. 당시 정부의 역할을 공기업이 맡아 공기업 중심의 한국형 민관 패키지 딜을 활성화시켜야 한다.

자원 공기업 민영화 필요합니다

브라질 발레(옛 CVRD)는 세계 2위 금속·광산업체이자 세계 최대 철광석업체다. 2006년 세계 최대 니켈업체였던 캐나다 인코 사를 170억 달러에 인수하면서 단숨에 호주 BHP 빌리톤의 뒤를 이어 세계 2위 자원·에너지 기업으로 급부상했다. 발레가 이렇게 세계적인 자원기업으로 발돋움하게 된 데는 민영화가 결정적인 계기가 됐다.

1942년 국영기업으로 출발한 발레는 1997년 민영화됐다. 2000년에는 브라질 최대 민간은행이자 당시 주요 주주였던 방코 브라데스코의 임원 호제르 아기넬리 현 회장이 취임하면서 도약의 전기를 맞았다. 아기넬리 회장은 취임 초 맥킨지 컨설팅을 통해 회사 비전을 금속·광산업계 글로벌 리더로 정하고 이후 제지, 비료 등 광산업과 관계없는 사업은 과감히 매각하고 철광석 회사 등을 사들였다. 공기업일 때는 상상할 수 없었던 과감한 투자와 신속한 의사결정이 발레를 세계적 기업으로 키웠다.

2010년 말 기준으로 발레의 세계 철광석 시장점유율은 민영화 전 20% 미만에서 40% 수준으로 높아졌다. 매출액 역시 민영화 이전 55억 달러 수준에서 2010년 현재는 220억 달러 수준으로 비약적인

자원 공기업 민영화 성공사례 (단위: 억 달러)

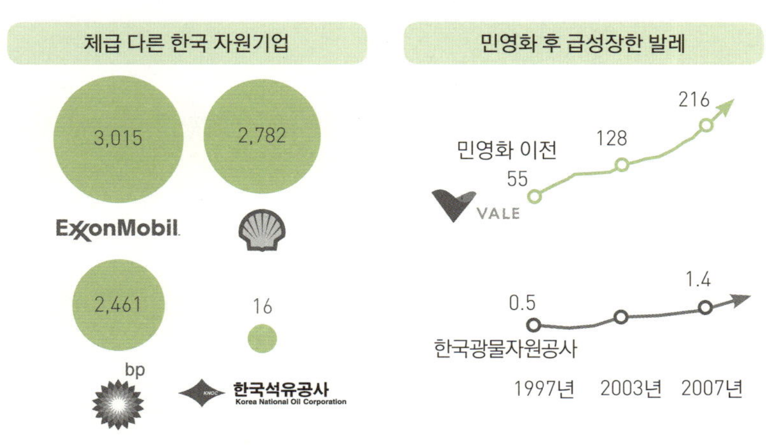

자료: Energy Inerlligence(2009)

성장을 했다. 반면 한국광물자원공사 매출액은 2009년 기준으로 1억 4,000만 달러 수준이다.

투자위험이 높은 광물·에너지 자원 개발을 하려면 일단 덩치를 키워야 한다. 덩치가 커져야 더 큰 위험을 감수할 수 있다. 국내 자원 공기업들이 공격적으로 해외 자원시장에 투자를 하지 못하는 이유도 덩치에서 밀리기 때문이다. 석유공사 매출 규모는 글로벌 에너지 메이저의 150분의 1도 안 된다. 이렇다 보니 천문학적인 돈과 오랜 탐사 기간을 필요로 하는 석유 사업에 적극적으로 진출하지 못하고 있다. 리스크 테이킹(Risk Taking) 없이 다른 메이저 업체들이 탐사를 마친 지역에 지분 참여 형식으로 진출하다 보니 큰 비용이 들어간다.

지금 한국에서 해외 에너지 개발에 나설 수 있는 자원 관련 공기업은 가스공사, 석유공사, 광물자원공사 정도다. 그러나 이들 중 어느 곳도 적극적인 자원 개발에 나서지 않고 있다. 광물자원공사가 국내 에너지 기업들과 컨소시엄을 이뤄 진출한 마다가스카르 암바토비 니켈광산 역시 광물자원공사가 투자한 해외광산 가운데 최대 규모이긴 하지만 지분 참여 형식을 벗어나지 못한다. 자원산업 특성상 규모의 경제가 필수적인 만큼 민영화를 통해 인수·합병(M&A)이나 전략적 제휴, 연합전술을 적극 활용해 글로벌 플레이어로 거듭날 수 있도록 해야 한다.

또 공기업의 경우 사장 임기가 정해져 있고, 위험을 감수해야 할 때 몸을 사릴 수 있기 때문에 글로벌 플레이어가 되는 데 한계가 있다. 공기업의 경우, 민간기업과 비교했을 때 성과를 올리고 성과에 대한 보상을 기대하기보다는 자신의 임기를 무리 없이 잘 채우고자 하는 분위기가 강하다. 자원 개발을 하려면 위험을 감수하고 적극적이고 공격적인 투자에 나서야 하는데 공기업 CEO가 이 같은 위험을 감수할 것으로 기대하기 힘든 것이 현실이다. 자원개발 사업의 경우, 천문학적인 개발비용도 부담이지만 자신의 임기 내에 결실을 보기 힘들다는 점도 공기업 CEO가 자원개발에 소극적인 배경으로 작용하고 있다.

이런 상황에서 최근 석유공사가 영국 석유탐사업체 다나 페트롤리엄을 인수했다는 소식은 국내 자원 공기업의 나아가야 할 방향을 보여주는 좋은 예라고 할 수 있다. 석유공사는 2010년 10월 다나 사의 지분 90.2%를 확보, 국내 공기업 중 최초로 해외 자원개발기업을 적대적 M&A를 통해 인수했다. 국내 석유 관련 전문가들은 이번 다나 페트롤리엄 인수를 통해 해외 석유개발 거점을 북해, 아프리카 등지로까지 확대할 수 있는 발판을 마련했다는 점에서 긍정적으로 평가하고 있다.

다나는 북해 및 아프리카 지역에서 탐사 및 개발 광구를 보유한 기업으로 확보매장량은 총 2억 2,300만 배럴에 달하는 것으로 알려져 있다. 이번 다나 M&A와 같은 적극적인 규모의 확장이 있어야만 국내 에너지 관련 업체들도 세계적인 글로벌 메이저 플레이어로 성장할 수 있다.

아프리카, 금융 일으킵시다

아프리카 진출의 가장 큰 걸림돌을 꼽는다면?

바로 금융의 부재다. 아프리카에 진출해 있는 한국 금융기관이 없을 뿐더러 한국기업이 아프리카에서 프로젝트를 수주해도 파이낸싱할 수단 찾기가 매우 어려운 것이 현실이다.

STX건설은 2010년 가나에서 초대형 주택사업 수주에 성공했지만 파이낸싱이 문제였다. 가나 정부 재정이 취약해 공사 기간 중 STX건설이 받아야 할 공사대금 마련이 발등의 불이었다. STX건설은 한국 수출입은행 등에 파이낸싱을 요청했지만 가나 정부 신용등급이 투자부적격이라며 거절당했다. 결국 STX건설은 한국 금융기관 대신 해외 금융기관과 파이낸싱 계약을 체결할 수밖에 없었다. 이에 아프리카에서 금융을 일으키기 위해 필요한 7가지의 제언을 제시한다.

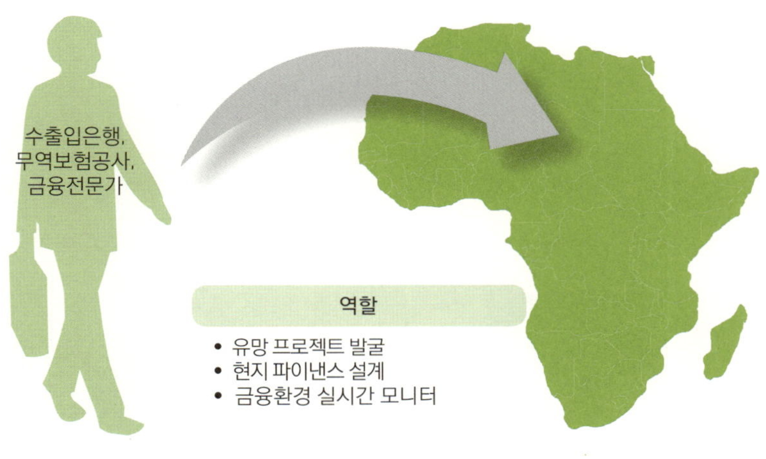

거점국가에 금융관 파견합시다

아프리카에 한국 금융기관이 부재한 것은 아프리카가 금융기관 입장에서 그만큼 수익성이 없음을 의미한다. 많은 아프리카 나라들의 국가 신용등급 자체가 투자부적격인데다 정치적인 불안정 등으로 인해 금융기관이 진출하기에는 리스크가 너무 크다.

그렇다고 한국 금융기관을 강제로 아프리카에 진출시킬 수도 없는 노릇이다. 그렇다면 이 같은 문제를 어떻게 해결해야 하나?

현실적인 대안으로 한국 정부는 아프리카 거점 국가에 '금융관'을 파견해 한국 금융기관 부재에 따른 공백을 메워야 한다. 미국, 유럽 등 주요 해외 공관에 재정관을 파견하듯 아프리카에 금융관을 보내

부족한 금융시스템을 지원할 수 있다.

아프리카에 파견한 금융관은 유망 프로젝트 발굴, 한국기업을 위한 파이낸싱 설계, 금융환경 실시간 모니터 등의 업무를 맡아야 한다.

금융관은 현지에서 한국기업이 진출하면 좋을 프로젝트를 발굴하고 이를 파이낸싱할 수 있는 수단까지 파악, 한국기업들의 아프리카 진출을 도와야 한다.

한국기업이 프로젝트를 수주한 뒤 파이낸싱에 어려움을 겪을 경우, 금융관은 파이낸싱 방안을 마련해 한국수출입은행 등 국책은행에 보고하고 민간은행도 접촉, 활용 가능한 파이낸싱 수단을 찾아나서야 한다. 아프리카 현지 금융기관을 끌어들여 한국 금융기관과 함께 파이낸싱에 나서는 전략을 짤 수도 있다.

또 금융관은 현지 파이낸싱 환경을 수시로 모니터해 시장 흐름을 실시간으로 보고할 수 있는 시스템을 갖춰야 한다. 만일 현지에서 쿠데타 등 정권 변화로 기존 금융 계약 자체가 파기되는 위태로운 상황에 빠지게 되면 계약 당사자인 기업들은 치명적인 손실을 입을 수밖에 없기 때문이다.

이 때문에 금융관은 철저히 금융전문가로 뽑아야 한다. 수출입은행이나 무역보험공사에서 관련 경험을 쌓은 사람이나 민간에서 파이낸싱 설계 등에 익숙한 경력자가 제격이다.

더 나아가 금융관이 현지 대사관 및 코트라와 함께 협업한다면 아프리카 비즈니스 금융센터로 확대·발전시킬 수 있다. 여기에 광물

자원공사와 석유공사까지 참여한다면 종합적인 아프리카 비즈니스 센터 역할 수행도 가능하다.

상품금융 활용합시다

고급 금융기법인 상품금융(Commodity Financing)도 적극 활용할 필요가 있다. 상품금융이란 농산물이나 광물 등 상품을 담보로 신용을 제공받는 것으로 주로 유럽 은행들이 아프리카 프로젝트 금융지원에 이용하고 있다.

가나 정부는 STX건설이 가나에 대규모 주택단지를 건설하는 프로젝트에 상품금융을 활용할 계획이다. 자국 석유 수입을 주택단지 건설비용에 대한 담보로 제공하는 상품금융을 활용해 파이낸싱을

상품금융 흐름도

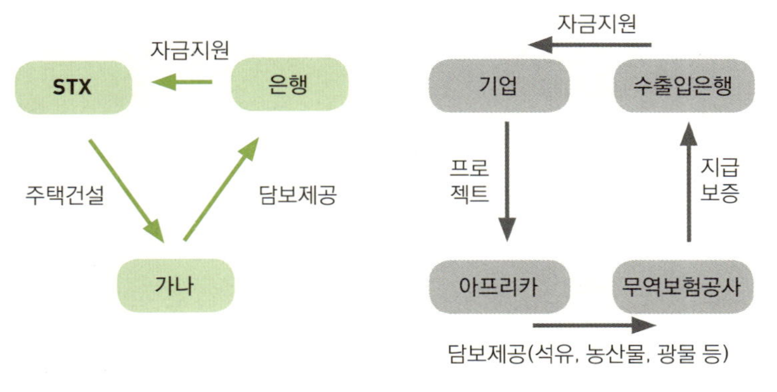

일으키는 시스템을 선보였다.

가나의 경우 자국 정부의 중요한 수입원인 석유를 담보물로 설정하기 위해 의회의 승인을 거쳐야 했고, 2011년 초 관련 법안이 정식으로 의회를 통과했다.

천헌철 한국수출입은행 여신총괄부 팀장은 "상품금융은 한국이 아프리카 금융 지원을 위해 충분히 검토해볼 수 있는 기법"이라며 "특히 아프리카의 경우 석유나 가스는 물론 커피와 같은 농산물 혹은 광물자원이 모두 상품금융에 응용될 수 있는 대상이기 때문에 더욱 의미가 크다"고 강조했다.

즉 아프리카 자원 지도를 보고 가나 같은 산유국은 석유를, 에티오피아 같은 커피생산국은 커피를 인프라 프로젝트 비용을 커버할 수 있는 담보물로 사용할 수 있다는 설명이다.

사실 아프리카에서 상품금융은 널리 활용되던 금융기법이다. 당장 현금이 부족한 케냐가 석유를 수입할 때 담보로 제시하는 것이 바로 케냐산 농산물이다.

천 팀장은 "하지만 상품금융은 유럽 은행들이 주로 써온 기법이고 한국 금융기관들이 이제까지 한 번도 시도해본 경험이 없어서 면밀히 검토 후 조심스럽게 실행해야 할 것"이라고 조언했다. 해당 상품의 미래 가치를 현재가치로 평가하는 데 여러 가지 고려할 사항들이 너무나 많고 복잡하게 얽혀있기 때문이다. 한국 금융기관 입장에서는 상품금융을 적극 활용하려면 상품구조를 치밀하게 만들 수 있는 전문가 육성에도 함께 나서야 한다.

우선 수출입은행과 무역보험공사가 공동으로 상품금융 활용에 적극적으로 나설 필요가 있다. 민간 상업은행도 프로젝트 수익성과 리스크를 고려해 상품금융을 적극 활용할 수 있다.

1조 원 규모 아프리카시장개척기금 조성합시다

기업들의 아프리카 진출을 돕기 위해 정부는 아프리카시장개척기금을 조성할 필요가 있다. 이는 특히 자금력이 약한 중소기업에 절실하다.

물론 지금도 해외시장개척기금이 있다. 무역기금으로 이름이 바

아프리카시장개척기금 조성도

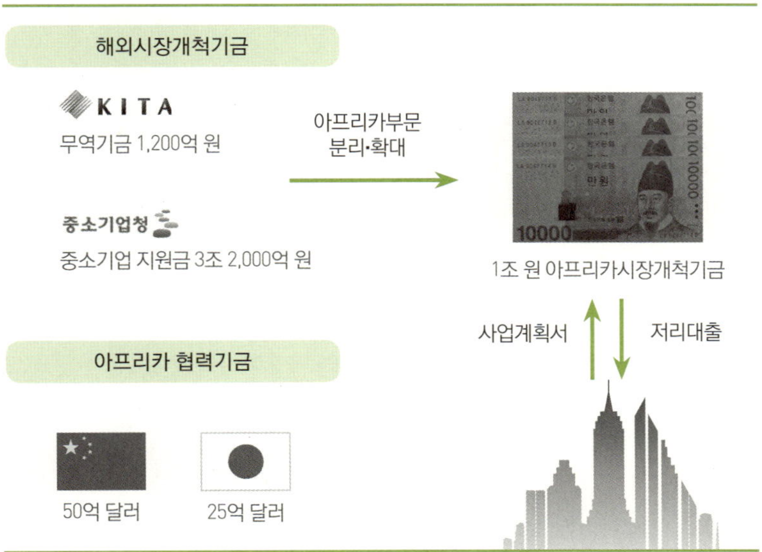

뀌었지만 해외시장개척기금은 지난 1991년 외국 상품을 수입하는 기업으로부터 수입액의 0.1%를 각출해 기금을 조성했고 이를 무역협회가 관리해왔다.

2011년 책정된 무역기금은 1,200억 원 규모다. 이 기금은 전 세계 시장을 대상으로 사용되는 기금으로 특별히 아프리카시장에 대한 쿼터가 없어 실제로 아프리카시장 개척에 할당되는 금액은 아직 미미한 수준이다.

해외시장 개척을 위해 마련된 자금 중에는 중소기업청의 정책자금도 있다. 2011년 책정된 규모는 3조 2,000억 원. 이 역시 아프리카시장 개척을 위해 활용되는 부분이 미미한 상태다. 이에 아프리카부분을 분리·확대해 아프리카만 대상으로 하는 1조 원 규모의 시장개척기금을 마련해야 한다. 이 기금으로 과거 중동 개발 붐 때처럼 유망한 프로젝트를 수주한 기업에 저리로 자금을 대출해줄 수 있다.

한국기업이 아프리카에서 아무리 힘들게 좋은 프로젝트를 수주하더라도 한국 금융기관으로부터 파이낸싱을 받기는 하늘의 별 따기다. 과거 중동 붐 시절 신용장만 있으면 대출을 쉽게 해주던 것과는 많이 다르다. 아프리카시장개척기금을 통해 다시 아프리카 붐을 일으킬 수 있다.

이미 중국과 일본은 각각 50억 달러(5조 6,700억 원), 25억 달러(2조 8,300억 원)의 협력기금을 활용해 아프리카 진출기업을 지원하고 있다. 중국은 이 기금이 필요한 곳이면 무차별적으로 자국 기업에 지원한다.

일본은 이 기금으로 아프리카 인프라는 물론 제조업, 광물 등 다양한 프로젝트 사업을 지원할 뿐만 아니라 아프리카 진출에 관심 있는 기업들을 위한 자문 서비스도 제공한다. 특히 일본의 경우 이 기금으로 아프리카에서 사업을 하는 기업에 환위험까지 제거해주는 서비스를 제공하고 있다. 환위험은 한국기업들이 저개발국가와의 프로젝트 계약 시 가장 고민하는 부분이다.

박영호 대외경제정책연구원 아프리카팀장은 "한국의 아프리카 진출에서 가장 어려운 문제가 금융"이라며 "중국은 현지 금융기관을 인수하는 등 공격적인 금융 전략을 펼치지만 한국은 이와 달리 현재 부족한 부분을 보완하는 것이 급선무다"라고 말했다.

100억 달러 아프리카 인프라펀드 조성합시다

아프리카와 같은 저개발 지역은 도로, 항만, 발전소 등 대형 인프라 프로젝트가 시급히 필요한 곳으로 이에 특화된 펀드가 반드시 필요하다.

한국 정부는 2012년까지 2조 원 규모의 글로벌 인프라펀드(GIF) 조성을 추진하고 있다. 이는 4,000억 원 규모의 민관공동펀드에 1조 6,000억 원 규모의 프로젝트 펀드가 합쳐진 것으로 에너지 협력외교 전략 추진을 위해 자원과 인프라를 연계하는 패키지 딜 개발 및 활성화를 위한 금융지원 형태로 발족됐다. 지난 2009년 2,000억 원 규모의 민관 공동펀드 1호(한투운용)가 출범했고 2010년에 2,000억

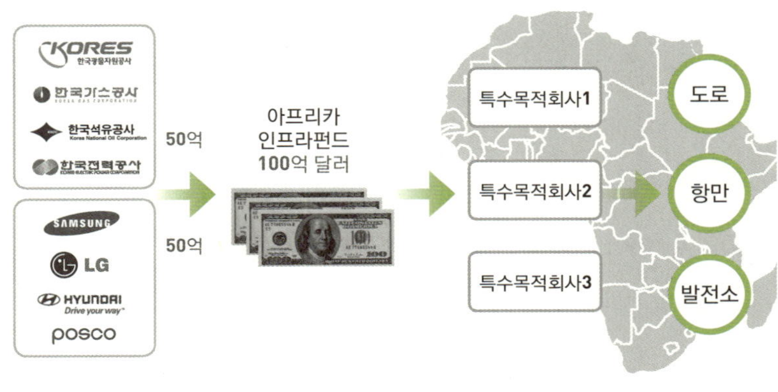

원 규모의 민관 공동펀드 2호(신한BNP운용)가 탄생했다.

그러나 이는 전 세계 인프라를 대상으로 할 뿐 아프리카에 대한 비중은 극히 미약하다. 이에 따라 광물자원공사, 가스공사 등 자원 관련 공기업들과 민간기업이 각 50억 달러씩 출자해 100억 달러 규모의 아프리카 인프라펀드를 마련할 필요가 있다.

아프리카 인프라펀드 투자 대상은 도로, 항만, 발전소 등이다. 아프리카 인프라펀드는 각종 인프라 프로젝트 건별로 전략적 투자자와 재무적 투자자를 받아들여 특수목적회사(SPC)를 설립해 투자해야 한다. 이 경우 대형 인프라 프로젝트 투자위험을 분산할 수 있고 자금지원을 수월하게 할 수 있다.

아프리카 인프라펀드가 조성된다면 아프리카 진출의 이상적인 형태인 '패키지 딜'도 활성화될 것으로 기대된다. 패키지 딜이란 한국기업이 아프리카에 인프라를 건설해주는 대가로 아프리카 현지의 자원을 가져오는 것이다. 그러나 한국이 패키지 딜을 성공적으로 실행한 예는 아직까지 거의 없다. 아프리카 인프라펀드가 인프라 프로젝트를 지원하면 이는 간접적으로 자원 개발에도 기여할 수 있다.

박영하 코트라 투자유치처장(전 라고스 센터장)은 "패키지 딜은 한국이 추구해야 하는 가장 좋은 대아프리카 접근 방식이지만 걸림돌이 많이 남아 있다"면서도 "인프라펀드와 같은 지원책이 있다면 패키지 딜 성사에 도움이 될 수 있을 것"이라고 말했다.

원조와 정책금융 시너지 효과 창출해야 합니다

한국이 원조 수혜국에서 공여국으로 뒤바뀐 지금, 원조도 전략적으로 지원할 필요가 있다. 원칙적으로 원조는 경제적 이익과 무관하게 순수하게 저개발국가 개발을 위해 지원하지만 전략만 잘 세우면 해당 국가에 원조를 지원하는 효과는 물론 그 나라에 진출하는 한국기업까지 도울 수 있기 때문이다.

구체적으로 원조와 정책금융을 결합하면 이 같은 효과를 거둘 수 있다. 원조 담당 기관인 수출입은행이 저개발국가에 대해 유상원조(EDCF)를 제공해왔는데, 여기에 해외수출기업을 지원하는 수출금융을 더하는 방식이다. 즉 아프리카 정부가 발주한 프로젝트에 대한 비용을 EDCF로 지원하는 한편 이 프로젝트를 수주한 한국기업에 수출금융을 지원하는 것이다.

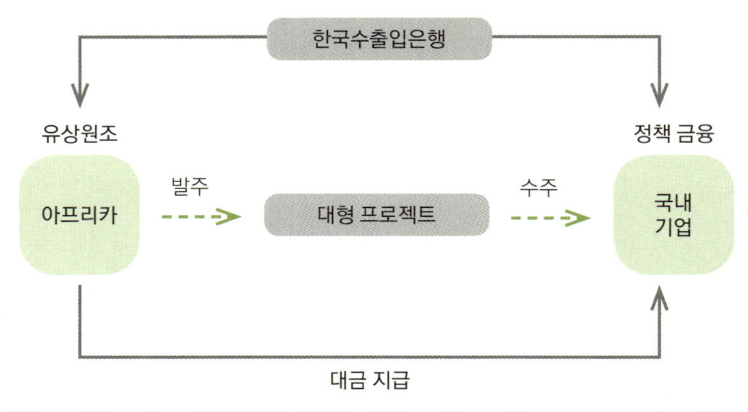

　실제로 수출입은행이 이 혼합방식을 사용해 터키 전동차 공급을 지원한 바 있다. 원조와 수출금융 혼합 지원 사례를 자세히 알아보자.

　터키 철도공사는 지난 2004년 12월 1억 4,000만 달러에 달하는 전동차 구매를 위한 입찰공고를 실시했다. 이듬해 우리나라는 EDCF 정부지원방침을 결정하고 수출입은행은 금융의향서(L/I)를 발급했다.

　여기에는 입찰에 한국기업이 참가한다는 암묵적인 합의가 이뤄져 있었다. 물론 입찰에 성공하리란 보장은 없었다. 입찰 결과 로템-미쯔미상사 컨소시엄이 전동차 공급자로 최종 선정됐다. 이어 2006년 3월 구매계약은 체결됐고 차관자금은 2007년부터 2010년까지 집행됐다.

이 사업에 EDCF로 5,000만 달러, 수출입은행의 수출금융 1,030만 달러, 일본 국제협력은행(JBIC)과 협조융자 4,770만 달러가 지원됐다.

그러나 이 방식은 지금까지 터키 사례가 거의 유일할 정도로 널리 사용되지 않아 보다 적극적인 활용이 필요하다.

유명호 한국개발전략연구소 금융담당 실장은 "한국 정부가 원조 규모를 앞으로 대폭 늘릴 계획인데, 이를 한국기업의 아프리카 진출에 도움이 되도록 설계하는 것이 필요하다"고 말했다.

현지은행 지분참여 필요합니다

한국 금융기관이 아프리카 주요 금융기관을 인수하거나 지분 매입을 검토해볼 필요가 있다. 이를 통해 아프리카에 한국 금융기관이 부재하다는 약점을 일시에 만회할 수 있다.

한국 금융기관이 현지에 독자적으로 진출하려면 비용은 물론이거니와 현지 정보를 수집하고 은행으로서 정착하는 데 상당한 시간과 추가적인 비용이 들게 마련이다. 만일 한국 금융기관이 주요 아프리카 은행을 인수해버린다면 일시에 이런 문제를 해결할 수 있다.

구체적으로 수출입은행 등 국책은행이 남아공 4대 은행 네드뱅크 지분을 확보할 것을 제언한다.

심의섭 아프리카학회장 겸 명지대 교수는 "한국 은행들이 아프리카 현지 금융에 대한 지식과 노하우가 축적되지 않는 상태에서 현지

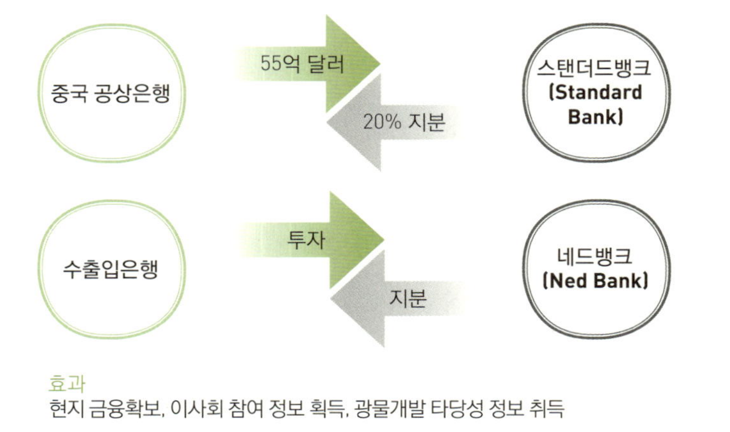

은행 지분을 인수하는 방식이 가장 빠르고 효과적인 금융진출일 수 있다"고 말했다.

좋은 예가 중국 공상은행이다. 공상은행은 지난 2007년 7월 55억 달러에 남아공 1위 은행 스탠더드뱅크 지분 20%를 인수했다. 150년의 역사를 자랑하는 스탠더드뱅크는 광물자원 등 아프리카 관련 정보를 대거 축적해놓고 있다. 아프리카 금융을 남아공이 지배하고 있는 실정을 감안하면 스탠더드뱅크 인수 하나만으로 금융은 물론 아프리카 자원 정보망까지 확보하는 두 마리 토끼를 잡게 된 것이다.

공상은행은 스탠더드뱅크 이사회에까지 자사 사람을 집어넣었다. 7명으로 구성된 이사회에 2명을 참가시켜 스탠더드뱅크의 일거수일투족을 훤히 들여다볼 수 있게 한 것이다.

공상은행은 또 스탠더드뱅크 인수 직후 10억 달러 규모의 글로벌 자원펀드를 만들어 중국기업들을 적극적으로 참여시키며 자원개발에 열을 올리고 있다. 중국 광물기업은 공상은행을 통해 특정 아프리카 광산에 대한 개발 타당성 조사를 요청하면 최고 수준의 보고서를 받을 수 있다.

전문가들은 중국이 공격적으로 광물자원을 확보할 수 있는 것도 바로 이 같은 금융과 정보망 때문이라고 분석하고 있다. 김창환 비즈니스코리아 사장은 "중국은 아프리카 광물자원 투자 시 탐사단계부터 시작한다"며 "개발이나 생산단계가 아닌 탐사단계부터 투자를 시작하기 위해서는 금융과 정보가 없으면 불가능하다"고 말했다. 이에 반해 한국은 대부분 광권 지분 인수 등 생산단계 투자에 집중돼 있어 대조를 보이고 있다. 모두 금융이 부재한 탓이다. 한국 수출입은행 등 국내은행들이 네드뱅크 지분을 확보할 수 있다면 공상은행이 스탠더드뱅크를 인수한 것과 유사한 혜택을 볼 것으로 기대된다.

한-아프리카 공동 파이낸싱 강구합시다

아프리카 현지 은행을 인수함으로써 일시에 아프리카 금융 부재 문제를 해결할 수도 있겠지만 이 경우 상당한 자금이 필요하다. 자금이 부족한 은행이 선택할 수 있는 편리한 방법이 현지 은행과의 공동파이낸싱이다.

실제로 아프리카 은행과의 공동파이낸싱은 이미 실행 중에 있다.

한국수출입은행과 아프리카수출입은행(African Export-Import Bank)은 지난 2010년 '한국기업의 아프리카 개발사업 공동 금융지원을 위한 포괄적 업무협약'을 체결했다. 협약은 두 기관이 프로젝트 발굴, 금융지원, 크레디트 라인 설정, 정보 교환 등의 업무에서 상호 협력하는 내용을 담고 있다. 아프리카 수출입은행은 나이지리아, 이집트 등 아프리카 역내 53개국을 회원국으로 가입시켜놓고 있다. 회원 가입국의 대출과 보증 업무 등을 수행한다.

한국수출입은행과 아프리카수출입은행의 공동파이낸싱은 아프리카 금융을 일으키는 모범적인 사례지만 한계도 있다. 아프리카수출입은행은 개별 아프리카 국가를 상대로 하는 프로젝트보다 복수의 아프리카 국가를 아우르는 프로젝트를 주된 지원대상으로 삼고 있다. 하지만 한국기업의 아프리카 진출은 대개 특정 국가 안에서

아프리카와의 공동 파이낸싱 사례

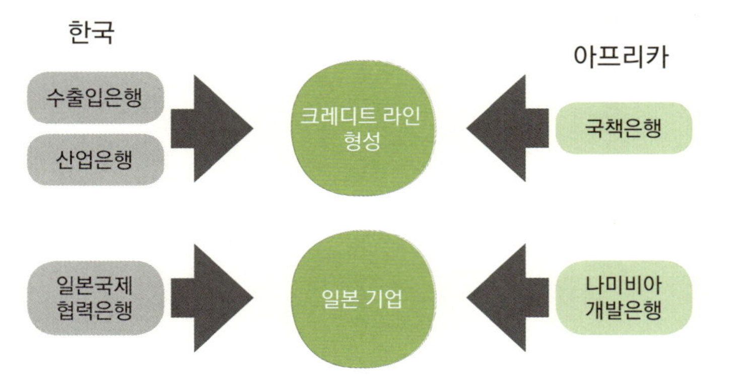

도로 등 인프라를 건설하거나 자원을 개발하는 방식으로 진행되기 때문에, 지역적 프로젝트를 하는 경우가 많지 않다. 그러므로 한국 은행들은 아프리카 개별 국가 국책은행이나 상업은행과 공동 파이 낸싱을 구축하는 방안을 검토해야 한다.

예컨대, 일본국제협력은행(JBIC)은 나미비아개발은행과 협약을 맺고 나미비아에서 프로젝트를 수행하는 일본 기업에 손쉽게 공동 신용을 제공하도록 했다.

조삼광 유엔아프리카경제위원회(UNECA) 수석경제관 겸 실장은 "개별 한국기업이 아프리카를 진출하기에는 리스크가 너무나 크다. 컨소시엄을 구성해 사업 기회를 모색해야 한다"며 "금융도 한국과 아프리카 양측에서 공동으로 지원받는다면 리스크도 줄이고 규모 도 늘리는 효과를 볼 수 있다"고 충고했다.

이런 제언도 있습니다

지금까지 우리가 진정한 협력의 파트너로서 아프리카와 함께 성장할 수 있는 구체적인 제언을 네 가지 범주 아래 살펴봤다. 아프리카와 소통을 강화하고, 아프리카인의 마음을 얻으며, 개발경험을 공유해 동반성장하는 길을 제시했다. 금융을 일으키는 구체적인 방안도 제시했다. 하지만 이외에도 대아프리카 진출 전략을 위한 액션플랜은 수없이 많다. 지난 2011년 3월 24일 비전코리아 제18차 국민보고대회 '컬러풀 아프리카'에서 일일이 설명되진 않았지만 여전히 중요한 액션플랜들을 여기서 공개한다.

자원공기업 CEO평가기준 바꿉시다

중국의 자원공기업은 아프리카에 10~20년 장기투자를 하는 데 반해 한국은 그렇지 못하는 이유는 무엇일까?

현행 평가 방식	개선 방안
• 단기성과 집중 • 지분 매입식 안정 투자 집중 • 리스크 있는 탐사단계 투자기피 • 핵심 광물자원에만 관심 • 자주개발률 등 수치 맞추기 급급	• 장기성과 평가항목 보완 • 리스크 테이킹 일정부분 책임 면제 • 귀금속 등 부가가치 높은 자원발굴 관심 제고 • 자주개발률 허상 탈피, 실질적 자원확보 집중 유도

전문가들은 한국 자원공기업 CEO에 대한 평가기준이 단기 성과 중심이기 때문이라고 지적한다. 삼성경제연구소 김득갑 수석연구원은 "공기업의 경우 사장 임기가 정해져 있어 위험을 감수해야 할 때 몸을 사릴 수 있기 때문에 글로벌 플레이어가 되는 데 한계가 있다"며 "관련 공기업들이 민영화 계획을 갖고 있지만, 서둘러서 진정한 의미의 글로벌 플레이어로 거듭나야 한다"고 말했다.

공기업 CEO 평가 기준을 단기 성과가 아닌 장기 미래 가치를 기준으로 삼아야 한다는 지적이다. 공기업 CEO들은 1년 단위로 업적을 평가받기 때문에 아프리카처럼 리스크가 높고 장기투자가 필요한 곳에는 과감한 투자를 하지 않게 되는 폐해를 막기 위해서다. 이를 위해 자원 공기업 CEO는 리스크를 감수하는 데 대한 책임을 일정부분 면제받을 필요가 있다.

자주개발률에 대한 환상에서도 벗어나야 한다. 개발이 마무리된 광물 프로젝트 지분 확보를 값비싼 비용을 지불하고 확보, 자주개발률 수치를 올리는 식의 투자는 투자대비 효율성이 떨어진다. 또 정

부가 지정한 6대 전략광물(유연탄, 우라늄, 구리, 철, 니켈, 아연)에
만 집중하지 않고 귀금속 등 부가가치 높은 광물을 확보할 수 있도
록 해야 한다.

블루오션 프로젝트 선점합시다

한국기업들의 아프리카 진출분야는 주로 광물자원이나 인프라 건
설이다. 하지만 전략적으로 블루오션을 선점한다면 아프리카시장
은 한국의 확고한 미래 먹거리가 될 수 있다.

아프리카의 대표적인 블루오션시장은 신재생에너지분야다. 한국
이 아프리카에서 선전하고 있는 중국보다 비교우위를 가지고 있는

아프리카 에너지 스마트 그리드

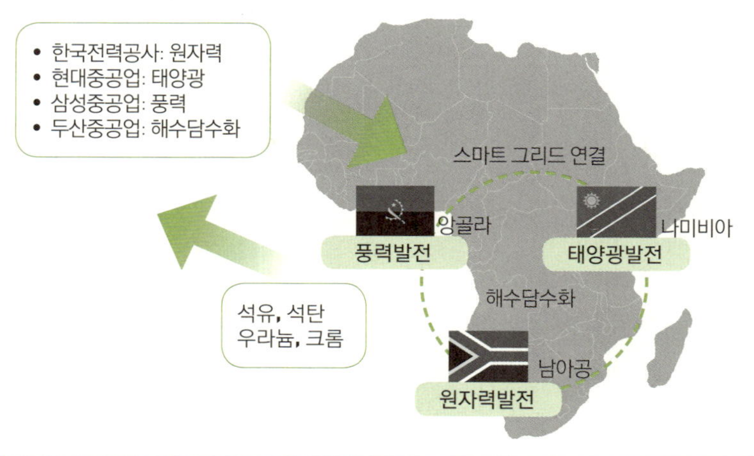

자료: 이코노미스트

분야가 바로 신재생에너지다. 한국은 원자력 기술뿐 아니라 스마트 그리드, 해수담수화 기술을 동시에 보유하고 있는 나라다. 이 프로 젝트에 해법을 제공할 수 있는 거의 유일한 나라라고 할 수 있다.

이미 아프리카에서 에너지 사업을 펼치고 있거나 검토하는 한국 기업들은 세계적인 기술을 보유하고 있다. 한국전력공사는 원자력, 현대중공업은 태양광, 삼성중공업은 풍력, 두산중공업은 해수담수 화로 특화된 사업을 아프리카에 펼칠 수 있다. 따라서 이에 대한 해 법을 제시하고 반대로 이들 나라의 자원을 받아오는 방식의 협상이 가능하다.

또 이런 방식으로 남아프리카공화국과 나미비아·앙골라를 하나로 묶을 수 있다. 원자력과 태양광발전설비를 제공하고 이들 세 나라를 스마트 그리드로 연결한 뒤 해수담수화 시설로 물을 공급하는 방식 이다. 반대급부로 우리는 이 나라들의 석유와 석탄, 우라늄, 크롬 등 의 자원을 받아올 수 있다.

스마트 원전으로 전력·물 문제 해결합시다

아프리카에서 가장 시급히 해결해야 할 문제를 꼽는다면 전기와 물이다. 케냐, 우간다, 탄자니아 등의 전력 공급률은 10~20%에 지 나지 않고 일부 아프리카 국가에서는 인구 절반이 수인성 질병에 시 달리고 있다.

이 문제를 한국형 스마트 원전으로 해결할 수 있다. 한국이 보유

한국형 스마트 원전	소형 태양광발전기

- 벌전용량 330MW로 대형 원전 1/10
- 인구 분산된 아프리카 적합
- 인구 10만 명 도시에 전력(9만kW), 식수(하루 4만 톤) 공급

- 인프라 취약한 아프리카에 태양광 최적 대안
- 사회공헌 차원에서 현지 진출사업 태양광 패널 설치 지원

한 세계적인 원전 기술을 이용하면 발전용량 330MW로 대형 원전의 10분의 1 수준의 소형 원전을 만들 수 있다. 이 소형 원전은 인구가 여러 곳에 흩어져 있는 아프리카에 안성맞춤이다.

전문가들에 따르면 이 정도의 소형 원전이면 인구 10만 명 도시에 전력(9만 kw), 식수(하루 4만 톤)를 공급할 수 있다. 또 소형 태양광발전기를 아프리카에 도입하는 것도 검토해볼 만하다. 일조량 기준으로 아프리카 대다수 국가들은 태양광발전기를 운영하기에 적합하다.

소형 원전처럼 인프라가 취약한 아프리카에 소형 태양광발전기를 도입하면 농촌마을의 전력난을 손쉽게 해결할 수 있다.

만일 현지에 진출한 한국기업이 사회공헌 차원에서 태양광 패널 설치를 지원한다면 지역민의 위생 및 삶의 질을 높일 뿐만 아니라 브랜드 이미지도 제고할 수 있게 된다.

유상 및 무상원조 연계합시다

유상과 무상을 지원하는 기관이 따로 떨어져 있어 발생하는 문제점을 보완할 필요가 있다. 세계 대부분의 국가는 무상원조든 유상원조든 하나의 정부기관이 담당하고 있지만 한국의 경우 무상원조는 외교부 산하 한국국제협력단(KOICA)이, 유상원조는 기획재정부가 맡고 있다. 또 '경제발전경험공유사업(KSP, Knowledge Sharing Program)'은 무상원조지만 기획재정부 소관이다.

계획 단계부터 통합적인 접근을 통해 원조에 나서야 시너지 효과를 발휘할 수 있다. 이를테면, KSP를 통해 아프리카 국가에게 맞춤형 개발 모델을 컨설팅해주고 유무상원조를 통해 실제로 인프라 및

유·무상원조 통합 시스템

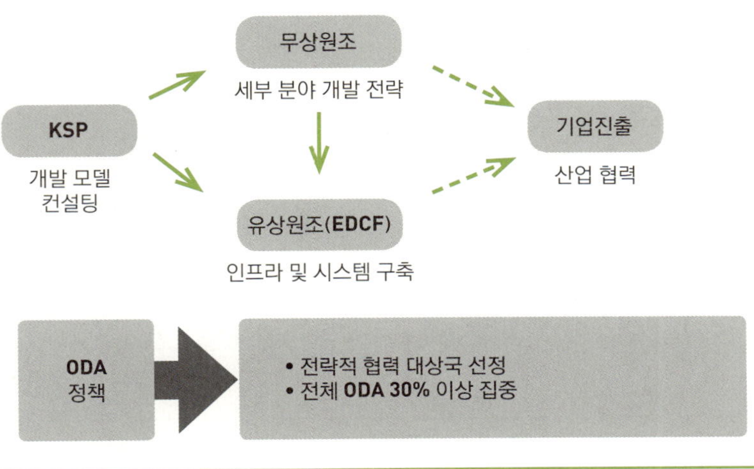

시스템을 구축해줄 경우, 원조 효과가 극대화될 수 있다.

원조정책도 선택과 집중을 해야 한다. 한국의 2010년 아프리카 전체 원조액은 9,400만 달러지만 지원 국가 수는 무려 39개국에 이른다. 이에 비해 일본은 2009년 아프리카원조액이 무려 14억 9,865만 달러로 한국의 16배에 달하지만 수단, 가나 등 아프리카 자원부국 10개국에 원조액 55%를 집중했다. 한국도 전략적 협력 대상국을 우선 선정하고 전체 지원규모의 30% 이상을 집중할 필요가 있다.

50원짜리 비누로 승부합시다

아프리카시장을 노리는 기업이라면 저가시장을 추천한다. 이른바 '피라미드 저변(BOP, Bottom of the Pyramid)' 이론으로 설명할 수 있다. 피라미드의 가장 아래쪽, 다시 말해 빈곤층을 새로운 눈으로

피라미드 저변 이론(BOP)

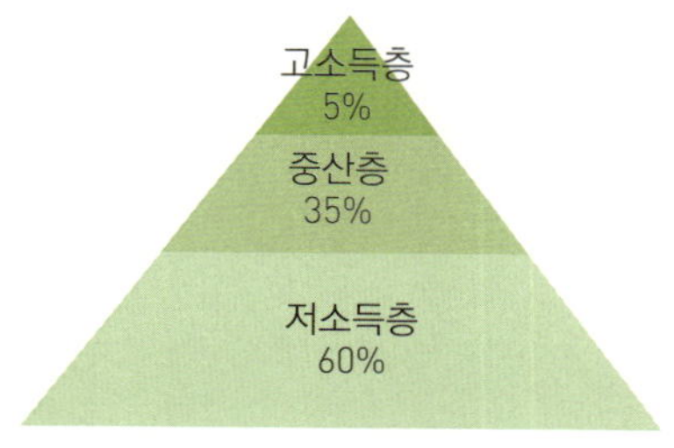

보라는 것이다.

이 이론은 상대적으로 구매력이 낮은 빈곤층이라도 충분히 값싸면서도 필요한 제품이라면 얼마든지 실제 구매로 이어지기 때문에 간과해서는 안 될 고객임을 강조한다. 특히 아프리카에서는 더욱 그렇다. 우선 아프리카에는 저소득층이 너무나도 많다. 전체 10억 인구 중 60%가 저소득층이다.

문제는 구매력인데, 인구의 절반이 하루 소득 1달러도 채 안 되는 곳에서도 구매력은 분명히 존재한다. 좋은 예가 유니레버의 가나 성공 스토리다. 유니레버는 한 봉지에 한국 돈으로 66원짜리 소금을 시판해서 대박을 기록했다. 소금은 누구나 필요한 음식이지만 가격을 낮추기 위해 작은 봉지에 팔았던 것이 성공 비결이었다. 여기에 영양결핍 해소용으로 요오드 성분을 추가해 더 인기를 끌었다.

저가시장을 확보하는 것은 여러 가지 장점이 있다. 우선 경기와 무관하게 제품 매출이 지속된다. 왜냐하면 대개 저가 제품은 생활필수품인 경우가 많기 때문이다. 또 소득 증대 시 차상위 제품 고객으로 쉽게 연결된다.

한국기업이 저가 시장에 진출하기 좋은 제품은 비누 등 위생생활용품이다. 이런 제품을 작게 만들어 낱개로 판다면 충분히 승산이 있다.

아프리카 프로축구팀 후원합시다

조지 웨아(George Weah), 디디에 드록바(Didier Drogba), 엠마누엘 아데바요르(Emmanuel Adebayor). 이들은 아프리카 출신으로 성공한 세계적인 축구선수이자 아프리카 국민영웅이다. 이 중 조지 웨아는 축구선수 은퇴 후, 조국 라이베리아 정치에도 뛰어들어 대통령에 도전하기도 했다. 그만큼 가난한 아프리카에서 축구는 가난을 탈출해 부와 권력을 얻을 수 있는 유일한 수단이다. 이렇다 보니 아프리카에서 축구 인기는 상상을 초월한다. 많은 아프리카 아이들은 축구선수로 성공하고 싶은 꿈을 꾸고 있다.

하지만 아프리카는 프로축구단조차 제대로 된 잔디 구장이 없는

영국 vs. 가나 프로축구팀 후원 비교

스폰서 비용=200억 원	스폰서 비용=2억 원
• 프리미어리그 첼시FC - 2005년 삼성전자 국내기업 최초 　EPL 스폰서 계약 체결 - 2013년 5월까지 계약 연장	• 가나 스웨드루 올블랙FC - 가나 프로축구리그 3위팀 - 1~2위 팀 해외기업 스폰서 확보 - 가나 프로축구 아프리카 생중계

열악한 상황이다. 중국이 아프리카에 대형 스타디움을 지어 아프리카인들의 마음을 살 수 있었던 것도 아프리카에서 축구 인기가 높기 때문이다. 우리는 중국처럼 돈이 많이 드는 스타디움 외교를 할 수는 없지만 축구를 활용한 스포츠 마케팅을 통한 기업의 브랜드 홍보 활동은 충분히 할 수 있다. 실제 아프리카 현지에서 축구단을 운영하는 데 드는 비용은 연간 5억 원 안팎이다. 삼성전자가 영국 프리미어리그 첼시FC에 연간 스폰서 비용으로 지불하는 200억 원에 비하면 40분의 1 수준에 지나지 않는다.

실제 가나에서 프로 축구단 스웨드루 올블랙FC의 단장을 맡고 있는 한권일 씨는 "축구가 인기 스포츠이다 보니 가나 수뇌부들과 만날 기회가 많아 비즈니스에도 도움이 된다. 가나 프리미어 리그는 아프리카 전 지역으로 중계되기 때문에 아프리카 내 브랜드 인지도 상승 효과도 있다"고 말했다.

현지 인력 트레이닝센터 만듭시다

빈곤에 허덕이는 아프리카가 가장 원하는 것은 고용창출이다. 한국기업이 현지에 진출해서 현지인을 고용하는 것은 양측 모두에게 이익이 되는 윈윈 전략이다. 그러나 막상 아프리카에 진출한 기업들이 곧바로 써먹을 수 있는 노동력은 많지 않다. 그렇다면 해결책은? 현지 인력 트레이닝센터를 설립하면 된다.

이를테면, 한국 대기업이 아프리카 현지에 공장을 설립한다고 가

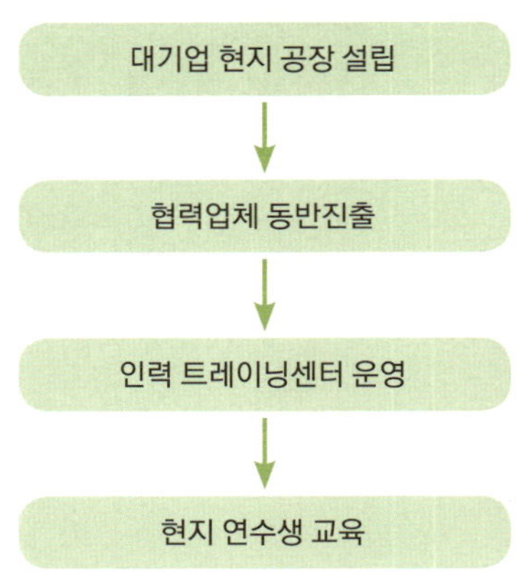

정하자. 그러면 많은 협력업체들이 동반진출하게 된다. 이 경우 대기업과 협력업체들이 현지에서 해야 할 첫 번째 업무는 바로 인력 트레이닝센터 설립이다. 자신들이 쓸 현지 인력을 훈련시키는 시스템을 갖추는 것이다. 아프리카에 값싼 노동력이 풍부하지만 교육프로그램이 없다면 그림의 떡이라는 설명이다.

현지 인력 트레이닝센터가 자리를 잡으면 현지 지역사회로부터 신뢰를 쌓을 뿐만 아니라 현지 지역 경제를 일으킬 수도 있다. 즉 새로운 수요를 창출할 수도 있다.

특히 인력 트레이닝은 흑인들에 대한 경제적 지원 법령이 있는 남아공에서는 절실하다. 남아공의 'BEE(Black Empowerment Economy, 흑인경제육성) 정책'은 정부 입찰에 참가하려는 기업들을 상대로 점

수를 매긴다. 100점 만점에 40점 이상이 돼야 참가할 수 있는데, 인력개발부분이 약 30%를 차지하고 있을 만큼 중요하다.

이진상 고려대 교수는 "한국은 인력 트레이닝센터라는 하드웨어는 물론 운영 프로그램이라는 소프트웨어도 같이 제공할 수 있는 나라로 아프리카에 어필할 수 있다"고 강조한다.

한국식 클럽메드 만듭시다

아프리카는 한국엔 잘 알려져 있지 않지만 천혜의 관광자원을 가지고 있다. 2011년 4월 결혼식을 올린 영국의 윌리엄 왕자가 청혼한 곳이자 데이비드 베컴 등 유명인들이 매년 여름휴가를 보낼 정도로

블랙 아프리카 관광 수입 추이　　　　　　　　　　(단위: 억 달러)

자료: UN WTO STEP Foundation

아름다운 곳이다. 덕분에 아프리카 관광산업은 연간 6%의 성장률을 보이고 있다. 이는 세계 최고 수준이다. 블랙 아프리카의 관광수입 역시 지난 1995년 70억 달러에서 2009년 230억 달러로 15년간 3배 이상 뛰었다.

하지만 아프리카에 한국은커녕 동양권에서 운영하는 관광업체나 리조트도 없는 실정이다. 대부분 유럽, 특히 프랑스 기업들이 진출해 관광 수입을 올리고 있다.

도영심 UN WTO 스텝재단 이사장은 "한국 관광 기업들이 아프리카를 눈여겨봐야 한다"며 "최근 들어 동양인 관광객들도 아프리카에 많이 들어가는데 동양권 관광업체는 아프리카에 전무한 실정이다"고 꼬집는다. 만일 한국인이 아프리카에 관광자원을 개발하거나 리조트를 설립한다면 동양인 관광객은 물론 서양인 관광객까지 유치할 수 있다는 설명이다.

하지만 도 이사장은 관광업이 아프리카에 진출할 경우 철저히 '동반성장' 모델을 채택해야 한다고 강조했다. 현지인을 채용해서 해당 지역에 고용을 창출하고 현지인이 재배한 먹거리를 직접 쓰는 등 원원 전략을 써야 성공할 수 있기 때문이다.

아프리카 재활용센터 만듭시다

한국에서 한 해 150만 대씩 폐기처분되는 컴퓨터는 아프리카에서 유용하게 활용될 수 있다. 한국 원조금이 들어간 에티오피아 '히

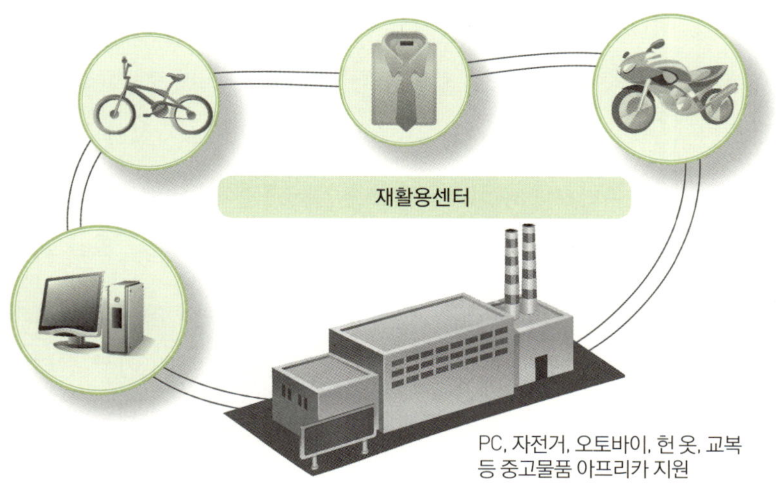

브레 피레 초등학교'는 한국 중고 컴퓨터를 재활용해 컴퓨터 교육을
실시하고 있다. 아프리카에 재활용품을 지속 가능한 방식으로 전달
하기 위한 '아프리카 재활용센터' 구축을 제안한다.

각 구청 재활용센터에서 공급받은 물품을 '아프리카 재활용센터'
를 통해 '새마을운동'이라는 브랜드로 지원한다면 그동안 체계 없이
진행된 지원 사업을 획기적으로 개선할 수 있다.

태천만 아프리카박물관장은 "아프리카에서 필요한 것은 최신의
제품이 아닌 우리가 과거 1980~1990년대 쓰던 것들"이라며 "우리
가 더 이상 낡아서 쓰지 않는 것을 아프리카에 보내면 서로에게 도
움된다"고 설명한다.

적정기술 적극 전파합시다

아프리카는 '적정기술'로 뚫어야 할 시장이다. 적정기술이란 한 공동체의 문화, 정치, 환경 등을 고려해 만들어진 기술을 의미한다.

실제로 아프리카에서 대박을 터트린 제품들은 대부분 적정기술이 적용된 것들이다. 스위스의 사회적 기업인 '베스터가르드 프란센'이 개발한 휴대용 개인 정수기인 '라이프 스트로(Life Straw)'가 대표적인 상품. 이 정수기 필터는 박테리아와 기생충을 99% 이상 걸러낸다. 아프리카처럼 식수가 절대적으로 부족한 곳에서는 생명처럼 소중한 필수품인 것이다. 이 상품은 가나, 나이지리아 등에 공급됐고 선풍적인 인기를 끌었다. 게다가 이들 국가의 수인성 질병 예방에 큰 효과를 거뒀다.

구르는 물통도 마찬가지다. 시골 아프리카 여성들의 주요 일과 중 하나가 먼 곳의 우물에 물을 길러가야 하는 것이다. 물통을 머리 위에 이고 수 km를 이동하는 것은 고역이다. 하지만 구르는 물통은 원통으로 만들어져 굴리면서 옮길 수 있다. 훨씬 더 수월하게 물을 옮길 수 있게 된 것이다.

1인용 모기장도 있다. 모기장 한 장이면 아프리카 최대 공포인 말라리아로부터 해방될 수 있다. 지난 2009년에 말라리아로 사망한 전 세계 인구 78만 1,000명 중 무려 90%인 70만 9,000명이 아프리카 사람들이었다.

류종수 유엔재단 상임고문은 "모기장 1장이면 아프리카 사람을

• 라이프 스트로(Life
  Straw)
- 개인 휴대용 정수기

• 구르는 물통
- 먼 거리 식수 운반

• 1인용 모기장
- 말라리아 예방

구할 수 있다"며 "모기장만큼 아프리카가 생명을 유지하기 위해 절실히 필요로 한 것도 없다"고 말했다.

자유무역협정 체결합시다

무역으로 국가경제를 성장시켜온 한국은 아프리카와의 자유무역협정(FTA)을 적극 추진해야 한다. 한국은 이미 미주, 아시아, 유럽, 오세아니아 등과 FTA를 체결해 효과를 보고 있거나 볼 예정이다. 그러나 미래 성장 동력이 될 아프리카와는 아직 FTA 협상조차 시작하지 않았다.

우선 아프리카와의 첫 FTA 대상은 아프리카 최대 경제대국인 남아공이 적격이다. 남아공의 경우 남아프리카관세동맹(SACU) 회원

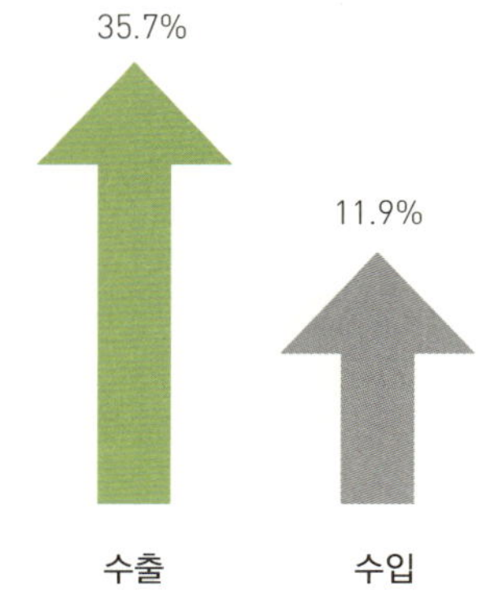

자료 : 대외경제정책연구원

국이어서 남부아프리카 거점 역할을 할 수 있다. 남아공은 또 '남부아프리카개발공동체(SADC)' 회원국이기도 하다. 이 기구 회원국들은 2012년까지 관세를 완전 철폐할 예정이다.

대외경제정책연구원(KIEP)에 따르면 한국과 남아공이 FTA를 체결한다면 한국의 대남아공 수출과 수입은 각각 35.7%, 11.9% 늘어날 것으로 전망됐다.

한편 아프리카는 남부쪽 말고도 지역별 경제공동체가 많이 형성돼 있다. 동남부아프리카공동시장(COMESA), 서부아프리카경제공동체(ECOWAS)가 그것이다. 따라서 COMESA에서는 케냐, ECOWAS에서는 가나 등 거점 국가와의 FTA를 추진하면 좋다.

아프리카 바다에 세계 어족 4분의 1 삽니다

아프리카가 한국 원양어업의 희망이 될 수 있다. 지금 한국 원양어업은 어선 수와 어획량 감소라는 이중고에 빠져있는 상태다. 한국원양산업협회에 따르면 한국의 원양어선 수는 지난 1977년 850척에서 2008년 380척으로 반 토막 난 상태다. 어획량도 지난 1977년 60만 톤에서 1987년 88만 톤으로 늘었지만 2008년 67만 톤으로 대폭 줄었다.

한국 원양어업의 현주소 (단위: 만 톤)

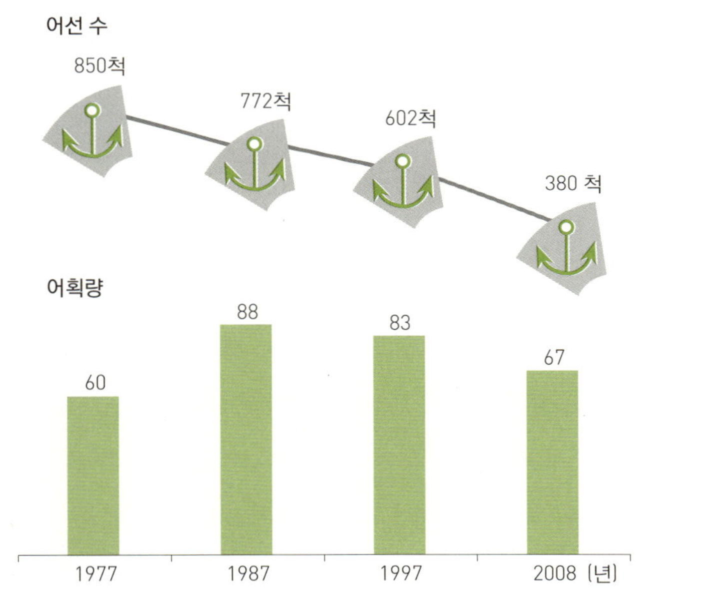

하지만 아프리카는 풍부한 어족자원으로 한국을 기다리고 있다. 전 세계 어족의 약 4분의 1이 아프리카 바다에 있다.

정동창 세이셸 명예총영사는 "아프리카는 세계적인 피시플레이션 (수산물 가격급등)을 해결할 수 있을 정도로 수산자원이 풍부하다" 며 "세이셸의 경우 세계 2위 참치 어장을 보유하고 있다"고 말했다.

아프리카 어업진출은 인터불고가 좋은 사례다. 인터불고는 앙골라와 가봉에서 조업권을 획득하고 현지에 수산물 냉동 및 가공공장을 건설해 수익을 올리고 있다. 인터불고는 현지 어민과 노동자를 채용함으로써 현지인들로부터 신뢰를 쌓고 있다.

포스코학교, 삼성학교 세웁시다

아프리카에 진출하는 한국기업들은 기업의 사회적 책임(CSR) 활동으로 학교를 세울 것을 제안한다.

아프리카는 세계에서 가장 교육 서비스가 낙후된 대륙으로 짐바브웨의 경우 문맹률이 무려 92%에 달한다. 유엔도 새천년개발목표 (MDG)를 통해 아프리카에 보편적 초등교육 제공 등 교육서비스 확충에 최우선 순위를 두고 있다. 이에 한국의 대표적인 기업들이 자사의 이름으로 학교를 세우면 지역민의 신뢰를 얻을 수 있고 장기적으로 그 학교 졸업생을 미래 고객으로 확보할 수 있다.

실제로 삼성은 국제협력단과 유네스코와 함께 민관형태 교육지원 프로그램을 시작했다. 이는 아프리카기업 참여 교육지원 사업의 첫

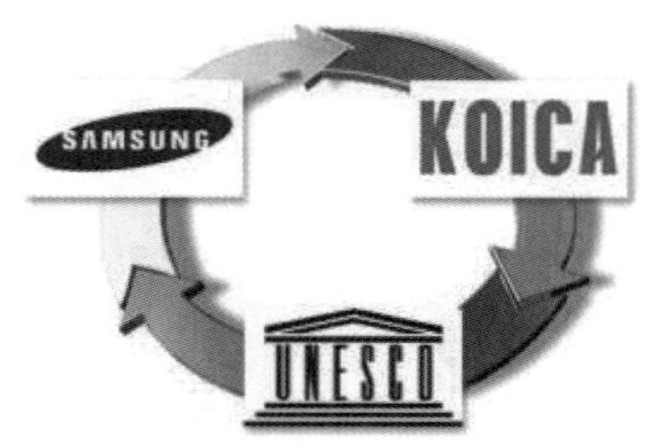

- 삼성-코이카-유네스코 민관형태 교육지원 프로그램 시작
- 기업 참여 교육지원 사업 첫 걸음

걸음으로서 향후 확대될 것으로 기대된다. 전문가들은 학교만 짓는 것보다는 교육 프로그램을 같이 운영해야 효과적이라고 지적한다.

김성호 월드비전 국제개발팀 과장은 "MDG 등을 통해 아프리카 교육에 관심이 높아지면서 대다수 초등학교 등록률이 굉장히 많이 올라갔다"면서도 "교사들이 교육을 할 준비가 돼있지 않은 상태에서 아이들만 몰려오니까 수업의 질이 떨어졌다"고 어려움을 호소한다. 한국 교육 소프트웨어를 심어줄 경우, 커다란 도움을 줄 수 있다는 얘기다.

부록: Interview

"아프리카는 새로운 성장을 위한 뉴 프론티어이자 최후의 미개척 시장이다. 한국기업들이 인프라·제조업·농업분야에 적극 투자해 주기를 기대한다."

2011년 1월 21일 블랙 아프리카의 대국 에티오피아의 수도 아디스아바바 총리 사무실에서 만난 멜레스 제나위(Meles Zenawi) 총리가 인터뷰 내내 강조한 이야기다. 지난 1991년 멩기스투 하이레 공산정권을 축출한 후 20년 넘게 국정을 이끌고 있는 제나위 총리의 최대 관심사는 이처럼 에티오피아 산업화와 경제 개발이다.

한반도의 5배에 달하는 국토에 블랙 아프리카 국가 중 나이지리아(1억 3,000만 명)에 이어 두 번째로 인구(8,524만 명)가 많은 에티오피아. 지난 1960년대에는 한국보다 훨씬 부유했지만 이제는 1인당 국민소득 401달러 세계 최빈국으로 전락한 에티오피아. 경제부국으로 새롭게 태어나기 위해 안간힘을 쓰는 에티오피아의 벤치마킹 대상은 바로 한국이다.

제나위 총리는 '새로운 꽃(New Flower)'이라는 의미를 담고 있는 아디스아바바처럼 에티오피아가 새롭게 꽃을 피우기 위해서는 한국식 경제개발모델을 전수받아야 한다고 믿는다. 제나위 총리가 고 박정희 대통령의 새마을운동과 경제개발모델 신봉자를 자처하는 것도 이 때문이다.

제나위 총리가 박 대통령의 회고록을 토대로 논문을 작성, 각료들에게 돌려 읽게 한 것도 최빈국에서 경제대국으로 발돋음한 한국 배우기의 일환이다. 제나위 총리는 아프리카연합(AU), NEPAD(아프리카 개발을 위한 새로운 파트너십) 의장 자격으로 2010년 11월 11일 열린 G20 정상회의에 참가, 한국의 발전된 모습을 보고 한국식 경제개발모델에 대한 믿음을 더욱 키웠다. 다음은 제나위 총리와의 인터뷰 내용이다.

Q. 전 세계적으로 많은 기업들이 위험을 무릅쓰고 아프리카 진출을 서두르고 있다. 아프리카에 대한 전 세계적인 관심이 높아지는 이유는?

A. 한국 등 전 세계 많은 국가·기업들이 아프리카를 매력적인 투자처로 바라봐야 하는 이유는 크게 3가지다. 첫째, 글로벌 유동성 불균형 문제에 대한 해결책을 아프리카가 제공할 수 있다. 아시아 지역에는 엄청난 저축금이 쌓여 있고 아프리카에는 아직 충족되지 못한 수요가 존재한다. 아시아 지역의 풍부한 저축금은 아프리카에서 수익성 높은 투자기회를 얻을 수 있다. 둘째, 아시아 국가들의 산업화가 급속히 진행되고 있다는 점이다. 동북아시아에 비해 산업화가 늦었던 베트남 등 동남아 국가들도 급속한 산업화의 길을 걸으면서 인건비 부담이 치솟

고 있다. 중국 근로자 인건비도 큰 폭 상승하고 있다. 인건비가 저렴한 아프리카가 대안이 될 수 있다. 셋째, 전 세계적으로 자원 가격이 급등하고 있다. 풍부한 광물자원이 묻혀있는 곳이 바로 아프리카다. 아프리카는 새로운 투자를 위한 뉴 프론티어이자 유일한 미개척시장이다. 아프리카에서 미래를 본 중국·인도기업들은 이미 상당규모 자금을 아프리카에 투자했고 입지를 공고히 하고 있다.

Q. 한국은 식민지배와 한국전 등 어려움을 겪었지만 원조를 받던 나라에서 원조를 주는 나라로 성장했다. 한국과 아프리카가 유사한 경험을 공유한 만큼 협력거리도 많을 것 같다.

A. 지난 1960년대 한국은 다른 많은 아프리카 국가들보다 가난했다. 그러나 경제개발에 매진하면서 상황이 완전히 바뀌었다. 한국은 최빈국에서 부자국가로 성장한 가장 최근 사례다. 한국은 이제 선진국이다. 한국이 저개발국에서 첨단기술을 확보한 선진국 대열에 들어섰다면 다른 국가들이 한국의 사례를 되풀이하지 못하라는 법은 없다. 아프리카 경제성장에 필요한 것은 바로 한국의 경험과 경제개발모델이다. 한국의 급격한 경제성장을 일궈냈던 경제 패러다임을 아프리카에도 구축해야 한다. 2010년 11월 G20 정상회의 때 한국은 아프리카가 빈곤에서 빠져나올 수 있는 새로운 경제개발 패러다임을 구축하는 데 필요한 역할을 했다고 본다. 한국이 지속적으로 이 같은 역할을 수행해주기 바란다. 또 많은 젊은 한국인들이 아프리카를 찾아 아프리카가 선진국 대열에 들어설 수 있도록 도움을 주기 바란다. 에티오피아는 한국전에 참전한 유일한 아프리카 국가다. 이는 양국 간, 그리고 양국 국민 간 유대관계를 보여주는 징표다. 이

같은 유대 관계는 한국기업들이 에티오피아에서 사업을 하는 데 도움이 될 수 있는 토대를 제공할 것이다.

Q. 한국의 경제개발모델을 적용하고 있는 사례가 있는가?

A. 에티오피아의 기본적인 경제개발 전략은 바로 수출진흥이다. 한국이 수출진흥책을 통해 경제성장을 이룬 것은 수출 진흥이 수입대체 정책과 모순되지 않는다는 점도 보여줬다. 수입대체 정책이 결국 나중에는 수출 확대로 이어졌기 때문이다. 제조업의 경우, 최우선 전략은 수출산업 육성이다. 두 번째는 수입대체가 가능한 산업분야를 파악하는 것이다. 지금은 비료제품 수입대체 가능성을 엿보고 있다. 시멘트, 철강, 그리고 식용유 등 농업 프로세싱 제품 등이 수입대체 프로그램 대상이다.

Q. 한국과 협력할 최우선 분야가 있다면?

A. 아프리카 경제발전에 커다란 도움을 줄 수 있는 핵심분야는 바로 인프라분야다. 아프리카에는 인프라가 턱없이 부족하다. 최근 아프리카 경제가 급속한 성장세를 구가하고 있지만 턱없이 부족한 인프라 문제를 해결하지 못하면 지속 불가능하다. 월드뱅크는 아프리카 인프라 투자부족 규모가 매년 900억 달러에 달한다고 진단했다. 이는 엄청난 수치다. 그러므로 아프리카는 한국이 인프라분야에 더 많은 투자를 해주기 바란다. 중국은 인프라분야에 공격적으로 투자하고 있다. 중국처럼 한국도 도로, 철도, 항만, 공항, 발전소 등 인프라분야에서

큰 기여를 할 수 있다고 생각한다.

Q. 인프라 외 또 어떤 분야에 관심이 많은가?

A. 노동집약적인 제조업분야 투자도 필요하다. 제조업 기반이 앞으로 아시아에서 아프리카 지역으로 이동할 것으로 믿는다. 대다수 아시아 지역에서 인건비가 큰 폭으로 상승, 노동집약적 산업 경쟁력이 지속적으로 떨어지고 있다고 본다. 신발, 섬유 등 노동집약적 산업에 종사하는 한국기업들이 이제부터라도 아프리카로 공장을 이전, 아프리카 산업화 기반을 닦아 주기를 바란다. 한국기업이 아프리카 경제발전에 커다란 역할을 할 수 있는 또 다른 분야는 바로 농업 프로세싱분야다. 이들 우선 투자분야 외에도 투자 대상은 많다. 삼성전자와 협력 프로젝트를 논의하고 있고 광물자원 투자 가능성을 놓고 포스코와 접촉하고 있다. 일부 에티오피아 기업들은 자동차 조립공장 건설 가능성을 타진하고 있다. 한국의 대기업 외에도 중소기업들이 에티오피아 투자에 많은 관심을 가졌으면 한다.

Q. 투자처로서 에티오피아가 다른 아프리카 국가들에 비해 상대적으로 뛰어난 점은?

A. 더 많은 해외투자를 끌어들이기 위해 기업하기 좋은 환경을 구축하는 데 최선을 다하고 있다. 일단 기업들이 활용할 수 있는 양질의 노동력을 양성하기 위한 교육 프로그램을 갖춰놓고 있다. 기업들은 생산적이고 우수한 양질의 인력

을 활용할 수 있다. 에티오피아에는 많은 대학과 기술 전문대학들이 있다. 또 에티오피아는 다른 아프리카국가들에 비해 상대적으로 인프라에 더 많은 투자를 해왔다. 도로건설에 상당한 돈을 집어넣었다. 지금은 새로운 철도시스템을 구축 중이다. 수력발전량도 확대하고 있다. 해외직접투자(FDI) 유치를 위해 다양한 인센티브를 제공하고 있다. 에티오피아에 투자하는 기업은 자본금의 30%만 확보해도 된다. 나머지 70%는 에티오피아 은행에서 대출받을 수 있기 때문이다. 투자세액공제 제도도 마련했다. 해외기업들은 필요한 기계장치를 무관세로 수입할 수 있다.

에티오피아는 아프리카에서 두 번째로 인구가 많은 시장이다. 또 아프리카에서 가장 급속하게 성장하는 경제다. 지난 10년간 세계에서 가장 급속하게 성장한 5개 국가 중 하나이며 국가이기도 하다. 또한 지정학적으로도 유럽과 아시아를 연결하는 중요한 전략적 거점에 유치해 있다.

: : 길버트 부켄야 우간다 부통령

2011년 1월 23일 만난 길버트 부켄야 우간다 부통령은 새마을운동에 흠뻑 빠져있었다. 그와의 인터뷰 장소는 부통령실이 있는 우간다 수도 캄팔라가 아니었다. 우간다 엔테베공항에 도착하자마자 3시간여를 달려 도착한 그의 고향마을 카치리에서 그를 만날 수 있었다. 부켄야 부통령이 취재팀을 전기도 들어오지 않는 깡촌인 카치리로 부른 것은 바로 한국의 새마을운동을 벤치마킹하고 있는 현장을 보여주고 싶었기 때문이다. 카치리는 부켄야 부통령이 야심차게 추진하고 있는 농촌마을 개선 프로젝트인 뉴 아프리칸 밀레니엄 빌리지의 첫 번째 시범마을이다.

부켄야 부통령은 "밀레니엄 빌리지의 벤치마킹 대상은 바로 한국의 새마을운동"이라며 "새마을운동이 블랙 아프리카에서도 할 수 있다는 자신감을 심어주는 의식개혁의 선봉장이 될 것"이라고 설명했다. 부켄야 부통령은 "지금은 주변에 나무로 가득하지만 내년에 이곳을 찾으면 완전히 달라진 모습을 보게 될 것"이라며 "이곳에 밀레니엄 빌리지 190채를 건설할 예정"이라고 밝혔다. 카치리 지역 거주민이 입주대상으로 일단 결손가정 등 좀 더 어려운 환경에 빠져 있는 가구를 중심으로 입주 우선권을 부여할 계획이다. 물론 공짜는 아니다. 입주민들에게 자립심을 키워주기 위해서다.

부켄야 부통령은 "입주대금은 돈을 벌기 시작하는 시점을 출발점으로 25년간 조금씩 갚아나가도록 할 계획"이라며 "이를 위해 가축도 기르고 수익성을 낼 수 있는 특용작물을 재배하도록 할 것"이라고 설명했다. 이를 통해 거주환경 개선과 함께 소득도 증대할 수 있는 방안을 함께 실행할 방침이다.

부켄야 부통령은 "새마을운동은 돈을 벌고 더 나은 삶을 살 수 있도록 도와주는 의식개혁 운동"이라며 "고기를 잡을 수 있는 방법을 가르쳐주는 것이나 마찬가지"라고 설명했다. 부켄야 부통령은 이곳 카치리 시범단지를 출발점으로 앞으로 2년 내에 각각 190채의 집이 들어서는 130개의 시범단지를 우간다 전역에 건설할 계획을 세워놓고 있다. 부켄야 부통령은 주택개선 사업과 함께 지역 주민들이 사용할 정수장 건설과 필요 전력을 태양광 패널 설치를 통해 해결하고 싶다는 희망을 피력했다. 이들 분야에서 한국기업들의 참여가 필요하다는 말도 함께 했다.

또 부켄야 부통령은 "우간다에는 품질이 좋은 면화 제품을 미국 등지로 무관세로 수출할 수 있다"며 "한국기업들이 우간다에서 이익을 낼 수 있고 우간다 고용도 창출돼 원원이 될 것"이라고 강조했다. 이와 관련 부켄야 대통령은 "한국 등 해외투자자들에게 일단 기업을 운영할 수 있는 부지를 무상으로 제공하는 한편 전기, 물 등을 제공할 것"이라며 "특히 농업분야에서는 가지고 들어오는 모든 농기계는 관세를 면제해주고 과실금을 마음대로 송금할 수 있다"고 강조했다.

새마을운동 전도사인 부켄야 부통령은 지난 2008년 강원도 원주 소재 가나안 농군학교에 입소, 농업 연수생 과정을 직접 경험한 바 있다.

"남아프리카공화국은 아프리카의 관문(Gateway)이다. 한국이 아프리카에 진출하려면 남아공을 적극 활용해야 한다."

2011년 1월 14일 남아공 요하네스버그 갤러거 에스테이트 컨벤

션센터에서 만난 막스 시술루(Max Sisulu) 남아공 국회의장은 "아
프리카 관문인 남아공에 공장을 세우면 저비용으로 다른 아프리카
각국에 상품을 수출할 수 있는 교두보를 확보할 수 있다"며 "한국기
업들이 남아공에 생산공장을 세우는 방안을 적극 검토해야 한다"고
주문했다.

취약한 인프라가 걸림돌이 되지 않겠느냐는 질문에 시술루 의장
은 "아프리카 지도자들이 인프라 부족 문제를 잘 파악하고 있다"며
"이미 특별팀을 구성, 도로, 철도, 항만 등 인프라 확충에 나선 상태
로 개선 조짐이 나타나고 있다"고 설명했다. 시술루 의장은 "역내
분쟁이 줄면서 아프리카가 이제 평화시대에 접어들었다"며 "아프리
카 국가들이 회원으로 참여하는 아프리카연합(AU)이 역내 정치·경
제적 협력과 합의를 이끌어내기 위해 노력하고 있다"고 덧붙였다.

미국 등 3자가 간섭하기보다는 아프리카 스스로 문제를 해결할
수 있는 시스템을 구축해가고 있다는 진단이다. 그만큼 인프라 개
발·투자기회를 잡을 수 있는 기회도 확대될 것으로 시술루 의장은
기대했다.

시술루 의장은 또 "미국에 현금자동인출기(ATM)가 설치되기 전
부터 남아공은 ATM을 사용했고 미국처럼 금융위기를 겪지도 않았
다"며 "세계최고 수준의 금융 인프라를 갖추고 있다는 점에서 아프
리카에 진출하려는 한국기업에게 남아공 만한 파트너가 없다"고 주
장했다.

시술루 의장은 아프리카 투자를 생각하는 한국 등 해외기업들에

게 조인트 벤처 방식 진출방안을 제안했다. 이어서 "제국주의 침략으로 식민지시대를 겪은 뒤 해방을 맞는 등 한국은 대다수 아프리카 국가와 비슷한 시작을 했지만 압축성장을 통해 글로벌 플레이어로 거듭났다"며 "남아공 등 아프리카 국가들은 한국의 눈부신 경제성장을 재현하고 싶어한다"고 전했다.

시술루 의장은 "남아공은 물론 아프리카 각국에 한국산 자동차·전자제품이 들어와 있고 중산층 확대로 아프리카 구매력이 앞으로 더 커지면서 판매물량이 한층 늘어날 것"이라면서도 "지속가능한 성장을 위해서는 서로에게·도움이 돼야 한다"고 강조했다. 이와 관련, 시술루 회장은 "상호 도움이 될 수 있는 모델이 바로 아프리카 토종기업과 조인트 벤처를 구성하는 것"이라며 "아프리카 국가와 정보·기술을 공유하는 사례가 더 많아져야 한다"고 지적했다.

협력분야와 관련, 시술루 의장은 "한국의 첨단 기술력과 경쟁력을 확보하고 있는 전기전자·자동차와 엔지니어링은 물론 에너지분야 협력이 중요하다"고 밝혔다. 특히 남아공 정부가 에너지 믹스(Mix)를 구조적으로 개혁하기 위해 노력하고 있다는 점을 강조했다. 남아공은 석탄을 이용한 화력발전소가 발전의 대부분을 담당하고 있다. 전 세계적인 온실가스 감축 추세와 걸맞지 않은 상황이기 때문에 원자력 발전에 큰 관심을 가지고 있다. 시술루 의장은 "지난 2008년 원전 입찰 때 참여 기업이 두 곳밖에 없어 내년에 재입찰을 시행할 방침"이라며 "한국은 물론 미국, 중국, 프랑스, 독일 등이 남아공 원전 건설에 관심이 많다"고 설명했다. 태양광·풍력 등 신재생에너지도 협력 관심분야다.

시술루 의장은 반(反)아파르트헤이트(인종분리정책)운동으로 명성을 떨친 월터 시술루와 알버타 시술루 부부의 아들로 남아공 정치 명문가에서 태어났다. 정치에 발을 들여놓기 전에는 남아공의 세계적 화학업체 사솔 회장을 역임한 바 있다.

:: 모건 창기라이 짐바브웨 총리

"아프리카는 사업속도가 빠르다. 개인적으로 보면 내부 의사결정에 오랜 시간이 걸리는 대기업보다 중소기업들의 진출이 더 적합할 수 있다."

2011년 1월 21일 짐바브웨 수도 하라레에서 만난 모건 창기라이 총리는 "짐바브웨에서 삼성, LG, 현대차 등 한국 대기업 브랜드 인지도가 높다"면서도 "한국 중소기업들이 더 많이 진출해야 한다"고 주문했다. 사업속도가 빠른 아프리카에서는 신속한 의사결정이 사업의 성패를 좌우할 수 있는 만큼 의사결정이 빠른 중소기업들의 진출이 중요하다는 얘기다.

창기라이 총리는 "아직도 상당수 한국기업들은 아프리카 현지사정을 제대로 모르는 것 같다"며 "아프리카 잠재력을 알고 싶으면 직접 와서 눈으로 봐야 한다"고 지적했으며 이와 관련 아프리카에 대한 편견을 버려야 한다고 조언했다. 또한 "아프리카가 불안정하고 질병이 만연한 대륙이라는 고정관념이 서방국가들 사이에 존재하지만 이는 사실과 다르다"며 "아프리카는 풍부한 인적·광물자원을 확보하고 있는 최후의 개발지란 점에 주목해야 한다"고 강조했다.

창기라이 총리는 "짐바브웨는 정치에서 경제로 국가 관심이 넘어가는 과도기적 시기에 놓여 있다"며 "앞으로 해외투자유치, 선진국 개발경험 공유, 일자리 창출이 시급한 과제라는 점에서 외국기업들이 이 같은 점에 관심을 갖고 짐바브웨에서 사업을 영위하기 바란다"고 기대했다.

창기라이 총리는 "한국기업들이 현지사정을 잘 모르기 때문에 현지 업체와의 협력이 필요하다"며 "현지 업체와 파트너십을 맺는 것이 사업성공의 지름길"이라고 조언했다. 특히 자동차조립·철강·건설분야에서 짐바브웨 기업과 파트너십을 맺어줄 것을 요청했다. 창기라이 총리는 또 "한국과 자원주도형 경제발전모델을 공유하고 싶다"며 "이 모델은 자원개발과 가공을 현지에서 한다는 개념"이라고 설명했다. 짐바브웨가 거대한 농업기반을 가지고 있다는 점에서 농업도 양국 간 좋은 협력모델이 될 수 있다고 덧붙였다. 관광분야 협력도 고려해볼 만하다는 입장을 내비쳤다. 골프실력이 싱글 수준인 창기라이 총리는 "짐바브웨에서는 1년 내내 골프가 가능하다"며 "골프 관광프로그램을 추천할 만하다"고 말했다.

부족한 인프라문제와 관련, 창기라이 총리는 "도로, 철도, 전력 등 비즈니스 관련 인프라가 열악한 것은 사실이지만 역으로 보면 그만큼 인프라분야 수요가 많다는 것으로 해석할 수 있다"며 "외국기업들이 짐바브웨 광물자원 외 인프라 건설에도 많은 관심을 갖기를 바란다"고 밝혔다.

창기라이 총리는 경제 이외에 인적교류도 중요하다고 강조했다. 또한 "사업뿐만 아니라 교육·관광분야 등 민간협력도 강화해야 한다"며 "양국 학생 간 교류는 미래를 위한 투자"라고 진단했다. 창기라이 총리는 "아들이 최근 국제교류프로그램을 통해 서울을 방문한 뒤 한국에 대한 이미지가 더욱 긍정적으로 변했다"고 전했다.

창기라이 총리는 고교 졸업 후 먹고살기 위해 광산 노동자가 됐다. 이후 노동운동에 투신해 짐바브웨노동조합총연맹 사무총장이 됐다. 1999년 MDC를 창당하면서 현 무가베 대통령과 날선 각을 세웠다. 창기라이는 2008년 3월 대선 1차 투표에서 47.9%의 득표율로 43.2%에 그친 무가베를 제쳤다. 하지만 2차 투표를 앞두고 야당 탄압에 항의하며 후보직을 사퇴했다. 이후 국제 사회의 중재로 2009년 2월부터 통합 정부 총리를 맡고 있다.

∷ 압둘라이 자네 유엔아프리카경제위원회 사무총장

"아프리카에서 성공하려면 진정한 파트너십을 구축해야 한다."
에티오피아 아디스아바바에 본부를 두고 있는 유엔아프리카경제위원회(UNECA) 압둘라이 자네 사무총장은 매일경제 컬러풀 아프리카 프로젝트팀을 만난 자리에서 좋곧 파트너십에 대해 이야기했다. 특히 상호 이익을 줄 수 있는 비즈니스 파트너십을 강조했다. 자네 사무총장은 "아프리카는 에너지·천연자원이 풍부한 반면 기술이 부족하고 한국은 기술은 뛰어나지만 자원을 필요로 한다"며 "이처럼 아프리카와 한국이 파트너 관계를 맺으면 서로에게 이익이 될 수 있는 협력분야가 많다"고 진단했다. 자네 사무총장은 "투자·기술이전·직업교육까지 협력 범위에 포함시킨다면 아프리카 경제발전에 도움이 될 뿐만 아니라 중장기적으로 한국 경제성장에도 힘을 실어줄 것"이라고 설명했다.

아프리카의 지속가능한 경제성장 토대가 되는 인프라 프로젝트도 비즈니스 파트너 관점에서 바라봐야 한다고 주문했다. 자네 사무총장은 "앞으로 늘어날 인프라건설 프로젝트 발주와 관련, 인프라·원자력·건설분야에서 기술력을 축적하고 있는 한국에 많은 기회가 갈 것"이라며 "기술이전 등 부가가치를 높일 수 있는 방향으로 비즈니스 플랜을 짜야 할 것"이라고 조언했다.

자네 사무총장은 "아프리카의 최근 경제 성장세는 아프리카 광물자원에 대한 외부 수요뿐만 아니라 금융, 통신, 관광 등 서비스 시장에 성장도 일조하고 있다"며 "한국과 제조업분야뿐만 아니라 서비스업에서의 파트너십도 환영한다"고 밝혔다. 자네 사무총장은 "한국과의 관계 확대가 아프리카 농촌 개발과 중소기업 육성에도 큰 도움이 될 것이라는 점에서 한국과의 관계 증진은 매우 중요하다"고 덧붙였다.

인적자원 개발도 중요하다. 자네 사무총장은 "한국이나 중국처럼 대학생의 절반가량이 과학·엔지니어링·경영을 전공하는 것과는 달리, 아프리카에서는 이들 분야 전공자는 전체 학생의 20% 정도에 불과하다"며 R&D역량과 비즈니스 마인드를 키울 수 있는 방향으로 교육이 혁신돼야 한다고 진단했다.

자네 사무총장은 "한국은 한 세대 만에 필요한 물리적 투자와 인적 투자를 통해 경제 체질을 바꿨다"며 "아프리카는 한국 등 아시아 국가들로부터 배울 점이 많다고 생각한다. 아프리카는 아시아와 연계해 더 큰 발전을 이룰 수 있을 것이라 생각한다"고 강조했다. 아프리카가 성장하는 시장이라는 점에서 투자기회를 놓치지 말 것도 주문했다.

자네 사무총장은 "지난 1990년대아프리카에 혼란이 있었던 것이 사실이지만 최근 아프리카의 경제적 맥박이 빨라지고 있다"며 "당신이 만약 이 대륙을 여행한다면 건설사업의 붐과 통신사업의 발전, 은행업과 소매활동 등이 놀라울 정도로 활발하게 이뤄지고 있고 새로운 상업적 활기가 있음을 느낄 것"이라고 설명했다. 자네 사무총장은 "아프리카가 경제 강국으로 부상, 세계 무역분야에서 경쟁 우위를 갖게 될 것이라는 점에는 의심의 여지가 없다"며 이 기회를 놓치지 말아야 한다고 주문했다.

초판 1쇄 2011년 6월 20일
2쇄 2011년 10월 25일

지은이 매일경제 컬러풀 아프리카 프로젝트팀
펴낸이 윤영걸 **담당PD** 이윤경 **펴낸곳** 매경출판(주)
등 록 2003년 4월 24일(No. 2−3759)
주 소 우)100−728 서울 중구 필동1가 30번지 매경미디어센터 9층
전 화 02)2000−2610(편집팀) 02)2000−2636(영업팀)
팩 스 02)2000−2609 **이메일** publish@mk.co.kr
인쇄 · 제본 (주)M−print 031)8071−0961

ISBN 978-89-7442-754-2
값 15,000원